高中语文模块课程理论与实践研究

丛书主编　张秋玲

ZHUANTI BAIWEN

JIAOXUE SHISHI ZHONG DE XINGYUSI

专题百问：
教学实施中的行与思

吴　泓　著

北京师范大学出版集团
BEIJING NORMAL UNIVERSITY PUBLISHING GROUP
北京师范大学出版社

图书在版编目(CIP)数据

专题百问：教学实施中的行与思／吴泓著．—北京：北京师范大学出版社，2015.12（2016.8重印）
（高中语文模块课程理论与实践研究）
ISBN 978-7-303-19704-0

Ⅰ．①专…　Ⅱ．①吴…　Ⅲ．①中学语文课-教学研究-高中　Ⅳ．①G633.302

中国版本图书馆 CIP 数据核字（2015）第 259672 号

出版发行：北京师范大学出版社 www.bnupg.com
北京新街口外大街 19 号
邮政编码：100875
印　　刷：北京京师印务有限公司
经　　销：全国新华书店
开　　本：730mm×980mm　1/16
印　　张：17
字　　数：260 千字
版　　次：2015 年 12 月第 1 版
印　　次：2016 年 8 月第 2 次印刷
定　　价：35.50 元

策划编辑：张洪玲　　责任编辑：张洪玲
美术编辑：王　蕊　　装帧设计：王　蕊
责任校对：陈　民　　责任印制：孙文凯

无限风光在险峰

吴泓老师的《专题百问：教学实施中的行与思》即将出版了，我衷心地祝贺！这是吴泓老师十几年来改革语文教学、从事高中语文“专题学习”的集大成之作，是一位潜心研究语文教学规律、执着探究语文教学改革并勇于实践的研究者心血的结晶，是一位学者型教师成长历程的写实。透过这些文字，我们还进一步了解了吴泓老师这个人——他的为学之勤，为人之诚，为业之敬，对学生、对事业的高度责任感和满腔热忱。

我认识吴泓老师是在2010年几种杂志几乎同时介绍“专题学习”改革的时候——当时吴老师从事这项改革已经十年了。这年岁末，我有机会到吴老师所在的学校——深圳市宝安区新安中学，这是一所地处城乡结合部的极普通的中学——参加“高中语文第一届模块教学研讨会”。这个会内容丰富，包括听课、听汇报、听历届学生代表发言等，信息量很大。会的内容，会的氛围，使我产生强烈的感受，而在认识上则是震撼！十年来，吴老师对高中语文教学的改革可以说是全方位的——涉及语文课程、教材、教学等几个主要方面：他不再用必修、选修的课程结构，而是采用经典阅读、专题研究、读写一体、网络平台来构建语文课程；以学生真实的问题为起点，以研究性学习为载体，以多篇(组/类)文章为阅读对象，以教师的随机介入教学为基点；他彻底摒弃了教师讲、学生听的传统教学方式，代之以学生的阅读、批注、交流、写作、研讨，乃至辩论的学习方式；这些教与学的活动不再局限于实体课堂的单维、单向的“传递－接受”式的学习，而是借助快速、即时、交互的网络平台，构建起了多维、多向互动的“聚合－辐射”式的线上线下的交互学习。这是在继承传统而顺应信息时代大胆创新的全新学习方式，为当今多样的语文课程贡献了一份他自己独到的思考。让我们再来听听学生怎么说吧！

“我的知识体系是通过这两年专题研究性学习构建起来的，这可以从三个方面加以说明：1. 问题的方式。学会从多方面延伸，多角度扩展。2. 写作方式。真正地懂得了主题深化的重要性，可以说每一次写作就是我的思想的进一步升华。3. 语言表达。学会了语言运用的严密性和个人化，而不是措词的华丽和照搬 。”(2003 级肖桂燕)

“我想从三个方面去总结：第一，专题研究性的教学给了我诗意的教育，一种对美的欣赏和领悟的能力。因为懂得美，才会去尊重美，对于所面对的事物才会持有一种欣赏的、敬畏的眼光。第二，专题学习给了我一种精神的力量。当时我们做了一个鲁迅的专题，我对一句话印象特别深刻，就是‘独立之思想，自由之精神’。学习语文，很重要的就是学会解读，像归纳中心思想、段落大意，其实只是一种表层解读；真正的解读应该是从大量的阅读中获取各种思想，并经过思辨从而产生自己的理解，形成自己的判断和价值观。第三，专题研究性学习教育我懂得了理想的意义。人是需要有理想的，我们总是要找到为之向往和努力的目标。这就是当年这些专题给我们带来的这种人生观、价值观的影响。”(2000 级金璐)

学生对老师教学的评价比其他任何人的评价都更让人信服，可以说是最具权威性的。这个评价还说明：语文课的基本任务——无论是人文教育还是语言文字运用的教育，吴泓老师在仅仅两年的时间里都高质量、创造性地完成了，学生的听、说、读、写、思的能力有了不同程度的提高与发展。这还不是奇迹吗！真正的奇迹是学生不再厌恶语言，不再怕写作文、不再怕文言文，更不怕鲁迅，鲁迅正以他独特的魅力一步步走进学生的灵魂深处。这一切对当今的语文课堂而言几乎是不可思议的，更是难以实现的。这使得人们不能不对吴老师的专题学习做一些探讨与思考。

专题学习与以往的改革不同之处在于，它回归到了语文学习的本体，遵循了语言学习的基本规律，是对当今传统课程文化的全面变革。它不再是教材中几篇选文的抽换，也不再是几道练习题的调整，更不是课堂教学手段的硬件翻新，而是对以往课程观、教材观、教学观的彻底颠覆，倒逼教师静坐下来与学生一起读书，一起思考，一起讨论。专题学习是以专题为中心，多方面、多角度地选择与问题相关的多篇文章进行“读－思－写”的活动。一个专题，学生阅读量少则几万字，多则十几万、二十万字。这种大信息量的阅读，在丰富学生的知识、思想和精神世界的同时，必然会大大激发与拓展学生的思维空间，促进学生的思维参与学习的活跃度，大大提升了学生的思考能力。这样也就适应了正处于青年早期高中学段学生的认知水平和思维能力发展的需要，让高中学生真正成为语文学习的主人。

一个专题少则十天半个月，多则一个月，甚至更长的时间。在这样一个“漫长”的语文学习过程中，阅读是学生在阅读，思考是学生在思考，表达是学生在表达。学生动笔、动脑、动口；默读、朗读、思考、讨论、辩论均成为了一种常态的学习。按照洪堡特的“语言”就是一种“活动”的理论，吴泓就是把语文学习放置到一系列的“语言实践”活动中去，使学生在自我的言语活动中将从文学作品中浸润的生活体验与生命思考内化为自我生命的一部分，从而在发展言语能力的同时，也形成了自己独特的价值判断，即“言语和精神共生”。将学生从课堂中的“看客”与“听众”变成了语言学习的实践者与躬行者，真正实现了学生是课堂学习主体的课程理念。

从教与学的过程来看，专题性学习有什么特点呢？

首先是“专”。查《现代汉语词典》的“专”字，可以查到这样一些词语：专注、专心、专一、专修、专攻、专门、专栏、专题、专业、专长、专家、专著……这么多与“专”字有关的词语实际上有三层意思：第一层是“集中在一件事情上”，如专门、专栏、专题等词语；第二层是“长时间地关注”，如专注、专心、专一等词语；第三层是“会有所成长，有所成就”，如专业、专长、专家等词语。

上述三个义项对于专题学习都是适用的。专题学习就是要让学生长时间地“专注”一本书、一个人、一件事或者一个热点话题。而在这样一个“专注”的过程中，学生可以积累语言，培育思维，在短时间内学生可以渐进为一个有思想、有见地、会思考、有创意的人。

其次是“生成思想”始终是终极目标。对于专题学习，吴老师一直坚守“经典阅读”、“专题研究”、“读写一体”、“网络平台”，而且把“生成思想”当作语文课程的核心内容、放在首位、列为终极目标。“生成思想”是如何在吴老师的课堂上实现的呢？首先是大量阅读，广泛占有材料。读得多了，积累于学生头脑中的见识就会丰富起来，随之而来的就是思考活跃起来了，学生自己能在阅读中说出自己内心的疑问、观点与情感了；有了自己的思考，这种思考就很有可能会与学生已读、已知的内容产生矛盾，就会在与他人的交流中形成不同的见解碰撞，这些都会推动学生去再阅读、再思考……在反反复复的阅读和思考中，在自己与自己、自己与读物、自己与他人的激烈的思想交锋中，思想丰富了，思考深刻了，由此而生成的见解提炼或概括出来就是与众不同的了。

由此一来，语文学习不再仅仅是语言文字的“学习”，学生会开始关注语言文字“背后”的思维、思想、精神和价值的“学习”。如果说语言文字是语文的“表”，那么，隐藏在它“背后”的思维方式、思想生成、精神发育和价值取向就是语文的“里”。学习语言是由表及里，运用语言是由里及表。进言之，就是先“就言而得意”，再“据意而择言”。就是学生通过语言实践活动去使自己的思想丰盈、精神深邃；而又因为其思想丰盈、精神深邃，才有可能用语言去表达或者表现自己对现实有真见、对人生有透视、对历史有深知、对宇宙有参悟。而在这一过程中，学生对语言的习得，对语言的精深把握是不言而喻的。

说到这里，对于学生在经历2—3年、若干个专题的学习之后的巨大变化，我们似乎就找到答案了。

在整个学习过程中，教师的主导作用无疑是非常重要的。吴老师的体会是——教师最主要是做好两件事：一是侧重于技术性的指导，如“要掌握‘倾听了解’的技术，‘沟通交流’的技术、‘帮助提升’的技术和‘关注欣赏’的技术”等。二是专业性的指导，如在训练学生的语言、思维能力方面，老师会把概念、判断、推理等形式逻辑的知识和比较、分析、综合、抽象、概括等思维方法的知识，通过训练的方式，融合到“生成思想”的专题当中去，完全着眼于运用，而不是就知识讲知识。在培养学生的阅读、表达能力方面，老师会介绍相关的文本解读知识，并把搜集（检索）资料、阅读（思考）资料、整理资料，以及文章布局、思路调整、文字修改等知识、技能或方法，有选择有步骤地渗透到每一次“生成思想”的专题当中去。

但我以为教师“导”的功夫，最重要的是体现在对于每一个专题研究性学习的整体规划和设计上。这里核心的是教师的阅读，是教师围绕专题阅读的质和量——换句话说，教师一定比学生读得早得多，多得多，思考要深得多，因为这是把专题学习导向成功的基础。这本书告诉我们，吴老师的教学始终伴随着大量的阅读，语言学、哲学、文艺学、心理学(包括弗洛伊德的精神分析)等都广泛涉猎。而每一个专题，除作家作品外，还有相当数量的文学鉴赏和文学批评类文章介绍给学生，而这些文章是老师从大量的同类文章中精选的。由此我又想，吴老师的专题学习也从根本上改变了老师的劳动性质：老师从此拒绝了那些重复性劳动，代之以读书、思考、教学、创造；这时职业倦怠没有了，代之以享受自己耕耘的收获。这是多么快乐和幸福的一件事！

“专题学习”并非是一种全新的，独属于吴老师与语文的学习方式。它是人类认识世界、掌握其规律的最古老、最传统却又最常见、最常用的一种学习方式。也就是说，无论我们是在专业技能上的学习或掌握，还是在思想认识上的生成或提高，基本上都是通过“专题学习”来完成的。在美国，四、五年级的小学生就采用这种方式学习了；而我们在三四十年代的语文教学中也采用过类似的学习方式，但由于种种原因没有承传和发展起来。现在吴老师这本书的出版，一定会影响更多的同道投入到这一改革的队伍中来，一个蓬蓬勃勃的高中语文教学改革的局面一定会出现。我们期待着！

当我写这篇文章的时候，吴老师和他的伙伴们正在去青海的路上，他们想穿越海拔5000多米的巴颜喀拉山的主峰勒那冬日——要一睹它绝美的风光！我忽然联想到这十几年来，吴老师向着语文教育高峰的攀登过程——他不顾高考升学率的压力和风险，他不顾自己身体和精力的超负荷的付出，坚定地义无返顾地在这条险峻的山路上艰难跋涉。尽管前面还有很长的路要走，但他已经享受了无限风光——这是多么难得的美好境界！“无限风光在险峰”这句诗对于正在改革中前行的吴老师，对于所有正在探究语文教学改革的老师们都是有深义的。

是为序。

苏立康

2014年8月6日

目录

第一辑　什么年龄读什么书，什么学段做什么事

高中语文教学在教材编排上的失当和在学习方法上的失策，除了我们自身没有弄清楚语文学习的本质规律之外，更重要的还在于我们忽视了对“人”——我们的教育对象——学生的研究，而其中最重要的一条是我们忽视了对高中学生的思维和语言的发展和变化的研究。

第二辑　“凡事预则立，不预则废”

语文学习，除了有听说读写能力的培养，更有文学意境的探索、生命情态的思考和文化深度的积累。为此，在进行专题教学之前，我们必须想到将会遭遇到的很多问题：生成思想与培养能力的整合问题，“学语文”与“学做人”的统一问题，过程安排与学情诊断的问题，第一个专题怎么做、做到何种程度的问题……

第三辑　“水之积也不厚，则其负大舟也无力”

要让学生学会阅读，学会思考，学会提问，就得遵循语文学习的认知规律，即由“识记”到“理解”，再到“评价”、“批判”和“探索”。而专题学习的初始阶段正是通过教师的“导读”和学生的“泛读”（概述）及“精读”（原作）等这样“识记”、“理解”的原始积累，从而对整个学习起到奠基作用。

第四辑　生成思想，才能生长出高质量的语言

“上网研读”和“再读、深解”，为的是让学生在学习过程中自己去比较、分析、甄别、判断、综合、概括……这是在专题学习中你想要“大钻石”还是想要“小碎片”的关键性阶段。作为一位具有深谋远见的教师，你既要“添柴加火”，又要耐心等待；只有“淬火”，才出得了“金刚”。

第五辑　“不要烦，不要放弃，不要敷衍”

我认为高中语文的写作应该有更高的要求，这也是我的学生一直以来专门写论文式习作的原因。试想，一个能跑五千米的人，跑个一千八百有何难哉？而事实也证明，学生在这一阶段的智力水平完全能够胜任此任。当然，这对学生和教师来说，都是异常艰辛困苦的过程。

第六辑　要“授人以渔”

文体的识别与文本的解读是至关重要的，这也是为什么一直以来我的专题学习兼顾古今中外的诗歌、小说、戏剧、电影，以及史、哲、政、经政论性作品的原因。而且，初步接触、了解并运用20世纪以来西方文艺批评方面最新的理论、方法及策略，对于即将升入高校或走向社会的高中学生来说，也是非常有必要的。

第七辑　温暖而百感交集的旅程

生成思想，培育思维，经典阅读，专题研究，读写一体，网络平台——这是我们语文学习的主题词。因为在我看来，传统的语文学习只是学生“在上学路上”，而专题学习则是带上学生“去远方旅行”。“在上学路上”，景致实在乏善可陈；“去远方旅行”，那些神秘的、未知的、不可测的“事物”却永远令人心驰神往。

第一辑

什么年龄读什么书，
什么学段做什么事

高中语文教学在教材编排上的失当和在学习方法上的失策，除了我们自身没有弄清楚语文学习的本质规律之外，更重要的还在于我们忽视了对“人”——我们的教育对象——学生的研究，而其中最重要的一条是我们忽视了对高中学生的思维和语言的发展和变化的研究。

1. 当今的高中语文教学存在哪些问题？原因何在？

高中语文教学的问题很多，其主要问题出在教材编排和试题命制上。教材是“进口”，试题是“出口”，一进一出，严格限定了所要学习或者考试的内容范围，也限定了施教者和受教者的思维以及课堂采用的教学模式。但如果要从中选择一个最根本的问题，我认为，问题主要还是出在教材编排上。

目前，我国中学语文课程设置体现在教材编排上主要是按文体分类、以单元的形式将单篇课文一一地编排在一起。这当中，固然存在着训练目标不明确、训练计划不周密、训练内容不系统、训练方法不科学等问题，但最主要的问题在于按这种方式编排出来的教材，对于高中学生来说是学习内容太少，思维强度与深度都不够。

我们知道，芬兰教育的特点是“见树又见林”，“先见林，再见树”。曾经旅居芬兰的台湾作家陈之华女士这样解释说：“‘先见林’，能让孩子先了解到整体课程概念与学习目标的全貌。而‘先见树’的教育模式，却有可能在还没有机会见到森林时，不少学生已经在既漫长又着重于树的细节过程中，感到疲惫不堪而半途而废，因而错过了能透过一株株高耸树木，望见整座丰硕美丽‘森林’风貌的喜悦！”“先启动孩子们学习上的兴趣，以及对整个学门与科目的了解，这就是‘先见林，再见树’的长处。在学习初阶段，师生们都不至于为了一棵树的细部知识与标准动作，在‘先见树，再见林’的教育概念下，带着学生反复演练、一磨再磨！”[①]

联想到我们的高中语文教学，不正是在反复地不厌其烦地对着一棵棵树的“细部知识与标准动作”在“反复演练、一磨再磨”吗？高中学生，没有了对整个学科“森林”的了解，望不见“整座丰硕美丽‘森林’风貌”，自然就不会有“望见整座丰硕美丽‘森林’风貌的喜悦”。喜悦没了，兴趣退却，渐渐地，对知识的热情就消失了，对自我成长的信心就丧失了，对生命漠视，对美好情

① 陈之华．芬兰教育全球第一的秘密．北京：中国青年出版社，2009：13、35—56．

感细腻的体验就日渐流失了……我们从来都不用“森林”、“草原”、“江河”“湖海”这样的比喻来形容我们的教材。我们喜欢说“老师要有一桶水，才能给学生一碗水”。试想一下，只有“一桶水”，只给“一碗水”，这样的教材容量能有什么大格局？能成什么大气候？怎么能够满足高中学生的好奇心和求知欲？而我们又一直把辩证思维、批判性思维、抽象逻辑思维，特别是理论型抽象逻辑思维的知识排斥在教材之外，十多年来，我常听到学生对我说现在的语文教材、语文教学“没意思”、“好无聊”。为什么？因为这样的教材容量实在太小，缺乏思维的挑战性。没有了思维挑战性，这样的语文学习还有什么诱惑力？

教材，作为语文教育教学的核心，不仅体现着本学科最基本的教学内容，也渗透着本学科最基本的指导思想，还规定了本学科最基本的教学模式。可以说，有怎样的教材编排体例，就有可能衍生出怎样的教学模式。教材是以单元的形式将单篇课文呈现出来的，于是，课堂里就大量出现以教师为主体、主导的对着一棵棵树的“细部知识与标准动作”在“反复演练、一磨再磨”的单篇课文的教学模式，而这种模式直接导致的结果是教师话讲得多，学生书读得少。学生自主学习缺席，主体地位丧失，教学目标就变成了只有教的目标，没有学的目标，语文教学也就发生了有效的教，而没有带来有效的学。

十多年来，我倡导语文专题研究性学习就是想在高中语文教学这个领域寻找到一个突破口，即以“专题”的形式加大教材的容量——知识的容量、能力的容量、思维的容量、思想的容量和精神的容量，以此适应这个学段学生的认知水平和思维能力发展的需要，让高中学生成为语文学习真正意义上的主人。

2. 真实的语文学习是如何发生的？

这可以从发生在一个小男孩身上的事情说起。

一天，四岁的男孩问母亲：“我们每天倒掉的垃圾都送到哪里去了？”母亲解释垃圾倒到垃圾桶之后就放到小区的垃圾箱里，清洁工再用汽车运到垃圾场或垃圾厂，或填埋或焚烧处理……可男孩还是不明白，什么是清洁工？什么是垃圾车？哪里是垃圾场？垃圾场和垃圾厂有区别吗？于是，细心的母亲带上男孩，走出家门，开上小车，开始对“垃圾”问题的探寻之旅——先到垃圾箱旁，看清洁工怎样把垃圾装上垃圾车，然后跟随垃圾车一路开到了离市区很远的城郊的一个垃圾场，看垃圾怎么填埋，再开车到另外一个很远很大的垃圾厂，看垃圾怎么分类焚烧。男孩最终明白“垃圾都送到哪里去了”。母亲告诉我，为了让孩子了解这件事情，她用去了整整一天时间。当然，在现实生活中，很多问题不是一两天可以轻易解决的。

任何一门学科的每一次学习都是一次“问题”探寻之旅，语文学科也不例外，比如在很长的一段时间里，我都认同《教师教学用书》上对王熙凤服饰描写的分析：“在服饰方面，选取头饰、裙饰和服装三个要点，极力铺陈王熙凤集珍珠宝玉于一身的妆扮，暗示了她的贪婪与俗气……”[①]然而，有一天，我突然觉得这种说法不对。于是，我就重新一字一句地阅读《林黛玉进贾府》的文段；认真细致地查阅王熙凤的家庭背景，考察王熙凤的言谈举止以及她在贾府中所处的地位；并且还到省级图书馆查阅了周锡保的《中国古代服饰史》，周汛、高春明的《中国历代服饰》《中国历代妇女妆饰》，上海古籍出版社出版的《红楼梦鉴赏辞典》以及1992年第2期《故宫博物院院刊》等书籍杂志，最终写出一文并获发表。[②] 为了这样的“研究”，我花去了大约两个月的时间，可以说这是一位语文教师的一次“服饰”发现之旅。

这样的“语文学习”还发生在很多优秀的语文老师身上。

著名特级教师黄玉峰老师的《蜀道难》示范课上得好。听课老师这样评价：“由串讲而走向深发，内容丰富，思想独到。给学生和听课老师的感觉是‘山阴道上，目不暇接’，由太白到工部，由工部到东坡，由东坡到半山，人文味浓烈得化不开。”[③]我想，这不就是黄老师在上课前对《蜀道难》、李白这个人以及与之相关的人和事进行了长时间的资料的搜集、整理、分析、归纳，深入研究，广泛思考，最后凝结成自己的思考和理解吗？如此，才可能“走向深

---

① 人民教育出版社中学语文室．全日制普通高级中学（试验修订本·必修）语文第四册教师教学用书．北京：人民教育出版社，2001：86.

② 吴泓．凤姐的服饰“俗气”吗．中学语文教学，1993，(3).

③ 王贞鹏．落实比落空重要得多[EL/OB]．凤凰博报 wangjie154113 的博客，[2011－8－12]，http：//blog．ifeng．com/article/12901567．html.

发，内容丰富，思想独到”，才可能“给学生和听课老师的感觉是‘山阴道上，目不暇接’”。我们在看到黄老师“为师者”课堂精彩的同时，为什么不设想一下在这课堂精彩“背后”的艰辛——据黄老师说：他研究李白有好几年时间，正是有了这“好几年”的追寻和探究，才有了这一节《蜀道难》的精彩呈现。

男孩研究“垃圾”用了一天，我研究“服饰”用了近两个月，黄老师研究“李白”用了好几年，既然是这样，那为何不让我们的学生也进行这样长时间的资料搜集、整理、分析、归纳，让他们深入研究，广泛思考呢？为什么明明发生在我们教师身上就是真实的语文学习，而“移植”到学生身上却成了碎片式的语文学习了呢？

所以，我认为，真实的语文学习是需要一个时间的长度的。我们的学生虽然不能像古人做学问那样皓首穷经，但针对一两个“问题”，给予一段相对较长的时间——短则两三周，长则一两月，而非几个课时——是非常有必要的。

3.“常态”语文学习应该具备怎样的特征？

先说学习内容。正常状态应该是读一篇完整的文章、一本完整的书、一个完整的人物或事件。“完整”就不是“拦腰斩断”的片段节选。片段节选既不能全面深入反映一篇文章、一本书、一个人物或事件的内容，也不利于学生思想的完整生成和精神的完全发育。有人说，语文既是教形式的，也是教内容的，但应该是以教形式为主。其实大谬，不顾及内容或者轻视内容，撇开思想生成、精神发育，一味地去练习文章形式，那是买椟还珠，本末倒置。更何况，这些片段节选在形式上也是支离破碎的。被称之为“美国最好的教师”的莱福·艾斯奎斯，他就要求学生每天至少有 90 分钟的时间大声诵读原版名著；除了文学原著外，每个学生每个月都要读一本自己选的书；每一个学生在读五年级的一年间要学习并参与排练莎士比亚的一部完整戏剧并在全国甚至国外的剧院上演。[①]

再说学习时间。读一篇完整的文章、一本完整的书、一个完整的人物或事件进而生成思想，这可不是三五日或一两个乃至三五个课时就可以奏效的。它需要点点滴滴的汇聚、浸润、涵养、思虑、琢磨，甚至需要累月经年的尝试、摸索、记忆、积累、感悟、深化，做到“学、问、思、辨、行”的有机结合。而我们目前的现实是学生阅读、思考和表达的时间长度都不够。“教育是慢的艺术。即使是知识的获得，经常也是困难、艰苦、缓慢的过程……有时候我们简直就没有办法使一个人学得更多、学得更好……我们经常无法对自己的教育行为作出恰当的判断，也无法洞悉一个成长中的儿童最需要的究竟是什么，我们怎样才能恰到好处地保护和帮助他……经常，我们要等待一个儿童的成长……需要你针对他这个具体的人而给予的帮助，即温情的理解、真挚的同情、诚意的鼓励、恰当的提醒……”[②]

三说学习技术。这是一个崇拜“技术”的时代，崇拜“技术”便要花样百出。比如说一节课，教师拿到课文首先考虑的不是研究学生，不是吃透文本，而是考虑用什么样的“技术”把课上得出彩——什么样的开头出人意外，怎样做课件或板书吸引眼球，什么地方来个表演、来段“合作”让人刮目相看，哪里搞一点拓展或“多元解读”以显“功底”，结尾再作些余音袅袅的深化或提升，等等。其实，教师要做的是经常地、不断地研究学生个体的学习行为，以判断其起点水平；研究教材(文本)有没有思维挑战性，以便组织适合学生发展水平的学习活动。如果非要说到教师要掌握什么“技术”的话，我以为最重要的是掌握“倾听了解”的技术、“沟通交流”的技术、“帮助提升”的技术和“关注欣赏”的技术。

四说学习心态。教师与学生、教与学双方都应该是快乐的。两千多年前孔子说“学而时习之，不亦乐乎”，“发愤忘食，乐以忘忧，不知老之将至云尔”就是这种境界。其实，如果追求的是自己所需要的东西，人是会很快乐的；而通过克服困难获得了愉悦感或成就感，那就是更深层次的快乐。一个

---

① 李茂编译．在与众不同的教室里——8位美国当代名师的精神档案．上海：华东师范大学出版社，2007：4、6.

② 张文质．跨越边界——生命化教育的一些关键词．中国校外教育(理论)，2007，(1).

人的需求，既可以通过痛苦的途径，也可以通过快乐的途径，为何要舍乐而求苦呢？那些饱含旧时代读书人苦痛和心酸的警句格言，比如“头悬梁，锥刺股”，“学海无涯苦作舟”等，难道还要在我们学生身上重演？我国杰出科学家、原子弹之父钱学森曾对原国家教委领导人说，“我们这些人生在苦难的旧中国，有一个幸福的童年；而我们子孙后代生在幸福的新社会，却有一个苦难的童年”①，难道还不能引起我们一丁点儿的警醒和反思？

所以，阅读，应该是全面的、自觉自主自愿的；思考，应该是深入的、富有挑战性的；表达，应该是自由的、淋漓痛快的。做，应该是自己愿意做、需要做而非外界强逼做、做给他人观赏或夸耀的。这就是语文学习的“常态”，即正常状态，经常势态，平常心态。

曾有人把教学“常态”比成一个寓言：首先，你得是一个牧者，你不是教羊怎么吃草，或者喂给它。它自己不想吃，不需要吃，你给它吃，它肯定不快乐。所以，你得把学生引到一个有丰富知识的、很美好的世界里去，让他主动吸收最优秀的东西。你起的作用是去寻找牧场，去“点燃那把火”(激发求知欲)。至于羊怎么吃草，千万别管它，当你管的时候就会发现，你很不快乐，它也很不快乐。

4. 语文学习的本质规律是什么?

语文学习和语文并不是一回事。语文确定的是“语文本身是什么”的问题，语文学习确定的是这一学科“谁学”、“学什么”、“怎么学”的问题。语文学习和语文是一个问题的两个方面，语文学习是用，语文是体。那么，语文学习的本质规律是什么呢?

我们知道，所谓规律是指事物之间的内在的必然联系。语文学习的本质规律则是指语文学习过程中学生和语言之间的内在的必然联系，学生和语言之间发生“联系”才有了语文学习。

考察学生和语言之间发生的“联系”，我发现，学生个体学习和运用语言

---

① 张建平. 中国的帕夫雷什中学. 北京：中国新闻出版社，2003.

的过程，就其规律而言是一个“就言而得意”到“据意而择言”的过程，一个通过言语世界的学习和拓展达到思想、精神世界的深邃和丰盈的过程。换句话说，就是“言意互转”、“言语和精神共生”的过程。

再具体点说，“就”就是接触或者靠近。“就言而得意”就是通过阅读、理解、探究、讨论等方式、方法去接触或者靠近“语言”，即进行语言实践活动。学生通过语言实践活动从而获得自己的思考、思想。“据”就是依据或者根据。“据意而择言”就是指学生在通过阅读、理解、探究、讨论等方式方法去接触或者靠近“语言”而获得自己的思考、思想之后，再根据自己的思考、思想去选择“语言”来进行表达。古人说的“腹有诗书气自华”，“有”的过程其实就是“就”的过程，通过“有诗书”而获得思考、思想和精神，就可臻于“气自华”的境地。

所以，我认为，“言意互转”、“精神和言语共生”中的“互转”和“共生”才是语文学习的本质规律。语文学习就是学生通过语言实践活动去使自己的思想丰盈、精神深邃；而又因为其思想丰盈、精神深邃，才有可能用语言去表达或者表现自己对现实有真见、对人生有透视、对历史有深知、对宇宙有参悟。

有了这样的认识所以我一直主张“经典阅读”、“专题研究”、“读写一体”，而且把“生成思想”作为核心、放在首位、列为终极目标。因为你“就”什么“言”就“得”什么“意”，你“据”什么“意”就“择”什么“言”，你选择了什么样的“言语”入口就决定了你收获什么样的“精神”出口。一句话，你播什么种子，就发什么芽，开什么花，收获什么果实。

5. 我的语文教育观是怎么来的？

十多年来的专题教学实践，我始终在思考两个问题：“学生的思想究竟从哪里来的？”“阅读什么样的读物可以使高中学生形成思想？”

我是从生活观察和语言学专著阅读入手的。

在生活中，我结识了两类朋友：一类是炒股迷。他们说起股票来滔滔不绝；另一类是足球迷。他们说起足球会如数家珍。我想，这些人怎么能说得如此头头是道？原来是他们对这些问题有广泛而深入的研究。而这不正是我们倡导的“专题研究性学习”吗？说得头头是道，想必写不成问题。高中语文如果能通过这样的“专题研究性学习”，引导学生读“整本的书”，通过不断的积累，加深认识，提升思考，不就可以使只有较少人生体验或经历的学生在短时间内渐进为一个有思考、有思想、有见地、有创意的人？

然而，生活观察所得毕竟替代不了理性思考。此时，我阅读到影响我语文教学实践的两本书：徐友渔的《精神生成语言》和刘焕辉的《言与意之谜——探索话语的语义迷宫》。

徐友渔先生在书中有这样两段话：

英美分析派哲学家明确提出，20世纪初在哲学中发生了一个语言转向。在他们看来，西方哲学从古至今的发展经历了三部曲，在古代以本体论为中心，研究存在什么，世界的本质是什么；在近代以认识论为中心，研究思维与存在的关系，人的认识的来源、途径、能力、限制；在本世纪以语言的意义为中心，研究主体间的交流和传达问题。其中有人认为，只有通过研究语言才能研究思想、研究世界。罗素和早期维特根斯坦认为，语言和世界结构相同，可以从研究语言的结构推知世界的结构。艾耶尔、达梅达等人认为，在很大程度上，语言等同于思想。

传统的哲学家认为，语言是对思想加以编码的一种手段，这就像人们用电话进行交谈一样：人的声音变成了一些电脉冲，然后在另一端又被还原为声音。人的思想首先被翻译为语言，当另一个心灵接受了信号之后，又把语言信号翻译为能被心灵理解的思想。语言哲学家反驳说，事实上，人们用语言传达思想时完全是同步的，根本察觉不到有一个翻译和还原的过程。另外，要说明人是借助于什么样的机能来从事编码活动也会遇到无法解决的困难。因此，我们只能认为语言和思想是一回事，而不能认为它们之间有一种相互翻译的过程。①

“语言等同于思想”、“语言传达思想时完全是同步的”、“语言和思想是一回事”，这些观点给我很大启示，而徐先生《精神生成语言》的书名也成为我后来语文教育观“言语和精神共生”提出的起点。

---

① 徐友渔. 精神生成语言. 成都：四川人民出版社，1997：14、36.

而刘焕辉先生提出："言语交际过程是一个言与意的相互转化过程，这是一个'表达者据意而择言、接受者就言而得意'的完整过程。"这让我想到：学生语文学习的整个过程就是一个从"就言而得意"到"据意而择言"的过程。换成徐先生的说法，就是一个从"语言生成精神"到"精神生成语言"的过程。在这样一个由"输入"到"输出"的过程中，言与意、语言和精神的相互作用和转化不就是一种"共生"状态？

就这样，我和我的学生践行着"就言而得意"、"据意而择言"或"语言生成精神"、"精神生成语言"这样一个高中语文专题研究性学习的全过程。为了进一步求证我的思考，我还找到了交往多年的邹贤敏老师。

邹老师是国内主治文艺理论，兼及美学和语文教育的资深教授和著名专家。邹老师向我建议：先通读罗素的《西方哲学史》和梯利的《西方哲学史》；再精读洪堡特的《论人类语言结构的差异及其对人类精神发展的影响》、索绪尔的《普通语言学教程》、萨丕尔的《语言论》和海德格尔的《在通向语言的途中》；最后研读国内余虹先生的《思与诗的对话——海德格尔诗学引论》和叶秀山先生的《思·史·诗——现象学和存在哲学研究》。

渐渐地，我明白了"语言是存在之家"①；明白了"语言和精神力量并非先后发生，相互隔绝，相反，二者完全是智能（das intellectuelle Vermögen）的同一不可分割的活动"②；明白了"诗言志"③，"语言"出现即"思想"出现；明白了"思想先于语言"④，"志"（"思"）先于"诗"；明白了"精神生命流动着的血液叫做思想。没有思想，生命只是一片沼泽"⑤；明白了当一个人进行语言学习的时候，第一要著是要"生成思想"。于是，我的语文教育观最终被确定下来，就是"言语和精神共生"。

---

① ［德］海德格尔．路标．孙周兴译．北京：商务印书馆，2013：366．

② ［德］威廉·冯·洪堡特．论人类语言结构的差异及其对人类精神发展的影响．姚小平译．北京：商务印书馆，2008：52．

③ 慕平．尚书．北京：中华书局，2009：30．

④ 周建人．思想科学初探．光明日报，1979－06－13．

⑤ 刘再复．独语天涯．上海：上海文艺出版社，2001：268．

6. 高中阶段，学生的思维和语言有哪些发展和变化？

十多年的高中语文专题学习中，观察了五届学生从高一年级到高二、高三年级的阅读、思考和表达，我发现，高中阶段，学生的思维、语言的发展和变化应该沿着这样一条上升的曲线——“由‘感悟’上升到‘思辨’，由‘思辨’上升到‘研究’”。

为什么会有这样的发现或认识？

据我观察，学生在进入初中的高年级学段，即初三年级，其思维、语言所表现出来的特征或状态主要是“感悟性”的。虽然他们也能够运用一些抽象的、合乎形式逻辑的方式进行思维，但他们的辩证思维和批判性思维的能力还很不成熟，呈现出来的思维结果经常表现出片面性、极端性的一面。

初中学生所表现出来的这样一种思维、语言的特征或状态，一般会“携带”或者延续到高一年级。在高一年级，如果教师不对学生进行辩证思维、批判性思维、抽象逻辑思维，特别是理论型抽象逻辑思维的训练或者培育，那么，初中所表现出来的这种特征或状态就会延续到高二、高三，甚至高中毕业以后。我们在很多高中学生的习作里看到的那些不讲逻辑、“缺钙软骨”、只求辞藻华丽、没有思想灵魂的“美文”就是明证。

了解到初三学生思维、语言表现出来主要是“感悟性”的特征或状态，而“思辨性”思维、语言特征或状态在这一时期又会初露端倪，并且表现出较为强劲的发展势头。那么，到高一年级，当学生呈现出这种“感悟”与“思辨”交叉并行的思维、语言发展趋势时，我们不仅不会感到惊讶，而且还会对学生未来的思维和语言的训练或培养做到心中有数和统筹安排。如在高一年级做第一个专题学习时，我会有意识地强化这两方面能力的训练和培养，即让学生“感悟性”思维、语言的发展逐步走向稳定，然后从“感悟”过渡、上升和发展到“思辨”，让“思辨性”思维、语言的发展逐步走上轨道进而走向成熟。换言之，就是让学生思想深刻、观点科学、逻辑严密、语言准确，在思维和语言的各个方面都能得到进一步的发展和提高。

而在之后的各个专题学习的过程中，我也会循着这样一条上升曲线，有计划，有步骤，一步一个脚印地引导学生学习那些研究者、创造者所必备的提出问题、分析问题(收集资料、分析比较等)、解决问题(归纳整理、论证阐述等)的各项能力，让学生具备“研究”这样一种具有综合性的能力和素养，为他们将来升入高校或走向社会后的可持续发展作好准备。

这些年来，我就是沿着高中学生思维和语言发展变化的这样一条上升的曲线，和学生一起走过一个又一个专题，言语和精神就是这样共生的。

7. 感悟、思辨、研究，这三种思维和语言的特点及差异是什么？

在我这里，感悟、思辨、研究并不是同一个范畴的概念，它们不是并列关系。感悟、思辨属于思维类型范畴，研究则是指具有创造性和综合性的一种能力或素养。在进行专题教学的训练时，三者是一个由低到高，由易到难，从简单到复杂，从局部到整体的逐步上升的过程。

“感悟性”思维是指人们调动一切感觉器官，如视觉、听觉、味觉、嗅觉、触觉等，对外界事物有所感觉、感受和领悟，并且能够运用语言文字表达出来。

“感悟性”思维的主要特点是表象选取、形象再现、直觉、顿悟，其表达方式表现在语言上是叙述和描写，兼有抒情。学生在行文中更多地使用“我认为……”、“我觉得……”等主观性较强的表述，如：

这一年春天，我漫步在田野间，阳光明媚，鸟语花香。咦——从哪里传来这么一阵甜丝丝的花香味？那么清新又温软，我不由地顺着这隐隐的花香快步找寻过去。几个回转，眼前豁然开朗——

好灿烂的一片桃花林！春日的阳光下，放眼望去，一片怡人的粉红花海，那么鲜嫩又娇艳，深深一口呼吸，我不由得恍惚了起来。我仿佛听到远处不时传来的笑声，银铃般的笑声。寻着笑声，朦胧间，我看见一个女子，身着喜气洋洋的新娘装，站在桃花下。哦，是她——《桃夭》里的那个女子。

“桃之夭夭，灼灼其华”，这美丽的女子就像那盛放的桃花，娇艳而纯洁。

粉红色的花瓣就像她那粉红的脸庞，充满了健康的红润和青春的生命力。她穿着新嫁衣，哦，原来今天她是要出嫁了。她的身边围着许多人，都在兴高采烈地说着什么："之子于归，宜其家室"，"之子于归，宜其家人"……

美丽的春天，娇艳的桃花，幸福的新娘，善良的人们，这三千多年前的一幕，时光流转中，今天在这片桃花林前，仿佛回到过去，置身其中。[①]

"思辨性"思维就是逻辑思维，是指遵循形式逻辑规则的思维方式，人们通常称之为的"抽象思维"或"闭上眼睛的思维"。与"感悟性"思维不同，它是用科学的抽象概念、范畴来揭示事物的本质，表达认识现实的结果。是一种确定而非模棱两可，前后一贯而非自相矛盾的有条理、有根据的思维方式。进行这种逻辑思维时，每一步须准确无误，否则无法得出正确的结论。

在"思辨性"思维中，要用到概念、判断、推理等思维形式，用到比较、分析、综合、抽象、概括等思维方法。学生在行文中常常会使用"为什么"、"因为……所以……"、"由此可见"、"综上所述"等关照前后逻辑的语言，如：

"岂敢定居"指的是在与玁狁的战争中屡屡获胜而不能一直定居，防范围剿，这就表明这支部队人数不能太多。一来人数太多会使移动不方便，二来人数太多会被敌军轻易察觉。既然这是一支能在战斗中屡屡取胜而人数又不多的部队，就可以得出了这样的结论——他们是一支精锐之师，将为王室征伐直到失去价值。

"象弭鱼服"的解释是"弓饰象牙箙鱼皮"。我们知道，当下象牙是一种十分名贵的材料，那么在古代呢？学者张洁在《论中国古代的象牙制品及其文化功能》一文中回答道："随着等级制度的确立，象牙制品逐渐成为珍贵物品，为奴隶主贵族所追求。"《韩非子·说林上》中的"纣为象箸而箕子怖，以为象箸必不盛羹于土铏，则必将犀玉之杯"，就明确记载了象箸成为上层社会的奢侈品的事实，"纣为象箸"也成为后世臣子劝谏君王切勿奢靡的力证。考古发掘材料显示，在大量珍贵的商代遗物中，象牙、象骨制成的生活装饰品与器皿是常见的，如著名的殷墟妇好墓中出土的3件象牙杯，都是商代工匠制作的珍品。随着社会的发展，周代手工业所用的"八材"之中，象牙已经位居其中。

---

① [韩国]金智娟．桃花依旧笑春风——试论《桃夭》首创的以花喻人．见吴泓，刘宇新主编．成长足迹：我们也会思考啦．北京：北京师范大学出版社，2012：18－19．

《左传》中“象有齿以焚其身”即反证了时人对象牙制品的需求而导致了大象的生存危机，甚至出现《韩非子·解老》中记载的“人希(稀)见生象也，而得死象之骨，案其图以想其生也”的状况。由此可见的是，象牙是上层社会的奢侈品，而在这首诗中却被用于军事。那么，可以这么说，这支部队是精锐中的精锐，是王室所重视的部队。①

至于说“研究”，则不是一种思维方式，而是一种能力或素养。这种能力或素养的培养，离不开“感悟性”思维，特别是“感悟性”思维中的直觉和顿悟。因为很多时候，人们在思考的过程中都是直指事物或者问题的结论或核心的。但又要用到“思辨性”思维，就是在直指事物或者问题的结论或核心之后，要用到概念、判断、推理等思维形式和比较、分析、综合、抽象、概括等思维方法。我们知道，人们在思考事物或者问题时，除了运用到上述思维形式和思维方法之外，还需要做更多繁琐细致的工作，落实到操作层面，涉及到搜集(检索)资料，阅读思考，合作讨论，整理分类(比较、判断、筛选、推理等)，文章布局，思路调整，文字修改等等。这里，我们不妨看看两位同学的总结：

我们的专题的学习方法是完整而又系统的——从最基本的原作出发，读的都是全篇文章而不是语文课本上可怜的节选。接着一步一个脚印，在家园网上，先是概述，接着是细读，最后是精读。这个三部曲下来，我们都对于文章有了一个充分的认识，大家都会有自己的想法，慢慢地，朝着自己的想法去发掘，去研究。这个想法可能是日积月累后的顺理成章，抑或是灵光突现，总之，这个想法支撑着你，去完成一篇又一篇的习作，获得一篇又一篇的“五颗星”。通过这样的专题学习，我们能够从作者到那个时代都有一个充分的把握，形成一种思辨性、理论化的思维。这是其他语文学习所不具有的。②

关于专题学习，有两点我不得不说。一是思想碰撞带来的快感。“一千个

① 林泓达(新安中学高一学生)．谁留在诗中，谁摘得柔弱的薇菜——对《小雅·采薇》的一点探究[EL/OB]．新浪博客吴泓工作室，[2012－11－28]，http：//blog. sina. com. cn/s/blog_4e6af0be0102e0w6. html.

② 刘阳(新安中学高二学生)．面向家园，春暖花开——纪念高二语文专题学习[EL/OB]．新浪博客吴泓工作室，[2010－7－30]，http：//blog. sina. com. cn/s/blog_4e6af0be0100kfaf. html.

读者就有一千个哈姆雷特”，53个人共看一本书，就有53种不同的见解，这就产生了思想的碰撞。我记忆最深的是那几节专题定向、选题讨论课，大家各执一词，反复辩驳，新意不断涌出，很是痛快。大家在行文结构、风格上也大相径庭。我刚开始时是使用小标题式结构的，这样既层次分明，又省力。但后来通过观摩别人的文章，我发现其实不用小标题，代之以起承转合的技巧，也可达到同样的效果。而观看不同类型的文章，也是一大享受。二是专题学习教给我们把书读“通”的能力。我在做鲁迅专题时总是很纳闷，鲁迅笔下古怪的人物和意象有什么深意？我总是不懂。我把鲁迅小说读完了以后，顿时豁然开朗，原先的不解一扫而光，很是奇妙。后来读伍尔夫的《到灯塔去》，读完第一遍，不懂，但已凭着感觉画下了一些句子。第二遍再读时，便把这些句子作为线索顺着读下去。读完以后，书的主旨连同论文的主题一同蹦了出来。那种畅快非言语所能形容。①

从这两位同学的总结我们可以看出，“研究”已经是一种非常综合且富有创造性的能力或素养，假以时日多加训练，就可以成为一种品质。

8. 为什么高中阶段语文要进行专题研究性学习？

2010年9月29日，我意外收到2005年从我们学校毕业的一位学生给我的来信。信中有一段文字这样写道：

大学四年，我做了几件颇成功的事情，都是靠着那两年在你专题学习中练下的本事。一件是知识产权案例分析和探讨课，老师对我所作的专题给予了较高的评价。一件是经济法课上，我运用法理学知识结合经典历史事件剖析了经济法存在的意义，并给老师和同学作了一次专题介绍，授课老师的评价是观点很深入人心，很独到。最后一件是我的本科论文取得了非常好的成绩，答辩老师给予的评价是逻辑清晰，选题非常新颖，独特，是一篇很难得

① 莫泊因(新安中学高二学生). 回望专题学习[EL/OB]. 新浪博客吴泓工作室，[2010—7—29]，http://blog.sina.com.cn/s/blog_4e6af0be0100kegc.html.

的本科论文。①

这封来信给我很大激励，同时也在告诉我，高等院校任何一个专业的学生必须具备自主学习、自主研究这样一种专题学习的能力。作为一名大学生，你不会发现问题就不能提出问题，不能提出问题就不能研究问题，不能研究问题就不能解决问题。学生在大学里的出色表现，主要还是缘于这种高层次思维能力在高中的养成。而高中阶段是学生思维快速发展的最后一个高峰时期，错过了这样一段学习和这样的奠基，学生的思维就很难再有高层次的发展。

我国高等院校的专家、学者也有类似的看法。湖北师范学院张春泉教授在《做学术研究先学好语文》一文中这样写道：

为什么语文……能成为一切学术研究的基础？其一，语文是学习知识的基本手段……没有很好的语文功底，就无法从浩如烟海的文化典籍中汲取精华，从不断爆炸的信息资源中获得新知，学术研究就会成为无源之水。其二，语文是培养人的逻辑思维的基本手段。逻辑思维是人类认知的一种高级形式，也是进行学术研究的基础。一个人没有逻辑思维，学习而来的知识就无法激活、发展直至创新，学术研究中的提出问题、收集整理、分析归纳、论证阐述等工作就无法开展……其三，语文还是提高人的表达能力的基本手段。学术研究的成果最终要表达出来，为大众所了解，才能发挥效用。要表达，就需要借助语言文字，需要讲究修辞，毕竟世界上没有赤裸裸的不需要载体的思想观点……②

可见，学术研究对学生语文能力有着极高的要求。首先你得学会“汲取精华”、“获得新知”，然后你得学会运用逻辑思维来进行“研究”，最后你得通过自己的“表达能力”把成果“表达出来”。学术研究对语文能力的要求虽然主要是针对那些打算在大学里继续学习或者作相关研究的学生来说的，但对那些学完高中课程之后不再继续正规大学学习的学生来说也有着积极作用。据2013年教育部统计资料显示，我国高等教育毛入学率仅达到30%，也就是说

① 张小婉(新安中学高二学生)．给老吴的一封信[EL/OB]．新浪博客吴泓工作室，[2010－9－30]，http：//blog．sina．com．cn/s/blog_4e6af0be0100lleq.html.

② 张春泉．做学术研究先学好语文．人民日报，2009－12－25.

很多学生不再进入大学学习，为他们未来学习、生活着想，也应该进行这样的专题学习。

此外，国外高中教育对学生思维品质要求的做法也给我们启示。美国"华德福"资深教师杰克·帕特拉什撰写的长文《华德福教育的奥秘》在"高中教育"一章"深层学习"一节中写道：

为了发展思维的好习惯，学校创造学习的环境以便于鼓励学生来深层次地探索所学课程，从而超越肤浅的理解。这就需要一个更精深的视野角度和内在的深层次学习。

泰德·森泽是布朗大学基础学校联盟的创建者。他强调说，尤其是在高中阶段，学生试图学习所有的课表中的材料是毫无效果的，因为这种在全方位的教育的企图仅仅会导致产生一种很肤浅的教学上的大拼盘大杂烩。"我的基本结论包含在这个格言里面：'少即丰富'。我相信思维的品质应该成为高中学校的目标，思维的品质成长的时间需要延长，思维的品质在进行少量的、重要的思想的时候会发展得更好。"（Ted Sizer，1992）①

这段话向我们透露出两个信息：一是高中阶段的教育，发展学生思维是非常重要的，培育学生"思维的品质应该成为高中学校的目标"；二是要做到这一点，学校要"创造学习的环境以便于鼓励学生来深层次地探索所学课程，从而超越肤浅的理解。这就需要一个更精深的视野角度和内在的深层次学习"。而这种"深层次地探索所学课程"和"深层次学习"的做法与专题学习不谋而合。实践也充分证明，高中学生具备的自我意识、认知水平、思维能力、专注力、自主学习力及自我调控力，等等，完全能够胜任这种深层次的、具有思维挑战性的学习方式。

9. 什么是高中语文专题研究性学习？

什么是"专题"或"专题学习"？

---

① ［美］杰克·帕特拉什．华德福教育的奥秘——我所亲历的华德福教育与教学．卢泰之译．读写月报·新教育，2010，（5）．

《现代汉语词典》"专题"一词的解释是："专门研究或讨论的题目：～报告｜～讨论｜～调查。"①

"百度百科""专题"词条的解答是：某个东西的内容集中收集，就形成专题，网络上通常指游戏专题或者新闻专题。专栏专题是由若干有共同性的稿件组成的集合体。这种共同性，是指各篇稿件存在主题、题材、体裁、表现手法几个方面中，至少有一个方面有共同之处。这种共同性，表明这些稿件属于同一类。因此以专栏的形式集中展现某一时间的某一事件的起因、进展、趋势和影响程度，将给读者在浏览这一信息时得到全方位的认知，从而取得读者给予信任和认可，在读者的认知中建立起权威，诸如此类的新闻事件很多，如汶川地震、日本地震等。

随着网络科技时代的飞速发展，专题也随之有了更多姿多彩的表现形式，通过图片、视频、评论、资讯等表现形式的融合，其有了更强的视觉冲击效果，更多的言论表达和思想沟通，更快、更直接地对整个世界的宏观把控。这也将是未来媒体发展的主要空间载体。②

可见，"专题"或"专题学习"是以"专门"、"专栏"的组织形式，"集中"、"集合""某个东西的内容"或某一"事件"，让读者通过"浏览"、"研究或讨论"，对"这一信息""得到全方位的认知，从而取得读者给予信任和认可，在读者的认知中建立起权威"。

那什么又是"高中语文专题研究性学习"（以下简称"专题学习"）呢？简要地说，就是以"专题"为材料的组织形式，以"研究或讨论"为手段方法，以"网络"为主要学习平台，以"课段"为主要学习单位（"课段"是指完成某一个阶段性的学习任务而需要的时间，可以是一个或几个课时，也可以是一两周甚至三四周的课时；随着学习过程的推进和学习技能的熟练掌握，还可以是半个或几分之一课时），以"生成思想"为核心，来保证高中语文学习效应最大化的一种学习方式。

它主要是针对目前语文教材单篇、单元教学的单薄、零碎，形成不了联

---

① 中国社会科学院语言研究所词典编辑室．现代汉语词典(第6版)．北京：商务印书馆，2014：1708.

② "百度百科"，"专题"词条，http：//baike. baidu. com/view/929072. htm? fr=aladdin.

系与整体的弊端，从高中生的精神、体质强于初中生的实际出发，依据高中生的心理和认知特点，大胆打破传统的一学期一本教科书的藩篱，对高中语文教材进行重选、重构来规划和组织语文学习的。

10. 高中语文专题研究性学习的核心要素是什么？

第一，“经典阅读”

“经典”是指从不同层面影响着人类自我想象和自我认同的那些不可替代的书籍。经典不是人们正在读的书，而是需要人们不断重读的书。经典具有某种稳定性甚至恒常性。关于阅读经典的意义，有学者就深刻指出，它能让一个国家在他的国民手足无措的时候获得心安，同时对未来获得希望，进而获得前行的勇气。可见，对于一个国家和民族来说，阅读经典承担着不可替代的历史使命，有着塑造国民的力量；而对于整个人类的未来而言，经典讲述的是——人应该是什么样子的，或者我们应该成为什么样的人，我们应该拥有什么样的文化和未来远景。[①]

第二，“专题研究”

采用“专题”的形式，材料就可以“集中”；选择“研究”的方法，思考就能够“深入”。当一个学生聚焦某个“专题”，材料就会不断积累，认识就会逐步加深，体验就会点点汇聚，思想就会层层积淀，然后分解化合，发酵蒸馏，就会凝结成一种对社会、人生独一无二的个体认识，即精神、思想层面的东西；就会去陈言而留真意，除粗秽而存精气，就能做到由博返约，厚积薄发。换句话说，“专题研究”的目的是为了学生思维的发展、思考的深入和思想的

① 吴晓东. 经典的意义. 中学语文教学，2013，(7).

生成，而不仅仅是积累语言素材；高质量的文章不是语言素材的拼接、组合，而是对现象及问题的精深、全面的思考与表达。

第三，“读写一体”

要使学生的表达走出平庸和肤浅，要让学生的思想走向丰盈而深邃，就必须确立阅读的高质量的“源头”。只有高质量的阅读“源头”，才有可能形成高质量的思考，进而生长出高质量的语言。因为“读”什么决定了你“想”什么，“想”什么决定你“说”或者“写”什么；“说”、“写”的质量取决于你“阅读”的质量，“说”、“写”的高度取决于你“思想”的深度。比如学生读《论语》，读朱瑞芬教授(《人生智慧海——〈论语〉今读》)的解读，就能获得一种人生智慧和对现实社会的感悟；读石毓智先生的《非常师生：孔子和他的弟子们》，就会明白什么是最伟大的老师和最出色的学生，破解思想、文化传承的奥秘。读不同专家、学者对《论语》、孔子及其思想不一样的评价，通过“同中求异”去发现不同文本的个性特色、“异中求同”去把握文本间的共同规律，就会思考其历史及现实的意义而得出新见，进而培养出独立思考的品质。可见，我的“读写一体”并非是简单的“读”加“写”或者“多读”“多写”。

第四，“网络平台”

从来没有哪个时代像今天这样，图文并茂、音像俱全的网络平台在改变着我们生活的方方面面。可以预言，借助网络平台来进行专题学习必将成为一种全新的最主要的学习方式。

借助网络平台进行专题学习有三大特点：

第一个特点是它资源信息的开放性。海量信息且空间开放，这就使得师生在获得优质学习资源上变得简单、容易而且具有更多的选择性，而教师在整合专题教材、设计教学流程上也变得方便、快捷。有了这样质高量足的专题教材，就能够极大地提高学生的学习兴趣，学生在课堂上就容易产生针锋相对的思想碰撞，挑战自己的思维。同时，也能够养成他们静心阅读、专注思考和专心写作的习惯，培育他们独立思考、敢于质疑提问并发表自己独到见解的品质，以及训练他们“个体能够认识到何时需要信息，能够检索、评估和有效地利用信息的综合能力”。①

第二个特点是它全员参与的交互性。与传统课堂教学师生面对面地或以书面的形式进行沟通、交流和讨论不同，网络平台的交互性能够让教师即时或者长时间地强调学习任务的布置和学习时间的安排；能够让教师面向全体学生，观察学生的学习状况，捕捉在传统课堂上捕捉不到的学习“细节”，及时地提供学习帮助，推动学习进程并传达出高期望值；还能够鼓励师生、生生在整个教学过程中互相帮助，取长补短，即不仅让互联网成为“老师”，还可以做到人人互为“老师”，而这将极大地增强学习的有效性。

第三个特点是它尊重学生个体的差异性。从“教”的角度看，它能够让教师设计适应各种层次、不同起点的学生的学习；从“学”的角度看，它能够让学生在学习过程中根据自身的起点、特点和意愿来自主选择适合的学习内容，自定难度和深度，自采学习方法和自行安排进度。可以说，在尊重学生学习过程和结果的差异、尊重其多样化的天赋和个性化的学习、让每一位学生获得学习的自信、在学习进步中看到自己的发展的这一点上，网络专题学习要远远优于传统课堂学习。

有学者对这两种学习进行比较，值得我们参考或深思(表 1-1)。

表 1-1　传统学习与网络学习的比较②

传统学习	网络学习
教师讲授为主	启发学生探究为主
说教式教学	交互学习
分学科定时教学	多学科交叉的问题解决式学习
集体化、无个性的学习行为	多样化、个性化的合作式学习
教师作为知识的垄断者和传播者	教师作为学习的指导者和帮助者
按年龄和成绩分组	可以混合编班
对分科知识与分类技能的评价(考知识点和熟练掌握程度)	以行为为基础的综合性评价(考能力和整体素质)

① 美国图书馆协会在其 1989 年的报告中明确的“信息素养”的概念。见祝智庭. 信息教育展望. 上海：华东师范大学出版社，2002：7.

② 桑新民. 步入信息时代的学习理论与实践. 北京：中国广播电视大学出版社，2000：15.

总之，不进入网络平台是感受不到“颠覆”这个词的意义的。借助网络平台进行专题学习，改变的不仅是传统教学中教师的作用和师生之间的关系，更重要的是教学结构、教学观念、教学行为以及教育本质的根本性的转变。

11. 为什么高中阶段学生要读“整本的书”？

高中阶段学生要读“整本的书”的结论是我从经验中得来的。

2001 年 9 月，我教学生涯中第一次在课堂上和学生去读“整本的书”——蒋廷黼的《中国近代史》。

我们知道，到了高中阶段，课堂上要让学生踊跃发言很难，语文学科想要占用课后的时间也很不容易。然而，就是那第一次，在课堂上，我的学生竟然就变得侃侃而谈，课后争辩也欲罢不能。一个月后，全班每位同学上交了一篇他们认为“没想到我们居然还有思想”的文章。这些文章在今天看来只能算是“感悟性”短文，与后来的学生写的 2000 字以上的“研究性”长文不可同日而语。但在这之前，我的这些高一学生只是会写“我的同桌”、“我的老师”、“我的父亲和母亲”、“我们班上的一件有趣(或有意义)的事”的孩子啊，怎么一夜之间竟有了天壤之别了呢？

就是从那时起，我和我的每一届学生都进行着这样“漫长”的读书之旅，而读“整本的书”也成为我们专题学习的常态。2008 届赵敏融同学这样总结说：

在专题学习过程中，我们会有机会完整地读完一本本好书，这些书所涉及的范围也很广，包括了中国古代的孔孟之学、近代的鲁迅小说、当代的诗歌作品、曹禺的话剧，还有外国文学。在外国文学中，我们又研究了不同国家的优秀作品，比如英国伍尔夫的代表作《到灯塔去》、法国加缪的《鼠疫》、美国海明威的《老人与海》。都说读一本好书就是同一个大师交谈，而老师让我们有机会与这么多大师交谈。在读原著的过程中，我们还会买些相关的书籍进行拓展阅读，这样，一个专题做下来，我们会接触到大量的材料，收获还真不少。[1]

而我的高中阶段学生要读“整本的书”的做法竟然与前辈学人关于读“整本的书”的论述不谋而合，这也更坚定了我这样的做法。

1942 年，语文教育家叶圣陶先生在《论中学国文课程的改订》一文中指出：“国文教材似乎该用整本的书，而不该用单篇短章……退一步说，也该把整本的书作主体，把单篇短章作辅佐。”[2]

1949 年新中国成立初期，他在总结多年实践经验的基础上，为当时教科书编审委员会草拟了《中学语文科课程标准草稿》，又把上述观点修正和发展成为这样一条内容：“中学语文教材除单篇的文字而外，兼采书本的一章一节，高中阶段兼采现代语的整本的书。”[3]

因为在叶圣陶先生看来，“单篇短章”的教材“将会使学生眼花缭乱，心志不专，仿佛走进热闹的都市，看见许多东西，可是一样也没有看清楚。”“并且，读惯了单篇短章，老是局促在小规模的范围之中，魄力就不大了；等遇到规模较大的东西，就说是两百页的一本小书吧，将会感到不容易对付。”而以“整本的书”为教材，“就学生方面说，在某一时期专读某一本书，心志可以专一，讨究可以彻底。在中学阶段内虽然只能读有限的几本书，但是那几本书是真正专心去读的，这就养成了读书的能力；凭这能力，就可以随时随地读其他的书以及单篇短章。并且，经常拿在手里的是整本的书，不是几百言几千言的单篇短章，这么习惯了，遇见其他的书也就不至于望而却步。还有，读整部的书，不但可以练习精读，同时又可以练习速读。如此说来，改用整本的书作为教材，对于‘养成读书习惯’，似乎切实有效得多。”[4]

可见，读“整本的书”，“心志可以专一，讨究可以彻底”，还能养成读书的能力和习惯。高中阶段，如果我们再不能有意识、有计划地指导学生多读几本“整本的书”，那对大多数学生（特别是考入理工科大学的学生）而言，这一时期与最优秀的作品错过，就意味着一生的错过。

---

① 赵敏融．我在专题学习中的收获．语文建设，2010，(10)．

② 叶圣陶．叶圣陶语文教育论集(上册)．北京：教育科学出版社，1980：82．

③ 叶圣陶．中学语文科课程标准草稿．中学语文教学，1980，(6)．

④ 叶圣陶．叶圣陶语文教育论集(上册)．北京：教育科学出版社，1980：81－82．

12. 专题研究性学习的“整本的书”指哪些学习材料？

从目前情况来看，在高中阶段，学生就只有两年读“整本的书”的时间，受时间制约，不可能广泛涉猎古今中外的经典名作。考虑到学生在一定学段内要能够在语言、思想、人格三方面得到均衡发展，我对专题学习的“整本的书”作了重新的定义，即把专题学习的“整本的书”分成以下几类学习材料。

第一类是“整本的书”，如《论语》《边城》《雷雨》等；

第二类是一本书中部分篇目的组合，如《诗经》专题选读《关雎》《桃夭》《木瓜》《采葛》《静女》《子衿》《蒹葭》《将仲子》《氓》《溱洧》《君子于役》《击鼓》《伯兮》《无衣》《黍离》《采薇》《东山》《芣苢》《伐檀》《硕鼠》，共二十首；

第三类是同一作家多篇作品的组合，如鲁迅专题读的《呐喊》《彷徨》，选读《狂人日记》《在酒楼上》《阿Q正传》《药》《祝福》《伤逝》《示众》《孤独者》，共八篇。

为了更好地积累知识、培养能力、培育思维和生成思想，我还要整合很多学习材料，让学生进行长时间的、有目的、有计划的阅读、思考和研究，最后写出研究性习作。

这些学习材料包括作者及与其作品相关的背景类材料(如作者生平、作品简介等)，对作者或者作品进行鉴赏或解读类文章，与传统观点相左或冲突的评价类文章(即思维挑战性文本)，以非文学领域的视角来解读作者或作品的文章(如从心理学、民俗学等方面进行分析的文本)，以及往届学生做此专题的研究性习作。

以《边城》专题学习为例，我的学生不仅要认真阅读原作《边城》(如有可能，还要购买《从文自传》或《沈从文传》来阅读)，还要进入网络教室，在我设定的网络平台上泛读其生平事迹、创作思想及发展脉络等，还要研读我从网上搜索来的如陈思和教授、张新颖教授等人的评论文章。这些文章少则两三千字，多则一两万字。下面列举了学生读《边城》的大致内容：

表 1-2　读《边城》专题研究性学习流程①

一读（泛读概述）	沈从文先生小传（凤凰读书综合） 凤凰城的沈从文（沈裕慎） 品析沈从文的《边城》（李新荣）
二读（挑战性阅读 1）	《边城》里翠翠父母故事的叙事功能（祁培） 《边城》叙事结构特征浅析（刘春哲） 《边城》的叙事策略（田红） 《边城》语言艺术成因探析（宋阜森、谢玉兴）
三读（挑战性阅读 2）	《边城》里河水的象征意义（安承雄） "湘西世界"：沈从文笔下的一个现代神话（李美容） 沈从文和虎耳草（高维生） 孤独的撑渡人——再读《边城》（戚群芸）
四读（挑战性阅读 3）	这个世界有它的悲哀，却在困难中微笑——从四个方面重新理解《边城》（张新颖） 美丽与哀愁——沈从文《边城》的双重意蕴（姜彩燕） 沈从文《边城》的深层意蕴（方波、季红丽） 新文学由启蒙向民间的转向：《边城》（陈思和）
推荐：深度阅读（选读）	回到"婴儿状态"的艺术——读沈从文小说《边城》（曹文轩） 梦断边城——沈从文《边城》分析（向刚）

与单篇、一单元学习材料的学习时教师一定要把学生的思维、思考、思想纳入或者"拽入"自己的"轨道"不同，对专题研究性学习材料的学习就是要让学生在学习这些材料之后生成自己的思考或思想。换言之，学生的思维、思考、思想是个性化和开放性的，教师就是要"让学生以各自的自我，学各自的习，发各自的声音，并帮助他们找到真正的自我，教给的是方法而非纯知识，视他们每个人为一朵奇幻的花"②。

① 吴泓．读〈边城〉专题研究性学习流程[EL/OB]．新浪博客吴泓工作室，[2011－11－24]，http：//blog．sina．com．cn/s/blog_4e6af0be0102duv2．html．

② 巫昂．教师．见王凤瑜．老师要常常自问："每个学生学得怎么样？"．人民教育，2015，(1)．

13.“研究性学习”和“接受性学习”相互排斥吗？

多年以前，我和很多老师一样，也有这样的认识，那就是“研究性学习”的“对立面”或者“反面”就是“接受性学习”；提倡“研究性学习”就是为了反击或者拒绝“接受性学习”。然而，在十几年专题学习的教学实践中，我对这一问题，有了新的理解和发现。

我们知道，任何类型的学习，其过程一般都是先输入、后输出这样一个顺序。从学习者的认知形态上看都是由简单到复杂、由低级到高级这样一种呈现形式，即由“识记”到“理解”到“评价”到“批判”，最后到“探索”。

我所进行的专题学习就是这样一个过程顺序中较为高级的一种学习形式，即“评价”到“批判”到“探索”的学习形式，但这并不意味着不需要或者排斥“识记”和“理解”这样的基础性的学习形式。而且，要进行这种具有“评价”、“批判”、“探索”性的“研究性学习”，就一定不可以拒绝具有“识记”、“理解”性的“接受性学习”，因为“接受性学习”是完成“研究性学习”的基础和前提条件。

以李白专题为例。在学习的第一课段的“泛读概述”和“精读原作”环节，我设置的学习内容就属于“接受性学习”，如概述类的有《诗人李白的生平事迹》、《李白的生平、思想、人格、作品、艺术个性及影响》、李白自述的《上安州裴长史书》原文、译文。原作类的有《峨眉山月歌》、《望庐山瀑布》、《赠汪伦》、《苏台览古》、《送友人》、《夜泊牛渚怀古》、《宫中行乐词》(一首)、《访戴天山道士不遇》、《登金陵凤凰台》、《题东溪公幽居》、《寄崔侍御》、《宣州谢朓楼饯别校书叔云》、《行路难》(两首)、《梁甫吟》、《战城南》、《丁都护歌》、《宿五松山下荀媪家》、《子夜吴歌》、《春思》、《长干行》、《古风》(两首)、《南陵别儿童入京》、《蜀道难》、《将进酒》、《梦游天姥吟留别》、《悲歌行》、《临路歌》，共二十九首。(原作后紧跟赏析、解读文本，可见其内容“庞大”)

在学习的第一课段的“上网研读”环节(这一环节的阅读内容还会延续到“再读、深解”的第二课段并有所添加)，我设置的学习内容就属于“研究性学习”，如“《南陵别儿童入京》中的‘南陵’考”组文、“李白《蜀道难》主题新解”组文、“《梦游天姥吟留别》中‘梦境’是什么”组文、《〈静夜思〉中的“床”不是“马扎”》(胥洪泉)、《从李白的名、字、号看其思想的复杂性 》(黄满星)、《李白诗歌中的数字之美》(张敏)、《李白一生思想上渴求入仕做官》(葛承雍)、《试论李白的悲剧人生及其特点》(陶新民)、《出世与入世的动态失衡——论李白人生悲剧的思想根源》(高寒)、《以我为主，唯我独尊——李白个性思想探析 》(赵鲲)、《李白文化心理初探》(廖悰)、《直觉的魅力与流水用典——李白诗歌的诗学思维》(杨义)、《李白诗的生命体验和文化分析》(杨义)、《漫谈李白笔下的“飞” 》(徐昌才)、《李白诗歌的三种精神》(胡晓明)等。

至于学习的第三课段，即“定向、选题、写作”，学生就得自主地去“研究性学习”了。

其实，在进行任何一个专题学习的过程中，都要做“接受性学习”这样的基础性的工作。无法想象，没有这样一个“奠基”过程，后面的“研究性学习”将要怎样进行下去？而一个人在其一生的求知过程中这两种学习方式都是循序或交叉进行的。小学生、初中生不能因为其年龄幼小就只能进行“接受性学习”而不能进行“研究性学习”，因为任何一个年龄段的学生都有其“评价”、“批判”、“探索”的学习能力，只不过是比例、程度、结果不一样。必须指出的是，专题学习的“接受性学习”与平常的“接受性学习”有很大的不同，它侧重的不是积累语言和形式，而是积淀思考和思想。

所以，“研究性学习”和“接受性学习”是相互促进和补充的。特别是在我这里，“接受性学习”对“研究性学习”更是起到“奠基”作用。你只有把“接受性学习”做好、做实，“研究性学习”才有可能顺利地实施推进并取得成效。

14. 初中阶段的学生适合做这样的专题研究性学习吗？

从整体上说并不适合。

如前所述，学生在初中阶段，其思维和语言所表现出来的特征和状态主要是“感悟性”的。虽然他们也能够运用一些抽象的、合乎形式逻辑的方式来进行思维，但他们的辩证思维和批判性思维的能力还很不成熟，经常表现出片面性、极端性的一面。可以说，他们更擅长记忆和复现，很少能达到概念、判断、推理、比较、分析、综合、概括等思维水平。

在这里，我举一个和我们学校初中部语文老师彭莉琼做的实验——“初中学生读《水浒》专题”来加以说明。

实验的前半段，彭莉琼老师带着学生阅读完《水浒传》，然后要求学生选一位自己最感兴趣的人物作深入的了解，并在班级里分组举行读书交流会。最后根据自己所选择的人物，以《走近×××》(自己最感兴趣的某一位人物，如鲁智深)为题，写下对该人物的认识和评价，(要求：充分展开自己的想象，用描写的笔法再现情景，真挚地表达自己对人物的独特感受)这样的佳作并不少见，如学生以《生如夏花，死如秋叶》为题写吴用就有这样的文字：

东溪村来，你是教书的先生。

我好似看见那时的你，虽壮志未酬，倒清明平凡。你一直微笑着，手摇羽扇，隔绝了纷乱的烽火，隔绝了乱世的纠葛，那时你的世界，只有恬淡和宁静。

我想，若那时没有人人议论的生辰纲，若那日你没有看到两好汉相斗，若你未答应智取生辰纲，是不是你便能安稳度过一生。

可命数皆定。“保正看，这生辰纲当取不当取?”“取!”你命运的转盘就此转动，注定了你不凡的一生。

实验的后半段，彭莉琼老师印发了我推荐的《我为什么不喜欢〈三国演义〉与〈水浒传〉——答韩国〈朝鲜週刊〉记者李东勋问》(刘再复)、《〈双典批判〉序言：地狱门前的思索》(林岗)和《从〈水浒传〉看江湖文化》(王学泰)三篇文章。学生学习完资料后，彭莉琼老师引导提问，从学生提的问题来看，比较集中于对女性的态度、对情节的处理。进一步引导，学生提问的角度有所变化，有从武器入手，有从领导用人角度、人物绰号入手，口子稍微小了点。但真正进入到写作状态时，修改几稿后全班也只有六七篇较成熟的习作。更多的是堆砌材料，不能对现象及问题作纵深的分析，更无法深入到事物的本质，有的看似有条理、有根据在分析，如有位学生初稿是《水浒传》中的“忠义”与“邪恶”，文中有这么一句话：“如果他们的行为发生在现在的社会，轻则判几年，重则判死刑。”重新修改时彭莉琼老师要求学生学习一点法律知识，即从法制的角度看《水浒》，但到最后依然得不出合适的结论：“在现在的社会，

‘邪恶’是远远大于‘忠义’的。如果‘忠义’不能蔓延，不能胜过‘邪恶’，那么中国将会一步步落后。”可以说，终点又回到了起点。可见，学生描写(感性思维)还可以，理性分析不行。

彭莉琼老师分析原因，认为初中生思维中的具体形象的成分起着重要的作用。对许多问题的理解和剖析还是会习惯性地关注表面的直接的关系，或者难以突破感官经验的限制而达到对现象的本质的分析。

另外，学生接触的知识有限。从教材的编排上看，整个初中阶段仅在九年级上册安排了几篇议论文，虽然“课标”中对写作提出了明确的要求：“写记叙文，做到内容具体；写简单的说明文，做到明白清楚；写简单的议论文，努力做到有理有据。”但纵观全国各地十多年的中考作文，要求中虽然提到体裁不限，可都几乎倾向于记叙文的写作，如《我的初中生活》《总想对你唱支歌》《让我悄悄地告诉你》《刹那间，我发现了自我》《幸福的颜色》，等等。由于考试的需要，教师在议论文教学的处理上更注重阅读指导。再说初三时间紧张，写作指导几乎为零，即便指导学生写研究性的小论文，也几乎停留在材料的堆砌上，或有观点而无材料支撑，或无法深入到事物的本质。

所以，我认为，初中阶段学生更适合做“感悟性”的专题学习，即让初中学生读“整本的书”，开“读书会”，写“读后感”就好，真正明白“什么年龄读什么书，什么学段做什么事”的道理。

15. 为什么说专题学习不怕考试?

用事实说话。

我所执教的学校是深圳市关外的二类学校，受招生政策的限制，每年只能在市、区重点高中挑尽优生之后，从宝安区新安街道办辖区内剩下的考生中挑选学生。2005年之后招生政策有所改善，但也只能在宝安区其他的街道办辖区招收到少数或者部分好的学生。

高一、高二两年的专题学习，我的学生不做与教科书配套的练习册，也很少用复习资料，他们平时的考试成绩如何呢？以2008届学生的考试成绩为例。

2008年秋季学期，我任教文科班语文，高一上学期末和下学期末参加区统考平均分位居全校第一和第二；高二上学期末参加区统考平均分109.5，仍高于区一类学校平均分，其中120分以上6人，110分以上22人，100分以上18人，90分以上6人，继续保持低分段比率为0的记录。

当然，刚接手任何一届学生，在第一个学期时，参加月考、阶段考或段考，成绩会不太理想，但三四个专题学习之后，学生的阅读、写作能力上来了，就会好起来，而且会越来越好。

学生的高考成绩怎样呢？

在学校的成绩管理档案里，可以查阅到我所带班级四届学生的语文高考成绩。

2000届，从高二开始，参与专题学习的学生58人，两学期完成四个专题的学习(蒋廷黼《中国近代史》、走进鲁迅世界、阅读苏轼、阅读爱因斯坦)。2003年高考，1人获880分全区第一名的好成绩，700分以上3人，600分以上14人，500分以上27人，400分以上13人。

2003届，从高一开始至高二结束，参与专题学习学生55人，四学期完成十二个专题的学习。2006年高考，获700分以上1人，600分以上20人，500分以上20人，400分以上14人。

以上两届学生语文高考成绩均按广东省实行的标准分计算，参与专题学习的学生高考语文平均分名列区二类学校的前三名。

以下两届学生语文高考成绩均按广东省实行的原始分计算：

2005届，参与专题学习的学生81人，除去32人高二分入理科班外，其余学生从高一开始至高二结束，四学期完成十五个专题的学习。2008年高考，获120分以上3人，110分以上13人，100分以上26人，90分以上7人，不但实现了低分段(90分以下)为零比率的大面积提高的目标，而且平均分为106.60分，在区二类校排名第一，比区一类校还高出3.35分。①

2008届参与专题学习的学生53人，是高一下学期分入文科班的学生，从高一下学期开始至高二结束，三学期完成十一个专题的学习。2011年高考，

---

① 蓝枫．不怕考试 超越考试——吴泓“高中语文专题研究性学习”实验探访(一)．中学语文，2010，(7-8)．

获130分以上2人，120分以上15人，110分以上29人，100分以上7人，不但实现了低分段(90分以下)为零比率的大面积提高的目标，而且平均分为116分。[①]

总体来看，从2001年起，参与“读经典、做专题”这种学习方式的学生参加区、市统考乃至省高考，成绩都不错。如果成绩不好，不要说学校不允许这样做，就是家长也不会答应让我这样做。因为“对于每一个中国孩子的父母而言，孩子的高考成绩是硬道理，但也有越来越多的家长认识到应试教育的弊端，希望自己的孩子既有好的考试成绩，又有好的综合素质。我们教师如果在这两个方面都能让家长比较满意，他们是会支持课改和创新的。高考中语文考试主要考评的是学生的语文知识、能力的运用。我的课改实验既有知识的积累，又有思维、语言的训练，更有思想、精神的培育，素养和人格的培养，可以说我的课改是全方位的。有人曾问我：你让孩子把精力花到这些与高考没直接关系的地方，会不会影响高考成绩？我认为这个担心过于狭隘，过于急功近利。首先，高中阶段的语文学习任务远不只是高考，还包括对知识的热爱、对自我成长的信心、对生命的珍视以及乐观的生活态度的树立，等等。这对人一生的发展是极其重要的，如果只为了高考而偏废了这一任务，我认为是对学生的不负责，是对学生的极大的不尊重。其次，事实证明，这些‘额外的东西’恰恰能够帮助学生更好地完成高考。最后，我的语文教学培养学生的独立思考能力、批判精神、创新精神和公民意识，这正符合当今世界发展的大趋势、大潮流。家长们关心孩子的高考，其背后的实质是关心孩子未来生活的质量。一个拥有了独立思考能力、批判精神、创新精神的公民才更有可能在社会的竞争中立于不败之地，才更有可能为社会做出更多的贡献，成为未来社会的精英。而这不恰恰是社会主流和家长们所期望的吗”[②]？

---

① 吴泓.吴泓老师所带2008届学生2011年语文高考考分情况汇报[EL/OB].新浪博客吴泓工作室,[2011－10－29],http://blog.sina.com.cn/s/blog_4e6af0be0102dtw5.html.

② 蓝枫.不怕考试 超越考试——吴泓“高中语文专题研究性学习”实验探访(一).中学语文,2010,(7－8).

第二辑

“凡事预则立，不预则废”

语文学习，除了有听说读写能力的培养，更有文学意境的探索、生命情态的思考和文化深度的积累。为此，在进行专题教学之前，我们必须想到将会遭遇到的很多问题：生成思想与培养能力的整合问题，“学语文”与“学做人”的统一问题，过程安排与学情诊断的问题，第一个专题怎么做、做到何种程度的问题……

16. 专题设置应该遵循哪些基本原则?

我的专题设置分主线和副线两条线。主线起到“生成思想”的作用，它是以专题学习材料的形式呈现的；副线起到“培养能力”的作用，它主要训练学生的思维、语言能力和培养学生的阅读、表达(口头表达和书面表达)能力。副线适时地附着在主线当中，相互融合，彼此渗透，目的是为了全面提高学生的语文素养。设置专题遵循的基本原则必须是“生成思想”和“培养能力”相辅相成，共生共赢的。在遵循这一基本原则的基础上，主线专题和副线专题的设置又必须从学生的实际出发，各自遵循着自身的原则。

一、先说“生成思想”专题

在十余年探索和实践专题学习的过程中，我设置的“生成思想”专题共有四组，三十多个。

表 2-1 “生成思想”专题

组	专题名称
第一组	1. 感受其芬芳，接受其哺养：读《诗经》 2. 路曼曼其修远兮，吾将上下而求索：读《楚辞》 3. 寂寞圣哲：读《论语》(选读《墨子》《庄子》《韩非子》) 4. 日月清朗，千古风流：读《世说新语》 5. 桃源梦境与归去来兮：读陶潜； 6. 李杜文章在，光焰万丈长：读李白或杜甫 7. 一片江山尽姓韩：读韩愈 8. 世事一场大梦，人生几度秋凉：读苏轼 9. 一民之生重天下：读王安石 10. 末世悲歌伤红楼：读《红楼梦》
第二组	1. 百年寻梦：读蒋廷黼《中国近代史》 2. 走进鲁迅世界：读《呐喊》《彷徨》 3. 以一种悲悯的眼来俯视这群地上的人们：读《雷雨》 4. 苦难与忧思铸就的诗魂：读穆旦 5. 生命是忧伤的：读《边城》 6. 生命是一袭华美的袍：读张爱玲 7. 女性的天空是低的：读萧红 8. 人生的局促与困顿：读《围城》 9. 读“中国当代诗歌”(1979 年至 2009 年)

续表

组	专题名称
第三组	1. 文艺复兴时期伟大的戏剧家：读莎士比亚 2. 人类苦难的“百科全书”：读雨果 3. 为人类的苦难而忧伤：读托尔斯泰 4. 人生来就不是为了被打败的：读海明威 5. 魔幻与现实的世纪孤独：读《百年孤独》 6. 揭示人类现实生活中的困境：读卡夫卡 7. 一部女性的心灵史：读伍尔夫 8. 生命就是一种等待：读《等待戈多》 9. 置身于阳光与苦难之间：读加缪 10. 唯有大地上歌声如风：读里尔克
第四组	1. 张艺谋电影 2. 侯孝贤电影 3. 赖声川戏剧(注：这一组专题原只为传媒班学生专门而设，后来改为每一届学生可选其一)

通观“生成思想”四组专题，第一、第二组遵循的是中国古典文学(历史)和现代文学(历史)经典并重的原则。第三组遵循的是外国文学的文艺复兴人文主义、现实主义、现代主义和后现代主义作家、作品兼顾的原则。从文体上看，四组专题又遵循着诗歌、散文、小说、戏剧、影视文学并举的原则。

当然，在专题实施的具体过程中，“生成思想”各个专题可以随时调整、替换或添加。如我根据学生的情况，把它们调整为：

表 1-4　实施中调整的“生成思想”专题

时间		专题名称
高一	上学期	《诗经》、《边城》、海明威、中国当代诗歌(1979 年至 2009 年)。
	下学期	《论语》、莎士比亚、屈原与《楚辞》、《雷雨》。
高二	上学期	蒋廷黼《中国近代史》、鲁迅《呐喊》《彷徨》、苏轼、《红楼梦》。
	下学期	伍尔夫、李白或杜甫、加缪或者卡夫卡、王安石或者韩愈。

今天看来，高二下学期的这几个专题应该替换成一些哲学类或者政治学、经济学类的可能更好。

二、再说“培养能力”专题

在训练学生的语言、思维能力方面，我会把概念、判断、推理等思维形式和比较、分析、综合、抽象、概括等思维方法，通过知识讲授或实例演示的方式，融合到“生成思想”的专题当中去，如我适时开设“培养能力”的课程“读《写给中学生的逻辑学》”[①]等。

在培养学生的阅读、表达（口头表达和书面表达）能力方面，我会把搜集（检索）资料，阅读（思考）资料，整理（比较、筛选、推理、判断等）资料，文章布局、思路调整、文字修改，演讲、朗诵、访谈等知识、技能或方法，有选择、有步骤地渗透到每一次“生成思想”的专题当中去。如我开设的内容有“利用‘搜索引擎’或‘中文数据库’学会查找资料”、“学会提问”（读《学会提问》[②]）、“学会解读文本”、“学会定向选题、布局谋篇”、“学会组织举办辩论会、朗诵会”、“学会戏剧编剧及表演”、“学写新闻报道”，等等。

也就是说，在培养能力方面，即高中学生在阅读、思考、表达这三项所需要培养的能力和所需要培育的信息素养方面，我会遵循通盘考虑、合理布局、适时嵌入和适当反复的原则。

应该指出的是，无论是思想生成还是能力提高，都不是直线式或者螺旋式上升的，而像是滚雪球式的或者说“反刍式”的，不断地重复、加强、增长、提升。

17. 专题学习材料应具有怎样的特征？

专题学习的材料为学生从整体上学习经典、实现“言意互转”、“言语和精

① 彭漪涟，余式厚．写给中学生的逻辑学．北京：北京大学出版社，2010.

② ［美］M. Neil Browne，Stuart M. Keeley．学会提问：批判性思维指南（第七版）．赵玉芳，向晋辉等译．北京：中国轻工业出版社，2006.

神共生”提供了文本保证，其主要特征表现为经典性、现代性、整一性和开放性。[①]

所谓“经典性”，是指选定的专题学习材料(不限于文学)，应该涵盖古今中外，是经典的或者带有经典性的。因为一个经常在阅读和沉思中与古今哲人、思想家倾心对话的人，与一个只读明星逸闻和凶杀故事的人，其思想空间和精神境界是两个世界的。选择学习经典，学生不仅能获得广博的知识，还能提高各方面的语文能力，更能塑造健康的人格，确立其正确的情感、态度、价值观。至于选择专家、学者解读或者评价经典的“时文”或者著作，即专题学习的辅助性阅读材料，那也应该是著名的、权威的，或经过了时间的考验，或经历了历史的淘洗。

所谓“现代性”，以《论语》专题为例，是指对其教材的选择，没有去追随“回归传统”的潮流，企图借国学经典、儒家思想把学生“熏陶”成“纯粹”的人，而是借以打开胸襟，广采博取，使学生能吸收多元文化的营养，成为健全的人。教学时应该站在现代社会的角度，用现代人的观念和立场去审视、观照这部产生于古代农业社会，为其社会制度服务的作品：哪些是对建设现代国家有促进作用的？哪些是对建设现代国家起阻碍作用的？要放出眼光(包括世界性眼光)，独立思考，自己“拿来”。一味地顶礼膜拜和处处“遵循”，或全盘否定批判和意欲铲除，都不足取。

所谓“整一性”，首先是指每个专题选入的原作，它可以是“整本的书”(如《论语》专题)，也可以是整本书中部分篇目的组合(如《诗经》专题)，还可以是同一作家多篇作品的组合(如鲁迅专题)，但不得有一字一句的删改，必须是整体中的有机部分，是一个适度的丰富而完整的世界，是能让学生从“一斑”或者“数斑”窥见“全豹”的“整体”。其次，为了让学生获得“一个适度的丰富而完整的世界”，还必须选入那些著名的、权威的专家、学者解读或者评价“这部经典”的“时文”或者著作，让学生认识和理解经典是一个富有精神和言语张力的血脉贯通的生命体。

所谓“开放性”，是指专题教材的设定并非一成不变，可以保持在相对稳

① 邹贤敏. 整体化：语文课改的必然选择——吴泓“高中语文专题研究性学习”实验的价值和意义. 中学语文，2011，(4).

定的前提下适当地调整或者替换(包括专题本身)。其主要依据是教师思想业务素质的提升和学生思想、学习状况的变化，而不是出于某种需要或流行观念。如《论语》专题的助读材料，我第一次时用朱瑞芬教授的《人生智慧海——〈论语〉今读》；我第二次时用石毓智先生的《非常师生：孔子和他的弟子们》；第三次则整合了不同专家、学者对《论语》、孔子及其思想不一样的评价性文章。就算是专题学习正在进行中，如果需要，我也会在中间替换或加入一些文章，如李白专题。为让学生更好地理解西域和巴蜀“独特”地域对李白的影响，我加入了“六读”的内容。

总之，专题学习所选择的阅读材料融合了古典整体思维和近代分析思维的优势，吸取了古代教材和近现代单篇、单元教材的长处。专题教材为“详考个体”和“总览整体”都提供了广阔的空间，而且不把整体看成个体的机械相加，而是整体大于个体之和的系统整合，相当充分地体现了现代整体思维的特征。

18. 为什么专题学习要表明正确的价值取向?

这些年，伴随着社会的开放，价值取向也变得多元。表现在语文教育上，对作品的人物、思想等方面的评价和理解也变得开放、多元，具体到专题学习，如文本观点的对立、冲突，则更是如此。但开放、多元或对立、冲突并不意味着我们就不要价值取向，甚至可以出现错误的价值取向。

什么是正确的价值取向？正确的价值取向是指整个社会都一致强调的、认同的某些共通价值。这是价值的核心部分。比如说，苦难之于任何一个种族和民族都是不情愿接受的；任何制造苦难的“暴力”或“暴政”都是应该予以谴责和唾弃的。这是共通的价值，基本的常识。而辅助部分的价值会因时代、地方和种族有所不同，在运作上应有助于维持核心价值。

有一位老师上《鲁提辖拳打镇关西》，讲到鲁提辖“三拳”打死镇关西时大加赞赏，并且播放电视剧《水浒传》主题歌“路见不平一声吼啊，该出手时就出手，风风火火闯九州哇”以强化。“路见不平一声吼”无疑是对的，但不能因为是“对”的就可以不择手段地“出手”。不依靠法律而通过“暴力”手段来解决问题，这本身就是违法犯法；不能依靠法律来主持、伸张正义，只能说明这个社会法律失效、秩序败坏。更何况官居提辖，代表着国家力量，不让公检法出面解决而诉诸武力，这在任何一个时代都说不过去。

有一位教师上完了《甘地之死》，教研员评课是："甘地面对暴力用'不反抗主义'，我们却有不同的价值观，我们应以暴易暴，人若犯我，我必犯人。"即使21世纪的今天，我们一些人仍抱住一些旧有的错误的观念不放，并以此来引导我们的老师和学生。要知道，"无论以何等美妙的词句加以修饰，暴力也仍旧是暴力。以黑暗去取代黑暗，永远不可能接近光明；以暴力来取消暴力，成为赢家的仍旧是暴力；以血还血，流淌的无非是更多的鲜血；以流氓手段惩罚流氓，自己偏偏也变成流氓……即便是'正义的暴力'也必须以爱的方式去反对。正义的暴力也仍旧是暴力，而且，任何一个实施暴力的人都会把自己实施的暴力看作是'正义的暴力'，因此，唯一的正义就是不使用暴力。"①

对照台湾国文教育在这方面的做法，我们对自己在这一认识上的偏离或许会有更多的反思：

在台湾，国文教师所渴切传递的，除了语文的听说读写能力，更有文学意境的探索、生命情态的思考和文化深度的积累。我们认为，国文教师教的不是中文系的知识内容，而是情意、思想、人格与生命！所谓传道、授业、解惑，是国文教师永世难以搁弃的圭臬。这是国文课和其他学科课的不同之处。

每一课范文的教学目标不尽相同，例如《虬髯客传》这篇唐传奇，大家比较认同的教学目标有：……引导学生讨论并学习在生活中如何化解冲突的智慧；引导学生感受悲悯天下苍生的伟大胸怀与慷慨能舍的恢弘气度。在我们中山女高，通常会增加一条教学目标：引导学生讨论并思考"女性在感情与婚姻中的选择与处理态度"。②

著名语文教育家叶圣陶先生说："学语文就是学做人。"不仅语文学科有

① 潘知常．慈悲为怀：没有宽恕就没有未来[EL/OB]．腾讯网今日话题，[2005－4－25]，http：//view．news．qq．com/a/20070425/000001_2．html．

② 胡根林，庄淮芬．关于台湾国文教学的笔谈．中学语文教学参考(上旬)，2012，(3)．

"学做人"的价值取向，即便是自然科学，如果无视教育过程中基本的共通的价值信念，就有可能源源不断地"制造"出刘海洋式、马加爵般性格扭曲的大学生……"在教育工作中，如果我们不敬重崇高，下一代将变得猥琐；如果我们不维护正义，下一代就会丧失羞耻感；如果我们不看重诚信，下一代将以奸诈为荣；如果我们不尊重文明，下一代将会比赛粗野……"[①]语文教育，如果没有了"文学意境的探索、生命情态的思考和文化深度的积累"这些深沉厚重的东西，没有了"学做人"这样的价值信念和价值追求，只剩下语言这副躯壳，那还叫什么语文？还谈什么教育？

所以，在教学过程中，特别是在专题教学过程中，文本观点对立冲突、解读多元，我们更应该立场坚定、旗帜鲜明地表明自己的褒贬、扬抑、喜恶和爱憎，要让学生逐渐认识"人"的作用，深入理解"人"的含义，充分实现"人"的价值，最后完成"人"在成长过程中由"自然人"向"社会人"的转化，即健康身心的"自我塑造"。

19. 专题学习的人格培育目标是什么？

专题学习的目标共分为三个维度：一是思维、语言的；二是思想的；三是人格的。（以下简称"专题学习的三维目标"）

我将思维、语言目标确定为这样一条发展曲线："由'感悟'上升到'思辨'，由'思辨'上升到'研究'。"

我期待的思想生成的总目标是：通过专题学习，学生渐进为一个有思考、有思想、有见地、有创意的人。

关于人格培育目标，我参考了国际文凭组织（简称 IBO ）和大陆、港澳台地区相关的教育资料，在借鉴他人思考的基础上，结合我自身的教学实践，提炼出一些核心词，总结出三个层面的内容。

① 吴非．致青年教师．北京：教育科学出版社，2010：209.

表 1-5　专题学习人格培育目标①

层面		具体目标
第一个层面	个人核心价值观	生命神圣、人性尊严、悲悯情怀、美的诉求、真理、真实、真诚、情感、理性、自由、勇气、创造力、个人独特性
	个人辅助价值观	自尊、自省、自律、自决、自立、道德规范、思想开阔、独立、进取、正直、简朴、敏感、谦逊、高贵、坚毅、优雅
第二个层面	社会核心价值观	平等、自由、正义、仁慈、善良、爱心、信任、守望相助、相互依赖、持续性(环境)、忧患意识、人类共同福祉
	社会辅助价值观	多元化、正当的法律程序、人权及责任、自由、民主、共同意志、爱国心、宽容、平等机会、文化及文明传承、理性、归属感、团结一致
第三个层面	情感、态度	感恩、善解、包容、乐观、乐于参与、批判性、思考、创意、欣赏、关怀、感动、积极、有信心、有教养、有所敬畏、有责任感、有原则性、合作、善于应变、开放、尊重(自己、别人、生命、素质及卓越、证据、公平、法制、不同的生活方式、不同的信仰及见解、环境)有好奇心、乐于学习、勤奋、对核心及辅助价值有承担

人格培育目标是隐性的，它不能用外显的方法来评定或者分配，它隐含在整个专题学习的过程中。以 2006 年做的《论语》专题为例：在和学生一起读完了整本《论语》，围绕《论语》进行学习并写出研究习作之后，学生自主举办了一场《论语》专题辩论会。在整个辩论会的过程中，我看到了竞争与协作、规划与组织、真情与关爱、信任与照料；看到了吸纳与积淀、理解与领悟、掌握与建构、生成与发表；看到了自由意志与人格尊严、自我价值与团队精神、内心敞亮与个性彰显；看到了持久深入的用心和思索、废寝忘食的投入和倾注、刻骨铭心的经历和体验……辩论会结束后，在学生写下的反馈文字里我读到如下词语：

勇敢、力量、坚持不懈、精神、团结、感谢、感动、勇气、与人相处、思维严密、友谊、尊严、积极、认真、仔细、互相鼓劲、认识彼此、认识自

① 内容参考：a. 国际文凭组织(the International Baccalaureate Organization，简称 IBO)的“PYP 要培养的十二种态度”和“PYP 的培养目标”，http：//baike. baidu. com/view/960328. htm? fr＝aladdinb.“香港教育署学校发展科”编撰：《个人成长教育(附件二)》，2002：17.

己、挑战、合作、突破、愉快、踌躇满志、充实、平和、思想新高度、欣喜、欣慰、思考、感悟、兴趣、美好的东西、融会贯通、探求、批判性解读、批判性思考、深刻、透彻、思想、灵感、升华、学习态度、学习目标、读书的首要目的、永恒……①

这些词语，不正体现出《普通高中语文课程标准》在“课程的基本理念”中提出的三维目标中的“情感态度和价值观”吗？联想到我曾经读到过的“生命教育”倡导者张文质先生提出的生命教育的核心词，和 2002 年 4 月“香港教育署学校发展科”编撰的《个人成长教育》附件二建议纳入学校课程的“核心及辅助价值观和态度”，以及我参观深圳休闲度假观光农场“青青世界”看到过的企业核心价值观……我在想，在专题学习里，也应该整理、总结出人格培育方面或者说“情感态度和价值观”培育方面的目标。因为在我们所有专题学习的“背后”都有一个东西存在着——它日久天长、润物无声地沉淀于我们的内心深处；它与性格、气质、处世方式、行为准则和信仰信念有关，可以在人的身上形成一个相对稳定的结构组织，而这个结构组织会在不同时间、地域影响着我们内隐和外显的心理特征和行为模式。基于这样的思考，专题学习的人格目标由此确定下来。

20. 怎样确定一个专题学习的具体目标？

专题学习三个维度目标的确定是不同的。思想、人格目标的确定则是根据“这一个个”专题的作品所表现出来的思想内容、思考价值，以及作者或者作品中人物所呈现出来的人格魅力或局限等，最终被提炼或概括出来的。思维、语言目标的确定，其“由‘感悟’上升到‘思辨’，由‘思辨’上升到‘研究’”，这样一条发展曲线贯穿在整个高中语文专题学习的过程中。

思维、语言目标的确定，除了高一年级第一个专题以学生的思维、语言发展正处于“感悟性”成熟阶段，而“思辨性”思维、语言又正显示出良好的发展势头的设定作为起点外；从第二个专题开始，则要遵循“下一个专题学习目

① 吴泓．我们需要一种怎样的语文学习．语文教学通讯（A 刊），2008，（2）．

标的确定或者说教学起点必须基于上一个专题学习存在的问题”的原则。这样，一个个专题学习向前推进，学生在“由‘感悟’上升到‘思辨’，由‘思辨’上升到‘研究’”的学习过程中解决一个又一个存在的问题，最终达成“研究”这样一种具有综合性和创造性的能力或素养。

一、思想、人格目标的确定

思想、人格目标的确定跟专题学习的具体内容有关，这可以《诗经》、《边城》、王安石三个专题学习为例。

1.《诗经》专题学习的思想、人格目标

思想目标：(1)感受《诗经》中具有的乡土情怀、伦理情意、宗国情感的民族文化精神；(2)理解《诗经》中关注世俗生活及个体生命的“以人为本”的人文情怀。

人格目标：热爱生活，相信爱情，思考并学习爱的能力，努力过一种有智慧的人生。

2.《边城》专题学习的思想、人格目标

思想目标：(1)感悟《边城》充满着浓郁的自然环境、民俗风情、人事命运和爱情悲喜的真善美；(2)学习《边城》宽厚、仁慈、善良、质朴和坚韧的人物性格，理解作者对生命或人生无比深刻的悲悯以及“在困难中微笑”的精神品质。

人格目标：学会审美，学会借助自然和人性的力量来救助自己、纠正自己、发展自己。

3. 王安石专题学习的思想、人格目标

思想目标：(1)认识历史事件“王安石变法”的必要与艰难，理解历史人物王安石性格的复杂性；(2)学习王安石在遭遇困难或挫折时的无畏与坚毅的品质。

人格目标：了解并认识王安石的偏执和自负与变法失败的关联，学会与不同的人沟通、合作。

从专题学习材料所涉及的思想或者人格方面的内容来看，思想目标呈现出稳定性和持久性，而人格目标则显示出其特殊性。当然，专题学习材料所表现出来的思想或人格方面的内容远不止这些，它比起我提炼或概括出来的或许要丰富很多。

二、思维、语言目标的确定

因为思维、语言目标是动态的、生成的、发展的、变化的，所以，它的目标确定，特别是侧重于思维方面的目标确定要复杂很多。它要根据学生在“这一个”专题学习阶段所表现出来的思维、语言的特征才能够最后确定下来。

这里，以我在高一年级为学生设定的第一个专题《诗经》和第二个专题《边城》为例，看看两个专题目标各自的“独立”与衔接。

1.《诗经》专题确定的目标

基础目标：积累并运用《诗经》中有生命力、有表现力的语言，学习《诗经》直觉感发式的歌咏形式。

发展目标：学习《诗经》鉴赏类、评论性文章，明确“感悟性”思维与“思辨性”思维的区别，初步训练“思辨性”的思维能力和语言表达能力，如评论性文章中的标题论点和标点符号的特点和规律，语序语段组织和文章“结构赋形”。鼓励有个性地表达自己的独特感受和独立见解，让自己的思维由“感悟性”向“思辨性”发展。

把思维、语言目标分为“基础目标”和“发展目标”，主要侧重在“发展”，但不意味着不要“基础”，这也如前文说过的专题研究性学习前半段是“接受性学习”，而我们目前的语文学习是只侧重于“基础”了。

2.《边城》专题确定的目标

到了第二个专题《边城》，我遵循“下一个专题学习目标的确定或者说教学起点必须基于上一个专题学习存在的问题”的原则，确定了如下目标。

基础目标：鉴赏被誉为“现代文学史上最纯净的一个小说文本”别具一格的语言风格，体验并感受小说的恰当、简约、古朴、清新的语言之美。

发展目标：学习《边城》评论性文章，继续训练语序语段的组织和文章“结构赋形”的能力。初步学习评论性文章解读方法，能够筛选出文章中表达主题思想的关键语句，提取文章的主要观点，以及找到支持这些观点的“事实”（材料），并且认识到支持这些主要观点的“事实”（材料）与观点之间的基本联系点；能够在表达中有条理、有层次地分析“事实”与观点之间的逻辑关系。让自己的思维进一步向“思辨性”发展。

3. 王安石专题确定的目标

高二下学期的第四个专题是王安石。这一阶段，学生形式逻辑的概念、判断、推理等思维形式，比较、分析、综合、抽象、概括等思维方法，以及搜索资料、阅读资料、整理资料等能力都日臻成熟，确定的目标如下。

基础目标：进一步积累并掌握文言文实词、虚词的词义及用法，进一步积累并掌握文言文的特殊句式及用法。

发展目标：学习评论性文章中的驳论文的写法。能够从纷繁复杂的阅读材料中提炼出各种不同的观点，并对这些观点进行比较分析，判断正误，辨别真伪，概括、归纳出自己的观点；能够从纷繁复杂的阅读材料中选定能够充分证明自己观点的事实材料，用事实说话，逻辑严密、条理清晰地证明自己的观点；能够运用准确、严谨、缜密的语言表达自己的观点，选择恰当文体形式呈现自己的思考、思想。巩固自己“研究”的能力或素养。

与思想、人格目标相比，思维、语言目标的预设与生成是复杂的。教师显性的预设并不能完全预料学生隐性的生成。在专题与专题之间，目标的上升发展应表现出它们的承续性和递进性。这也是为什么思维、语言目标的上升发展曲线不变，而思想、人格目标在“这一个个”专题中可以互换的原因。

21. 专题学习过程具体分为哪几个阶段？

专题学习的过程大体可概括为“一导四段”。

“一导”即导读，分两步走。第一步是师生共商。师生一起商量要做哪些准备工作。第二步是教师引导。主要是简略介绍专题学习的大致内容、精神内核及基本定位。第一个专题一般用到两个课时，之后的专题用时递减。

“四段”即下面的四个“课段”，下面逐一介绍。

一、第一课段

第一课段是奠基、拓展，分三步走（“步”也称之为“环节”）。

第一步泛读概述。学生在指定的网络学习平台上浏览作者的生平事迹、创作思想及艺术风格等。要求学生学会记笔记，学会提取专题概述中最重要的背景信息，如作者为什么写这部（些）作品？写时想到什么？等等，做到“知人论世”。这既是解读文本的一种方式，也是后续学习的必要铺垫。一般用到四个课时。

第二步精读原作。或诵读，或细读，或按原著顺序整本读，或选择代表篇目反复读，或教师用故事来引读……形式各异，方法不同。这一环节，还会加入一些赏析类文本或者解读原作的文本来作为辅助性阅读（注：这些文本有时候也会观点各异，结论有冲突）。总之，读原作是在积累资本，教师得给够时间，学生得下足功夫。后续的思考也好，对话也罢，前提都离不开原作精读。一般会用上两周的语文课时。

需要说明的是，原作一般采取网购的形式，赏析类文本或者解读原作的文本则由教师在网上收集，然后上传到指定的网络学习平台上。

第三步上网研读。在指定的网络学习平台上，研读与专题有关的具有思维挑战性的论述类文章。这些文章的作者可以是著名学者、专家教授，还可以是语文专业之外如历史学、政治学、心理学方面的专家。入选文章因其视角不同、观点各异和思想冲突，能给学生思维造成冲击力，能帮助学生培植深刻的、独创的、批判的思想，而这正是学生生成思想的关键，也是与传统高中语文学习不同的地方。一般也会用上两周的语文课时。

以泛读概述为背景，以精读原作为根基，以研读论述类文章激发问题意识作为专题研究性学习的突破，让学生扎实走完这前三步。

二、第二课段

第二课段是再读、深解。这是学生生成思想，进而生长出自己高质量的言语系统的最为重要的阶段。

在这一课段，学生思维、思想的发展步伐有快有慢，或深或浅，时而表现为前进，时而表现为滞后；其方向或路径也有所不同。因此教与学的行为不同步，教师的“教”就显得更加的个别化，学生的“学”也显得更加的个性化，如学生更喜欢走出指定的网络学习平台，进入到互联网广阔的世界里遨游，查找、阅读与自己研究相关的资料；也更喜欢采用 QQ 文件夹的存储方式来保留资料、整理资料。而教师则要在对学生学习状况的观察和判断，以及对其学习节律把握的基础上，制定出大体的统一的学习步骤：

或学生再读原作，精进思考。教师会不时加入一些新作，主要是在论述类文章中所引用的作者作品。或教师“深解”原作，给学生作头脑风暴式的刺激——对原有的思考或结论产生新的质疑。或学生再读论述类文章，比较并思考不同作者、不同文章其立论的逻辑起点和论证的思维路径，为进入下一阶段的定向、选题、写作作好准备。

这一课段，一般会用上两周的语文课时。

三、第三课段

第三课段是定向、选题、写作。包括从定向到选题，从选题到写作，从写作到修改(部分学生需要重写)、到习作上传，可以说，学生进入了一个非常重要而又极其漫长、极其艰苦的阶段。

说它重要，是因为这个“坎”如果迈不过去，就会“功亏一篑”，学习任务没完成，目标也落空。说它“漫长”，是因为在这个过程中，学生要花费大量的时间，长者超过十天甚至半个月。说它艰苦，是因为在确定研究方向之后，学生要围绕着研究方向去阅读、收集、整理材料；再从材料当中去归纳、概括出标题；再围绕标题去筛选、组织材料，然后构思成文，完成习作上传。一句话，这一课段，教师要“耐得住”、“等得起”并有所作为，如开设定向、选题指导课，或单独对个别学生进行指导或帮助等。

这一课段，一般会用上两周的语文课时。学生习作不要求统一上交的时间。上交后教师评阅，合格者上传到指定的网络学习平台上，供大家分享、评议。

四、第四课段

第四课段是深度体验。如果条件容许，时机成熟，教师可以让学生自行举办辩论会、朗诵会、课本剧表演等，时间由学生自己安排。准备充分后师生共商，确定举办时间、地点、参加活动人员等。

“一导四段”学习时段的安排有较大的灵活性，主要看学生的学习状态。有时要“等一等”，有时要“拽着走”，是缩短，还是延长，视学情而定。

22. 刚开始做专题学习，教师怎样“挖一个洞”？

刚开始做专题学习，教师可以先“挖一个洞”。以《诗经》专题为例，刚开始时不一定要拿十几首诗（爱情诗、战争诗、农事诗）来一起上，可以先就《氓》这首诗“挖一个洞”，换言之，就是针对《氓》这首诗，我们可以从几个不同的角度对它进行研究。

首先，从“抱布贸丝”我们可以看出这是一种商业行为。当时朝歌（殷商的都城，今河南省淇县一带）地区的商业气息非常浓厚，不仅男性从事商业活动，女性也从事商业活动。从事商业活动的女性在经济上就比较独立，反观诗歌中的事件，经济独立并不意味着人格能够得到尊重。

其次，从“送子涉淇，至于顿丘”，“淇水汤汤，渐车帷裳”，我们可以看出千百年来有多少爱情故事都会在水边演绎。如果把《诗经》中描写淇水和其他描写河流的诗句搜集起来，我们会发现，我们的祖先都是临水而居的。临水而居既是生活的需要，也是交通、交往的需要。生活需要商品交换，交通让人们交流来往。河水与情感的关系何其密切。

再次，从“匪来贸丝，来即我谋。送子涉淇，至于顿丘”，我们可以看出这一对青年男女刚开始时是自由恋爱的。可见，自由恋爱在当时的经济发达地区应该是一种普遍现象，是被容许和认可的。但一句“匪我愆期，子无良媒”又让我们窥探到没有父母之命、没有媒妁之言，只是自由结识、自由恋爱也是不行的。那么《诗经》时代，自由恋爱和父母之命、媒妁之言到底是一种怎样的关系呢？

此外，我们从男女主人公的人生经历、爱情交往、婚姻变化中去理解人物形象或探究故事情节也是可以的。如“总角之宴，言笑晏晏”见两人青梅竹马，爱情之有基础；“氓之蚩蚩”见男主人公游民经历，爱情的不稳定性；“不见复关，泣涕涟涟。既见复关，载笑载言”见两人爱情真挚，女子情深；“女也不爽，士贰其行。士也罔极，二三其德”见其婚姻变化，等等。即便是诗中“桑之未落，其叶沃若”，“桑之落矣，其黄而陨”的桑树，也与爱情关系密切。有了这些不同的角度，再“深挖”下去，如从商业的角度，就可从网上搜寻以下资源：《〈诗经·卫风·氓〉所反映的春秋时期商业经济》、《至于顿丘》(傅道彬)、《“商人”来自“商朝”?》、《中国商业的古老源头——商丘》、《千古商魂：中国商业起源与辉煌》。

从一首诗的内容出发，在一个或几个点上狠狠地“挖一个洞”，这也是专题学习，关键在于你培养的是不是学生的问题意识、研究意识和创新意识。

23. 教师怎样“拉一条线”？

所谓“拉一条线”，就是一个主题，可以把古今中外相关的文章串起来，如爱情主题，把古代与现代篇目串成一条线，即将古今拉一条线；也可以把中外拉一条线。

以我工作室学员李曦老师做的爱情诗专题为例。

“粤教版”高一语文必修1有“中国古代诗歌”单元，其中选入爱情诗《静女》《氓》《孔雀东南飞》《迢迢牵牛星》《上邪》。李老师上完此单元后，我对她说：

“你上的《静女》《氓》《孔雀东南飞》《上邪》这几首诗不都是讲述爱情的吗？里面的女主人公各自面对爱情的态度不同、命运也不一样，你完全可以把这些组合到一起，让学生自己去分析，去探究。当然，这要引入一些文章，涉及到社会背景、生活情态、制度伦理、风俗文化等各方面……

“可以多列出一些古典诗歌中经典的爱情诗，让学生自己去感悟爱情的悲欢离合、生离死别……高中的学生，他们对于爱情充满好奇；我们可以加以引导，帮助他们树立正确的爱情观……

“爱情并不是像选入教材中的大部分文章那样，所反映的都是悲苦，也有欢愉、美好的一面。爱情是人类感情永恒的话题，想逃避反而适得其反……

“再有，还可以尝试从古到今，把你熟悉的爱情诗拉成一条线，学生可能有更多的发现……”

断断续续我说了很多。李老师答应下来说试试看。下面是李老师的专题“选材”及专题之后的反思。

先看“选材”。

专题学习拟从以下五个方面选定学习材料，上传到博客学习平台上，具体包括：

(1)粤教版课文中出现的古典爱情诗歌。具体篇目为《静女》、《氓》、《孔雀东南飞》(选读片段)、《上邪》；

(2)与课文相关文章的选读。具体篇目包括《至于顿丘》(傅道彬)、《流动在〈诗经〉里的河》(文金)、《河边的爱情》(李书磊)、《〈孔雀东南飞〉赏析》(作者不详)、《千古爱情圣地》(艺璇)、《小市千年的爱情》(李徽昭)；

(3)展示古代爱情不同风貌的拓展文章及对古代爱情诗歌进行散文改写的范文。具体篇目包括《投我以木瓜》(若风)、《〈诗经〉中的上巳节》(刘冬颖)、《直教人生死相许——〈诗经·国风〉中收放自如的古典爱情(一)(二)》(王开林)；

(4)古今爱情诗歌比较阅读文章。具体篇目包括《怨情(李白)和〈错误〉》(郑愁予)(李梦遥)、《寄人》(张泌)和《我不知道风是在哪一个方向吹》(徐志摩)(孟祥英)、《望夫石》(梅尧臣)和《神女峰》(舒婷)(田广文)；

(5)学生回帖和优秀习作。具体篇目包括：《桃花依旧笑春风——试论〈桃夭〉首创的以花喻人》(金智娟)、《爱如镜花水月》(林嘉嘉)、《人面桃花为谁开》(林晓琳)、《一眼万年》(陈梓桦)，等等。[①]

再看反思。

这次专题教学前后历时一个月左右的时间，因为是初次尝试，我并没有完全放开课本，而是充分利用了早读、晚修和很多的课外时间，争取在尽量

① 李曦．“高一语文中国古代爱情诗”专题教学设计．中学语文，2013，(11)．

完成正常教学任务的同时使得这次专题教学有始有终。不敢说学生在这次学习中收获有多少，只是看着他们从最初到电脑室的茫然到后来的井然，从最开始害怕写作文到后来主动找我讨论作文写作的点滴变化，我真的觉得这一个月的时间和精力的投入是值得的。

就个人来讲，我从这次的教学尝试中受益匪浅。作为一个年轻老师，能够有机会在前辈的带领下进行这样一次有益的教学尝试，更何况专题学习和时下语文的教学新理念是相当契合的，不能不说这是我的幸运；专题学习不仅仅是教学，更是一个教学相长的过程，在这个过程里，我体会到了和学生思想交流的愉悦，也体会到了把职业变成爱好的幸福。现在回过头来看看自己当时写下的文字和学生们留下的跟帖与文章，还是会有一丝丝甜意涌上心头，这是看到学生考试分数所产生的短暂成就感无法比拟的。

这次专题学习只是一次小小的尝试，时间很短，比起吴老师系统的、深入的、开放式的专题学习还距离甚远。在学习过程中，提供的材料比较杂，涉及的问题也很浅，学生的习作基本上只是停留在了感悟的层次。但是，这只是开始，开始了，我想，就会一直走下去。①

总之，刚开始做专题学习可先“挖一个洞”，然后再“拉一条线”，最后就有可能把一个专题学习做成一个“面”。如此，学生的学习就会厚实、广阔、博大，学生就会有思考，有思想，有见地，无论是想，还是说，都会“头头是道”、“滔滔不绝”。

24. 如何依据“学情”设计、组建、确定专题？

这里的学情包括两部分，一是学生学习起点状态，二是学生潜在状态。学生起点状态主要从三个方面展开：知识维度，指学生的认知基础；技能维度，指学生已有的学习能力；素质维度，指学生的学习态度、学习习惯、意志品质……学生潜在状态主要指学生可能发生的状况和可能发展的趋势。如学生在知识与技能、过程与方法、情感态度与价值观方面可能参与到什么程

① 李曦．“高一语文中国古代爱情诗”专题教学设计．中学语文，2013，(11)．

度，达到什么状态？学生的学习习惯、思维水平怎样？适宜于采用哪种学习方法完成学习任务？学生在课堂教学动态中，可能会生成哪些资源？在教师的帮助下能够达到怎样的水平？等等。

下面以我为不同学习水平及学习趋向有异的两类学生设计的两个不同的专题为例。

一、为实验班学生设计的专题

十年间，我共带过四届实验班的学生，他们的学习态度端正，基础知识掌握比较牢固，学习习惯养成让人满意。进入高一年级，他们的思维、语言发展也达到“感悟性”的水平。怎样使“感悟性”的思维、语言过渡到“思辨性”的思维、语言，选择哪个专题可以很好地实现这样一种转变呢？这四届学生有两届学生是以《诗经》专题作为起始，另外两届学生是以《论语》专题作为起始从实践情况来看，以《诗经》专题作为起始的学生，其思维、语言的发展较之于以《论语》专题作为起始的要好。究其原因，首先，《诗经》是我国文学的“源头”，对后世的文学发展起到统领作用。先读《诗经》，往后遇上“诗三百，一言以蔽之，曰思无邪”等便不会受到阻碍。其次，《诗经》中的爱情、婚姻篇章是其精华，这个年龄段的学生对其有兴趣，可以帮助他们建立正确的婚恋观(这一点其他专题难以替代)。再次，收集到的对《诗经》作品进行解读或评价的文章，更多地表现出“感悟性”的思维、语言特征，有利于学生从“感悟性”思维、语言过渡到“思辨性”思维、语言。再次，对《诗经》作品解读、评价的“感悟性”文本，篇幅不长，有助于引发学生的阅读兴趣和有利于培养学生阅读时的专注力。

二、为传媒艺术班学生设计的专题

与我过去接手的四届实验班不同，2012 年春季学期，我接手的是高一下学期学校进行文理分科分班后重新组建的“传媒艺术班”。这样的班级，学生的构成复杂，语文认知水平较低，选择常规学习材料难以引起学生的学习兴趣，选择陌生化的学习材料却更能引发他们的学习兴趣。考虑到这种情况和这样班级的专业需求，我想，唯有“电影”这一专题内容才能承担起这一学习任务。电影是一门综合艺术，有文学、有美术、有音乐、有摄影，每一个学生都能够在这里找到自己感兴趣的学习点，可满足各类学生的学习需要。而且，通过专题学习去学习专业知识，专题和专业可同时得到发展，实现共赢。

然而电影毕竟包含一个很庞大的知识体系，如果能够结合一位导演拍摄的电影来进行专业学习，通过感性认识到达理性认识，会不会事半功倍呢？于是与学生共商，最后锁定在张艺谋导演的电影。张艺谋导演的电影较之冯小刚导演、陈凯歌导演等更为同学们所熟知，而学习完张艺谋电影专题再去写电影评论，又能够和思维、语言训练结合起来。况且大多数评价张艺谋电影的评论文章，好懂易学。我想，学生兴趣一旦激发起来，学习之后写评论性文章又能获得成功感，以后再进行以专题为依托的语文学习才有持续发展的可能。当然，如果有学生还有兴趣进行电影剧本的创作或者改编，也应予以鼓励和支持。

总之，对学生学力情况的分析，应该慎之又慎。特别是第一次做专题学习的时候，对刚接触到的学生，很多情况不够了解，教师应再三考虑，反复思量。

25. 怎样依据“学情”调整专题内容的学习顺序？

专题学习确实需要预先设定教学目标，制订符合学习认知规律的计划和过程，这是一种策略性的准备。但更重要的是要充分考虑到学生在学习过程中可能会出现的反应、变化，以及在具体教学情境中他们的种种表现。与起点状态的“学情”分析不同，这种在过程中的反应、变化及种种表现，是我们常说的潜在状态的“学情”。教师在教学过程中应该对这些动态的、潜在的“学情”进行分析，来调整或者改变自己先前的预设和计划，从而更好地实现教学目标。

以张艺谋专题为例。按照原先的计划，学生在第一课段“精读原作”环节观看张艺谋的八部电影，观看完每部电影之后，精读这一部电影的内容介绍及评鉴文章。等到八部电影全部看完、八部电影的内容介绍及评鉴文章全部读完，才去研读电影的综合评价、单一评价(即针对某部电影或某部电影某一方面的评价)的文章。

我们知道，学生在校学习，科目繁多，任务繁重，是没有其他时间观看电影的，就只能在语文课上看。而语文课哪怕两节连堂，要观看完一部电影也非易事。八部电影看下来一般会用到三四个星期的语文课，中间穿插精读这八部电影的内容介绍及评鉴文章，从时间上看，无法保障学生持续、专注、长久、深入地思考和研究。不少学生看完了某部电影后立刻就找到研究的兴趣点、兴奋点，想继续研究下去，直接进入“网上研读”环节，这就超出了制订的计划。可见，计划赶不上变化。为此，根据“学情”的变化，我调整了专题学习内容的顺序：把观看一部电影和精读这部电影的内容介绍及评鉴文章，和研读这部电影的综合评价、单一评价的文章集中合并在一起，按先易后难，先精读短文、后研读长文的顺序渐进，这样，就更有助于学生对学习内容的整体把握和全面理解，学生也更乐于接受，并提高了学习效率。

再以李白专题为例。按照原先的目标预设，学生在精读完李白的三十首诗歌后(含辅助性阅读材料的精读)，再研读近十篇研究李白诗歌有关主题思想、修辞(如大胆的夸张)和表现手法(如奇诡瑰丽的想象)的具有思维挑战性的文章。如针对《蜀道难》一诗主题的张光富的《一首政治抒情诗——〈蜀道难〉主题新议》、张荣谦的《〈蜀道难〉主题再探》。针对《梦游天姥吟留别》一诗“梦境”阐释的我的《是追求、向往，还是惊惧、鄙弃？——关于〈梦游天姥吟留别〉诗中“梦境”》、康怀远的《回归自我的愿望达成——李白〈梦游天姥吟留别〉主题臆解》。针对《静夜思》一诗中“床”的马未都的《〈静夜思〉新解》、胥洪泉的《〈静夜思〉中的“床”不是“马扎”》。此外，还有一些“口子小，挖掘深”的文章，如张敏的《李白诗歌中的数字之美》、徐昌才的《漫谈李白笔下的“飞”》、黄满星的《从李白的名、字、号看其思想的复杂性》等。学生通过对这些文章的研读，学习写这类“口子小，挖掘深”的文章。

然而，令人意想不到的是，大部分学生并没有按照教师预设的目标走。有的学生研究李白积极入世为何不参加科举考试，有的学生研究李白诗歌中跳跃性思维的表现及由来，有的学生研究李白政治失意有关纵横之术的原因，有的学生研究李白为何要写妇女诗，甚至有的学生研究李白“倒插门”的婚姻生活等。“学情”发生变化，我的目标和计划也随之变化，即不再只要求学生写“口子小，挖掘深”的这类文章，挑战宏大“叙事”类文章的写作我也予以支持。原先研读文章的内容和顺序也随之作出相应的调整或改变，如加大了宏大“叙事”类文章的研读，具体有陶新民的《试论李白的悲剧人生及其特点》、高寒的《出世与入世的动态失衡——论李白人生悲剧的思想根源》、赵鲲的《以我为主，唯我独尊——李白个性思想探析》、廖悰的《李白文化心理初探》、杨义的《李白诗的生命体验和文化分析》等。此外，针对部分学生研究走向，还加入如毛晓红的《巴蜀文化对李白诗歌艺术风格的浸润》以及从网上辑录的《李白的第四次婚姻》等。

总之，预设和计划时应该考虑到生成，生成时也必须时刻关注先前的预设和计划。固守预设、计划，不知变通，或者生成不受限制，如脱缰野马，都将影响教学目标的如期实现和教学计划的如期完成。

26. 专题学习之前，教师怎样做资料收集的准备工作？

当一个专题基本确定下来之后，首先，我会围绕这个专题，到我的书柜里查找或者上网购买三五本甚至七八本与这个专题相关的书籍。如为了做《诗经》专题，我找出姚际恒的《诗经通论》、闻一多的《诗经研究》、余冠英的《诗经选译》、程俊英的《诗经译注》等。在网上购买了金启华的《国风今译》、褚斌杰的《〈诗经〉与楚辞》、金性尧的《闲坐说诗经》等。

收集到这些书之后，我会根据专题学习的需要，或精读，或浏览。为了收集“泛读概述”的资料，我会详细阅读每一本书的“前言”，从中选定适合高一学生阅读的文本，如我选定《诗经》专题的“概述”就是从褚斌杰主编的《〈诗经〉与楚辞》一书的“第一章《诗经》的编集、流传”和“第二章《诗经》的分类”中来的（有删节）；为了收集精读的“原作”，我阅读了余冠英的《诗经选译》、程俊英的《诗经译注》和金启华的《国风今译》。然后，按《诗经》“爱情诗”、“战争诗”、“农事诗”的分类来选择适合我学生做专题学习的“原作”及赏析或评价性文本。

接着，我会去收集跟专题学习内容有关的辅助性阅读材料或具有思维挑战性的阅读材料，当然最好是能帮助学生进一步阅读、思考的一些名家名作。考虑到《诗经》是高一学生做的第一个专题，我觉得，一些优秀作者评析《诗经》内容的“感悟性”文章也许价值更大，更能贴近学生的水平。

必须指出的是，专题学习的辅助性阅读材料往往不是一次就能够选定的，但这并不妨碍学习的实施或进行，如第一次做《诗经》专题，我选择辅助性阅读材料只有王开林写的《穿越〈诗经〉的画廊》中的《关雎》篇、《桃夭》篇、《击鼓》篇、《采薇》篇，《河边的爱情》(李书磊)，《〈诗经〉里的那条河》(洪烛)。第二次做《诗经》专题，我就加入了从网上下载的《揣摩了三千年的心事》(丁国强)、《古诗之起源与美》(何新)、《〈诗经〉中的动植物学研究》，《〈诗经〉时代的农业》、《〈诗经〉与成语》等多篇文章。第三次做《诗经》专题，除保留前两次做《诗经》专题部分的辅助性阅读材料之外，我又加入了《〈诗经〉持久之美：华夏文明的文化基因》(伍立杨)、《两千年前的爱情轻喜剧》(梁志军)、《流动在〈诗经〉里的河》(文金)、《至于顿丘》(傅道彬)、《〈诗经〉中的上巳节》(刘冬颖)、《投我以木瓜》(若风)等。也就是说，专题学习辅助性阅读材料的获取是一个逐步积累、筛选、丰富的过程。

再以高二学生做王安石专题为例。从互联网上，我找到的具有思维挑战性的文章有林语堂的《王安石变法》、黄仁宇的《王安石变法》、刘小川的《〈品中国文人〉之王安石》、王中宇的《毁誉千年王安石》、红树林子(网名)的《独守千秋——感悟王安石》、朱国华的《王安石小人化过程之推考》(有删节)、王晓如的《闲话王安石的人品》、罗强烈的《王安石的反对派》、杨明世的《隐秀褒禅山》、岳晓东的《王安石偏执误政》。这样一组视角不同、观点冲突、具有思维挑战性的“思辨性”的文章，可以给高二学生的思维造成冲击力，它能够激发起学生在阅读的过程中的问题意识、研究意识、批判意识，让学生在对问题的思考和追问中，分析归纳，比较推论，生成自己的思考和思想，得出自己的结论或判断。

可见，如何收集资料，筛选出适合学生学情，能帮助学生进行深入阅读思考的学习材料，要看在“这一阶段”你学生学习的具体目标是什么。而收集、筛选出来的资料，如何体现其思维的深度和广度，具有思想的丰富性、深刻性，则要看教师的视野、功底和判断力了。

27. 第一个专题，教师必做哪两件关键的事情？

第一件关键的事情就是做第一个专题学习之前，一定要留出两三节课，深入细致地做学生的思想工作。做思想工作要动脑筋，要下大功夫。学生是从旧有的学习模式、学习习惯中走过来的，这"第一步"没迈好，师生都会遭遇极强的挫败感。

首先，要介绍专题学习与传统语文学习的不同，以彰显专题学习的魅力。打比方说，专题学习是去看大片"森林"，传统语文学习则是看一棵棵"树木"；专题学习是观"大江大河"，传统语文学习则是获得"一杯水"或"一桶水"；专题学习是拥有"大钻石"，传统语文学习则是钻石切割后留下的"碎屑"；专题学习是"去远方旅行"，传统语文学习则是"在上学路上"。直接说，专题学习要求学生多读、深思、精写；传统语文学习要求教师多讲，学生多听、多做练习题。具体说，专题学习要求读"整本"经典，要求自己提出问题、收集整理、分析归纳，最后把研究成果用文字(不少于 2000 字)表达出来。传统语文学习只要求这个文段赏析一下，那个词语品味一番，总在一个个具体细小的问题上甄别、检测，写一篇不少于 800 字的作文，而这篇作文也多与课堂上读的、想的不甚相干。一句话，专题学习是一种全新的语文学习方式。

其次，要详细介绍为什么要做这"第一个专题"。以我做的第一个专题《诗经》为例，第一节课("导读"环节)，我就向学生说起四个人对经典的看法。

(1)余光中，台湾著名学者、诗人、散文家。余先生在岳麓书院讲坛上说："在台湾曾经有一位记者问我，他说这都什么时代了，你还在读苏东坡的诗？我说为什么不可以读？你知不知你的日常用语里面都缺不了苏东坡。他说为什么？我说，你会说'哎，某人啊，我没有见过他的庐山真面目'，这就是苏东坡的诗啦。(掌声)你说人生漂流不定，雪泥鸿爪，那不是苏东坡教你的吗？你说这位女子啊，绝色佳人，淡妆浓抹总相宜，这些都是苏东坡留给我们的遗产。《诗经》《楚辞》的优美的诗句都已经进入了我们的日常的成语，这就是民族的遗产。”[①]

(2)杨叔子，中国科学院院士。他在谈到自己成为院士有哪些个人因素时说：“重要的因素之一，是人文文化、中华民族的优秀传统文化……”他说他的研究生如果不学不背《老子》《论语》，就拿不到学位，戴不成博士帽。在他看来，优秀人文文化的滋养至少是：“一、陶冶与提升了思想感情；二、活跃与完善了思维能力。”[②]

(3)王安忆，著名作家。她认为“《诗经》琅琅上口，适合从小学到大学的各个年龄段的青少年阅读”。她说：“读着《诗经》，体会着风雅颂、赋比兴，你就会像被领进一个河汉密布的地带，弥漫的水雾扑面而来，模糊了你的玻璃镜片。《诗经》本身就是一条河流，一条文字之河。由于时间的关系，我们永远生活在《诗经》的下游，感受其芬芳，接受其哺养。”[③]

(4)木心，旅美艺术家，作家。他说：“《诗经》三百首，其中至少三十多首，是中国最好的诗。到了屈原、陶潜，仔细去看，已经有概念。屈原么香草美人，陶潜老是酒啊酒啊。《诗经》三百篇，一点也没有概念。完全是童贞的。李白、杜甫，更是概念得厉害。到了宋、明、清，诗词全部概念化。”[④]

古人说：“凡事预则立，不预则废。”有了事前的充分准备，才能保证以后的学习顺利进行。

第二件关键的事情就是在做第一个专题学习的过程中，教师一定要时时“在场”，关键时刻要及时“添柴加火”。要牢记：教师是“点火”不是“灌水”，是“助产士”不是自己“生孩子”。

所谓时时“在场”，就是教师要在学习的各个阶段，对学生的学习做具体的指导和示范，要扶上路，助一臂，推一把，陪一程，以确保学生第一次做专题的最后“成功”。因为是“新生”，是第一次，这一次的“成功”对每一位学生来说就显得尤为重要，它关系到专题学习的后续发展。

比如说学生解读《诗经》中的《溱洧》时多有不解：“不是说古代礼法严厉

---

① 朱汉民．智者的声音——在岳麓书院听演讲．长沙：湖南大学出版社，2004：68－69．

② 杨叔子．序：同根生 融则利．见王丽．我们怎样学语文．北京：作家出版社，2002：1．

③ 沈祖芸．与作家王安忆对话．中国教育报，2002－04－02．

④ 木心．最后一课[EL/OB]．腾讯网腾讯文化，[2014－1－29]，http：//cul．qq．com/a/20140129/008084_1．html．

吗？你看《静女》约会很隐秘，《将仲子》约会不遂意。怎么《溱洧》中的男女青年就那么大胆和开放呢？”我及时“添柴加火”，加入《我们的示爱史》一文，并告诉学生：先秦时代，是中国古代爱情的黄金年代。礼法的强化，自由恋爱的大门逐渐关闭是宋以后的事情。另外，周代法令允许仲春之会——“于是时也，奔者不禁。”（《周礼》）即俩人若来电，就在野外亲热，也没人认为是伤风败俗，反而被看作是对大地丰产的祝福，是吉祥的事情。

再比如说学生进入到写作的关键环节，文章的思路理不清时，我会与之交流：习作的第一部分要首先列出不同的观点或者总述，然后提出自己的观点或者问题。接着，围绕着自己的观点或者问题，分层次、分步骤（如分“小标题”）来进行论述，层次、步骤（如分小标题）要体现一个层进的逻辑顺序，等等。

做第一个专题学习，一头一尾至关重要。如果说好的开头是成功的一半。那么，收获好的结尾不仅能完善成功的另一半，还会使新一轮的开始更顺畅，更美好。

28. 为什么专题学习最好从《诗经》开始做起？

专题学习最好从《诗经》开始做起，这是基于四届学生进行专题学习的经验而得出的。

四届学生所做专题学习，其中第一届（2001年）是从高二开始的，第一个专题是蒋廷黼的《中国近代史》。虽然学生颇有收获，但这样一本识见过人的薄薄小书（五万余字）内容还是厚重了，且“点”过于分散——从鸦片战争到抗日战争，百年转型的艰难时光。由于学生学习时间太短，我也谈不上什么内容、体系或者源流上的考虑。第二届、第三届学生都是从《诗经》开始进入专题学习的。这样，他们之后的学习就有了参照和比较，如读《楚辞》、读李杜、读苏轼、读王安石时，就知道其“流”之“源”在哪里或从哪里来，这样大有补益。第四届学生的专题学习从《论语》开始，之后就再也没有回过头来读《诗经》，而后续很多的专题学习，在内容的承续上就存在很多不足或缺漏。由此，我认定新生的专题学习从《诗经》开始比较合适。

以下是我在总结《诗经》专题教学时写下的详尽的“选题理由”。

(1)万事皆有始。选择《诗经》作为高中阶段专题学习的起始，主要考虑到《诗经》是我们民族文化的源头，后世的哲学、政治、历史、经济、文学、艺术等无不受其影响。著名作家王安忆就说过：“由于时间的关系，我们永远生活在《诗经》的下游，感受其芬芳，接受其哺养。”那么，生活在下游，感受其芬芳，接受其哺养，学生就不仅能了解到源头的“河汉密布”，更可以给他们在今后的专题学习里一个文化上的参照和比较。

(2)《诗经》是我国最早的一部诗歌总集，它刻画出的那一幅幅生活图景，充满了泥土的气息和河水的氤氲，流露出的是最本色最自然的思绪和情愫。其中爱情诗、战争诗、农事诗是《诗经》当中最诱人的华章。学生不仅能感受到它古老的文字之美，更能真切地体验到两千多年前殷周时期人与自然、人与社会最为纯朴的关系，遥想那个时代人们的聚散离合、喜怒哀乐和爱恨情仇。

(3)初中阶段，学生把话说“清楚”进而说“漂亮”的“实用类文章”或“实用——情境性思维”的读写能力得到了长足的发展；进入高中阶段，就要发展把话说得“有见地”、“有理据”的论述类文本的语言能力。阅读《诗经》，除了引导学生整体感知和把握作品中的形象和情感之外，更重要的是理解《诗经》作品内涵的多义性和模糊性，鼓励学生积极地建构文本意义，有个性地表达自己的独特感受和独立见解。

当然，得补上一句，你最熟悉的或许才是最好的。如有老师对我说，我特别喜欢博尔赫斯，那你就从博尔赫斯开始，因为你就是你，就如我就是我，我们“是颜色不一样的烟火”。但要记住，尊重学生的认知水平和思维、语言特征应放在第一位，同时，还要考虑到两年的专题学习是一个系统工程，要从宏观上去把握，以保证专题学习的整体性和承续性。

29. 怎样激发学生的学习兴趣，让学生爱上《诗经》？

《诗经》是两千多年前的作品，一下子要让学生爱读，这不现实，也不正常——语言的隔阂，风土、民俗的障碍，等等，都“横亘”在那里。怎么办？我的方法是——“和学生谈谈爱情，和《诗经》谈谈恋爱”。

首先，我选取了《诗经》中最具生活气息的爱情诗让学生来读。比如《静女》和《溱洧》都是写男女青年热恋约会的，但这约会却大不一样，怎么个不一样呢？《桃夭》和《氓》都写了男女青年从恋爱走向婚姻，前者喜气洋洋，幸福美满，后者却走向分手、破裂，这又是为什么呢？《将仲子》是写男女青年相互爱慕却因为需要媒妁之言而无法自由恋爱，而《氓》里边也谈到了“匪我愆期，子无良媒”。《诗经》时代，媒妁之言对于男女青年的爱情生活究竟起到多大的作用呢？等等。让学生在阅读中对照当下的男女约会、恋爱、成婚的生活，思考读《诗经》爱情诗对今天我们的生活有没有什么指导意义。

其次，要选好与这些作品相对应的解读文章或者辅助性阅读材料。选取的原则是这些解读作品的文本是充满生活情趣、启迪人的智慧的，或给人解疑答惑，或让人会心莞尔，或使人恍然大悟。如读《木瓜》一诗，我选取的是《诗经》爱好者若风写的作品《投我以木瓜》。作者告诉我们，《诗经》时代的木瓜和我们今天看到的木瓜不一样，这样，学生就增长了见识，开阔了眼界，读起来就饶有趣味。再如读《氓》一诗，我选取的是著名学者傅道彬写的《至于顿丘》。作者以对“顿丘”地名的考证为基础，兼对诗歌中所表现的男女情感进行评价，这就打开了学生的思路，从另一个角度(人性)去思考爱情的复杂性和多变性。又如，《诗经》时代既可以自由恋爱但又需要媒妁之言，为什么会这样呢？我选取了曹红蓓写的《我们的示爱史》一文。这样，学生读起作品来就不显得枯燥、乏味，还能引发他们向更深处思考和探究。一句话，这些文本应充分体现出语言之美、思维之美、哲理之美、人性之美，等等。

再次，初次进行专题学习，我会和学生一起阅读。比如早读、课堂上进行的阅读课等，我都会和学生一起诵读或朗读，实在拗口的句子，开始的时候，我还会领着学生一句一句地读。有时只是读，有时边读边议，学生如能心有所悟、所得，后边的事情就好办了。当然，如果是第二次、第三次做《诗经》专题，还可以用这之前学生做专题时写下的习作来作引导和示范，要知道，“彼，人也，吾人也。彼能为之，吾胡不能为之？”

这里举一个“由不爱到爱”的学生的例子。

在首届“高中语文模块教学”研讨会的学生座谈会上，一位叫俞宏斐(2005

届学生，毕业于深圳大学）的同学，在回忆他当年读《诗经》的经历时说："后来我们慢慢发现，《诗经》并没有我开始想象的那么古板、无聊，发现原来它真的很美很美。"①而他在那一次学习之后写下了一篇我非常满意、他自己也满意的文章《对氓先生的专访》。

总之，一开始就想让学生人人爱读《诗经》是不可能的事情。在我的印象中，经典作品从来都是"难读"的，不然怎么会有学生说怕周树人？关键的问题还在于——老师你是不是热爱，你的热爱是会传递给学生的。教师最重要的是要有传递爱的这种能力，因为爱具有感染力、感召力；热爱了，你会想出各种各样的方式方法。另外，也不要先入为主地认为学生就不会或没有能力热爱，对于一个身心健全的人来说，那些神秘的、未知的、不可测的、美好的事物，永远是令人心驰神往的。

30.《三国演义》和《水浒传》为什么不是专题学习的内容？

在专题学习里，中国古代"四大名著"我只选了《红楼梦》，《三国演义》《水浒传》是没有进入其中的。经常有人就这个问题问我：为什么没选《三国演义》和《水浒传》？

在我看来，任何一部所谓的"经典作品"都会表现出它的价值取向。《三国演义》《水浒传》所表现出来的是"江湖气"、"暴民政治"和"黑社会人格"。就说"桃园三结义"吧，说白了它就是一个黑社会性质的组织。两书中的所谓"英雄"几乎个个都是杀人不眨眼的暴徒、强人，即便是有"义举"，也非自省自觉自悟的。两部小说反映的实质是那个时代的道德失范、法律失效、社会失序的黑暗现实。

我们常说学校是教书育人的场所，阿德勒在他的《理解人性》一书就说过："学校是每个儿童在其精神发展过程中所必须经历的一个场所。因此，它必须能够满足健康的精神成长的需求。只有当学校与健康的精神发展的必要性保

① 潘纪平．精神和言语就是这样共生的．中学语文，2011，(4)．

持和谐，我们才能说这是一所好学校。只有这样的学校才能被认作是社会生活所必不可少的学校。”[①]既然“教书”是为了“育人”，作为专题学习的选材，怎么能不考虑其价值取向？从这一点上说，我认为“读什么比怎么读更重要”。

也许有人会说，对于这样的古典名著，我们应尽力去挖掘其正面的价值，但我们也要知道有这样一个词——潜移默化。换句话说，真正的经典作品是不用教的，只要你去阅读就会产生作用，发生影响。我们学校总不能把孩子培养成为一个学科能力很强，但却被别人指着脊梁骨骂“混蛋”、“恶棍”的人吧，而作为“育人”载体的课文或教材，我们提供的不能也不该是那些成分不明的甚至含有毒性添加剂的劣质“大米”或“奶粉”?!

我们知道，人在本性上都是乐于求知和恐于无知的。然而，就“知”而言，就有“有益”和“有害”之别。“知”的选择和控制对于控制者（如教师）而言，可能是有益的，但是对于学习者（如学生或未成年的孩子）而言，却未必有益甚至可能是有害的。清人谭献在《复堂词录序》中说的“作者之用心未必然，而读者之用心未必不然”正是此理。

对于已经成人、心智成熟的教师或大学生而言，读《三国演义》和《水浒传》可能会采取批判性的接受，但对于人生观、世界观尚未形成的中小学生而言，就未必会批判性地接受阅读了。台湾作家龙应台《读〈水浒〉的小孩》一文就提供了孩子“中毒”的一个经典案例[②]。无独有偶，在《书城》杂志上，陈洁写的《孩子怎样读中国书——我家孩子的国学阅读经验》一文也有孩子在读《三国演义》《水浒传》时遇到的窘境。而我期望我的学生将来是一个拥有“全球的视野”、站在“人类的立场”的现代公民，《三国演义》和《水浒传》与我的期望值相差很远，甚至是背道而驰。

31. 如果要读《三国演义》和《水浒传》，我会如何进行指导？

首先，在学习时间的安排上，我会选择在高二学年。有了高一学年几次

① ［奥］艾·阿德勒．理解人性．陈刚，陈旭译．贵阳：贵州人民出版社，1991：209.

② 龙应台．孩子你慢慢来．桂林：广西师范大学出版社，2014：84—89.

（应该不少于四次）专题学习的知识、理论、经验等积累，学生的思维力、研究力、判断力有了一定的提高，价值取向也趋于稳定。到了高二学年，无论是上半学期或是下半学期，再来做《三国演义》《水浒传》专题，会比较成熟。

其次，我会采用批判性阅读的方式来进行专题学习。

在学习过程中，尽管我会保持价值中立，但我会表明我的态度，更会告诉学生“吾爱吾师，吾更爱真理”的学术原则。

在选择学习材料上，我除了选择正面评价外，还会选择大量的批判文本和反批判文本作为学习材料。如关于《三国演义》《水浒传》思想内容方面。“正面评价”的文章选欧阳健的《〈水浒〉的成书与“水浒”精神》，曹亦冰的《从〈三国演义〉〈水浒传〉两书之魂——忠义思想看罗贯中着意塑造的英雄人物》，宋健、宋培宪的《国事情怀：〈三国演义〉的主旨所在》，魏崇新的《刘备与老子之道》等。“批判文本”主要从萨孟武的《水浒传与中国社会》一书中选取，还从近年来出版的一些著作中选取，如潘知常的《谁劫持了我们的美感——潘知常揭秘四大奇书》，刘再复的《双典批判：对〈水浒传〉和〈三国演义〉的文化批判》和王学泰的《游民文化和中国社会》。“反批判文本”则从国内学者反驳刘再复的文章中选取，如胥惠民的《违反常理的批判——刘再复彻底否定〈水浒传〉、〈三国演义〉究竟意欲何为?》、王平的《论〈水浒传〉诠释中的价值取向——兼评对古典小说的正确态度》等。

最后，为了进一步提升学生的认识，我还会推荐学生阅读张宏杰先生著的《中国国民性演变历程》，让学生了解，明清以来，中国人的性格如同瀑布一样，飞流直下，越来越恶化，流氓气息越来越重，等等。

总之，我要让学生自己去辨别真伪，去判断正误，去得出自己的结论，写出专题习作，以肃清学生初中阶段在文学作品和影视作品中读到或看到的《三国演义》《水浒传》的“流毒”，最终让学生在自己阅读、评判、辨析中去选择自己为人处世的价值取向。同时也让学生明白，评价一部经典作品，文学批评和文化批判是有很大的不同的，艺术价值和社会价值在很多时候表现出来也是矛盾冲突的。

32. 专题学习一时带不来学生的改变，教师怎么办?

根据长期的实践和观察，学生要在做完三个专题学习以后，各方面才会有较明显的改变。为此，从做第一个专题学习开始，教师必须有意识地在具体的学习过程中去“慢慢地渗透”，接下来就是教师“静静地等待”了。这里，主要说说“渗透”。

第一个专题学习从“感悟性”思维进入，既要规范学生专题学习的行为，又要让学生了解专题学习方式方法的特殊性，还要使学生感受到专题学习的魅力。如《诗经》专题，精读原作《静女》之后，让学生完成一次小练习，写一段《静女》情景再现的文字(300字左右)；精读《氓》之后，让学生完成一次大练习，写一篇《氓》再造想象的文字(1000字左右)；然后，再让学生完成一次再“大一点”的练习，写一篇评价《氓》男主人公或女主人公的文字(1500字左右)。当然，在这个过程中，选取哪一首诗来进行训练，可以有所不同。最后，学生在“定向、选题、写作”“课段”，写一篇不少于2000字的大作文——即专题习作。

这篇专题习作，必须有一个论题(话题)，可以从一首诗说起，由个别到一般；也可以综合多首诗来写，由一般到个别；还可以从某一种生活情境或者状态说起，透过现象看本质，等等。总之，这篇习作，要逐渐从“感悟性”思维过渡到“思辨性”思维，让学生初步感受到语言思维逻辑的乐趣，进而感受到专题学习的魅力。

第二个专题学习要从“感悟性”思维过渡到“思辨性”思维，要让学生了解“思辨性”思维的规律，学习“思辨性”的思维方法，在练习和习作中体现“思辨性”思维、语言的特征，初步体验“思辨性”思维带来的冲击和变化。如《边城》专题，我有意识地收集专家曹明海的带有“思辨性”思维的解读文章，引入“文本解读”的“多层次结构”理论：即语体层，从语音、语段、句群到篇章结构及其整体营构的秩序与形态的角度解读《边城》；语象层，从物象与事象、场景与画面、气象与景境等角度解读《边城》；语义层，从情感与理思、精神与思想、灵魂与生命等角度解读《边城》。这样，学生从研读中学习“思辨性”思维，再把它运用到专题习作的写作当中。

第二个专题学习的“渗透”，不仅要精选专家学者的解读文章，引入相关“文本解读”的理论，还要引入“思辨性”思维、语言的有关知识，如事理逻辑和形式逻辑有关方面的知识。如此，才能“渗透”得深入、牢固。

第三个专题学习要进一步巩固在第二个专题学习过程掌握的“思辨性”思维的规律和习得的“思辨性”思维的方法，并能有意识地运用到自己的阅读理解和习作写作当中去，努力实现较为稳定的思维品质的迁移。

这里，有必要说说为什么第三个专题会是海明威，而且主要阅读原作《老人与海》。从选择专题的角度考虑，第一、第二个专题都是中国文学类，有相同的文化背景，学生学习起来没有陌生感，也容易从“感悟性”思维过渡到“思辨性”思维。再继续选择中国文学类专题，这种陌生感会随之减弱，陌生感减弱容易造成对学习对象失去兴趣，此时，选择不同地域、不同文化背景的专题学习内容，有利于提高学生的学习兴趣，但假如这种陌生感过度，又极易造成学习的不适应。为此，选择在初中阶段学生就熟悉但文化背景不同的海明威及其《老人与海》，熟悉中有陌生，提高学习的难度——即在深度和广度上掘进，是比较适宜的。如此，教师需要考虑更多的则是如何选择进一步巩固学生在第二个专题学习过程中掌握的“思辨性”思维规律和习得的“思辨性”思维方法的学习材料，即提升思辨能力的辅助性阅读材料或具有思维挑战性的阅读材料。

总之，学生的改变不会是一蹴而就的，教师一定要在开始做专题学习时想好、做好。进一步说，不仅第一个专题学习要做好，前三个专题学习也要做好。做到逐步深入、掘进，让学生的知识与能力、思想与思维层层上台阶。我们可试想一下，第一个专题是“感悟”，第二个、第三个专题仍是“感悟”，专题学习又有何魅力可言？

第三辑

“水之积也不厚，则其负大舟也无力”

要让学生学会阅读，学会思考，学会提问，就得遵循语文学习的认知规律，即由“识记”到“理解”，再到“评价”、“批判”和“探索”。而专题学习的初始阶段正是通过教师的“导读”和学生的“泛读”（概述）及“精读”（原作）等这样“识记”、“理解”的原始积累，从而对整个学习起到奠基作用。

33. 专题学习初期，学生不喜欢读书，给时间也不读怎么办？

做专题学习也好，不做专题学习也好，在学生读书行为习惯的养成中教师起到关键作用。学生不好的阅读习惯，说白了，根子在教师，是教师惯成“这样”的。这一点很像中国家长喂孩子吃饭。你天天喂孩子吃饭，你就一辈子喂孩子吃饭，因为孩子已经不会自己吃饭了。所以，面对不喜欢读书、给时间也不读的学生，老师要做的其实就是“三分教，七分等”。

一、先说“三分教”

所谓“教”就是教师教给学生读书方法。学生不喜欢读书，很多时候是学生不会读书，没掌握读书的方法，没读出书中的奥妙，体会不到读书的乐趣。这个时候教师就应该有所作为。例如做第一个《诗经》专题时，学生要精读李书磊的《河边的爱情》一文。为了让学生学会读书，我设计了四个问题：

1. 阅读《诗经》，学者李书磊“发现”了一个什么规律？（用第一句话回答）
2. 他是怎样“发现”这样一个规律的？（答案在第一自然段）
3. “发现”规律后，他进行怎样的思考或阐述？（答案在第二自然段）
4. 他得出一个什么样的结论？（答案在第三自然段）

学生回答了以上四个问题之后，我对文章第一自然段进行适当的解读，接着，要求学生模仿对第二自然段进行解读。如此反复地释、解、思，学生就可以习得一套适合自己的阅读方法。

二、再说“七分等”

所谓“等”就是“等”学生读。刚开始做专题的时候，我的学生也有不读书的，如早读课他把它变成了早看课。遇到这种情况我就说：“早读为什么叫早读不叫早看？就是要你张口读书的呀！”于是，我就站在他身后“等”，等着他有声地朗读或者诵读。谁没有声音，我就站在谁的身边或者身后，“等”他出声之后我才离开。不用多久，我还没走到教室就能够听到我的学生朗朗的读书声音了，而这种习惯一旦形成，一直可以保持到他们高三学年甚至于高考前夕。还有一种情况，当我的学生进入网络教室的时候，也会有不读书的学生。一是互联网上的资讯很多，对学生来说诱惑力很大；二是我们学习平台上很多文章很长，学生原先读的文章较短，有的不及它们的十分之一，学生害怕了。对前者，我告诉学生要管理好自己的学习行为；对后者，我告诉学生先读进去，培养自己的注意力；再读下去，培养自己的专注力。一个能管理好自己的学习行为，且注意力集中，专注力长久的人是会有所成就的人，是会在过程中体验到快乐的人。

当然，学生不喜欢读书，还有一个更深层次的原因，那就是我们所提供的“书”是否值得学生去读。我不止一次听到学生家长对我说起——孩子领着新的语文书回家，兴趣盎然地读，一两个晚上就把一本薄薄的语文书给读完了，根本不能尽兴解渴。什么年龄读什么书，什么年龄读书的量应多少，质该如何，都是值得我们思量的事。而这也正是我在高中阶段进行专题学习为什么要从高一开始，至高二结束，在量上逐步递增，即从五六万字到十多万字再到二十几万字，质上确定为经典名著和具有思维挑战性文章的主要原因。

此外，陈旧的文本解读方法也让学生生厌。作为教师，应多介绍一些新的文本解读方法给学生，如在鲁迅专题，向学生介绍“新批评”细读法、“叙述学”分析法、“符号学”分析法；在《雷雨》专题，向学生介绍精神分析理论，还有常用的比较阅读法、“还原”阅读法、传统的点评阅读法，等等。总之，当学生在遇到阅读困难时，教师要及时关注，恰当提点，要告诉或者提供给学生突破学习困难的那些可能的路径、方向或方法。

34. 教师怎样安排专题学习课时？

有关高中阶段学生学习课时的安排，在国外早就有人研究过。如前面提到过杰克·帕特拉什的长文《华德福教育的奥秘》。在“高中教育”一章“深层学习”一节针对课时安排，他这样写道：“高中的主课课程在每学年开始时的大约前三四周的时间里，每堂课的时间为一小时又四十分钟的‘加倍’时段。这种‘整块’时间是一种有组织特性的适合深层次学习的安排，此种安排也是在高中学校和大学主流教育中的学校改革。每年有十几门学科的学习是以此方式进行的，这些学科涉及科学、数学到人文学科等都是以一种精细的、集中的方式教授的。”①

在我国，上海复兴高级中学在培育创新人才上出新招，推出了长达100分钟的“长课”。“该校创新实验班课表的突出之处是设置具有复兴特色的长课。高中平时日常课程历时40分钟，长课是两课连上，历时100分钟。在复兴，实验班一周有五堂长课，有语文与历史合作的人文课，有以课题研究贯穿始终的数学课，重视学生实践探索的外语课，学用结合的化学课等。”

“长课的设置特别适合于那些大知识点的教学，因为教师有充裕的课时来整体设计、完整落实它们的三维目标。减少每节课的衔接所造成的教学时间的浪费，使教和学的过程更为连贯、一气呵成。物理、化学、生物等理科实验，通过长课加大了实验的课时量，这样教师有充足的时间来指导学生对某些内容进行探究，学生也有了体验过程、了解方法的机会，从而提高学生对科学方法的认知，培育学生崇尚‘求真’的科学态度和科学精神。”②

而在我们的专题学习过程中，我提供的学习材料大多是视角不同、观点冲突、具有思维挑战性的“长文”。这样的“长文”学习，如果没有时间充足的“长课”来保障，怎么能够让学生深层次地探索所学的课程内容，从而超越肤浅的理解？

我曾经在相当长的一段时间里安排一天一节的网络阅读课，这对于网络环境下的专题学习影响很大。因为从传统教室走到网络教室，来回就需要时间；进入教室，开机、上网、登录、进入学习平台、关机等也需要时间。45分钟一节课，做完这些与学习无关的事，课时就所剩无几了，更别说什么“深层学习”。

于是，经过几年的实践、探索，在专题学习课时安排上，我的做法是一

---

① [美]杰克·帕特拉什．华德福教育的奥秘——我所亲历的华德福教育与教学．卢泰之译．新教育，2010，(5).

② 苏军．上海一中学培育创新人才出新招　设100分钟长课．文汇报，2011－5－30.

周至少要保证两个45分钟的“连堂课”，即两次90分钟的“整块”时间的语文课，这样，才能保障专题学习的有效进行。

这样的决定还基于我对学生学习状况的观察和对这一问题的思考。进入高中阶段，学生学习的注意力、关注力等自主学习要求的能力比小学生、初中生都要强了。自主学习的能力较强，就适合这样一种学习时段相对较长的专题学习。我们设想一下，仅有一节45分钟的课，学生学习的注意力、关注力刚进入活跃期，接下来就面临着下课，这种缺乏学习连续性的时间安排会给学生学习的注意力或者关注力造成中断或减弱，而教师也没有充足的时间来指导学生对某些学习内容进行深入的探讨，对学生的学习情况也不能进行深入、细致的观察，而且学生的学习量也无法充分饱和。

从小学到初中、从初中到高中，这么多年，学生无论在生理还是在心理，无论在学习方式还是在认知心理等方面，都发生了巨大的变化，然而，我们仍然对课时这样的小问题缺乏思考和探索。在美国，数年前，麦克阿瑟教育基金会把最负盛名的“天才”奖授予了德博拉·梅尔女士。为什么？原因就是这位纽约市东哈兰姆校区的女校长在公立学校致力于三项卓有成效的教育改革，其中第一项教育改革就是——她认为45分钟的课堂时间不利于学生的学习，所以，她重设课堂时间为90分钟，意在努力加强和加深教育过程。我想，我们的课堂也应从学生的学习实际出发，从学生的认知规律出发，设置出更合理、更科学、更符合人性的课时安排。

35.“导读”要做好哪些事情？

设置“导读”是为了让学生对专题学习内容及流程有一个大致了解，对学习结果有一个良好的心理预期，对在学习过程中遇到的问题或困难在行动上或心理上有一个准备。“导读”分两步走：师生共商和教师引导。

第一步，师生共商

师生一起商量“读什么”，如让学生了解或向学生介绍专题大概内容，要求学生网络购买相关书籍等。“怎么读”，如要求学生按怎样的顺序或采用哪些方法“读”，“读”时遇到困难怎么处理或解决等。第一个专题时这一步要做好，第二个专题以后通常可以省略。

第二步，教师引导

一是精选后人对“这一专题”人物、内容或作品的评价，命名为“写在前边的话”，上传到网络学习平台课程学习的最前边。教师对这些“评价”要作简明扼要的说明，并要求学生记诵下来。如《论语》专题，我选择如下评价。

(1)太史公曰：《诗》有之：“高山仰止，景行行止。”虽不能至，然心向往之。余读孔氏书，想见其为人。适鲁，观仲尼庙堂车服礼器，诸生以时习礼其家，余祗回留之不能去云。天下君王至于贤人众矣，当时则荣，没则已焉。孔子布衣，传十余世，学者宗之。自天子王侯，中国言六艺者折中于夫子，可谓至圣矣！①

(2)孔子认为，人类的道德和精神成就并不依靠欺骗或者幸运之神的降临，也不依赖于神秘的咒语(esoteric spells)或者任何纯粹外在的力量。这种思想进一步加深了《论语》现世的、务实的人文主义色彩。一个人的精神境界以他一生下来就已经具备的“素材”(stuff)为基础，取决于他为“塑造”(shaping)自己的精神境界而付出的艰辛努力，也就是他为此投入学习和工作的数量和质量。精神的崇高性要求锲而不舍的意志和坚忍不拔的努力……目的是成为一个完善而真实的人，一个参与(奉献)社会而有价值的人。②

(3)说实在的，夫子是个很可爱的老头。他个性鲜明，他思想自由，他精神独立，他兴趣广泛，他爱好多多；他相信道德和教育的力量，他推崇仁爱厌恶暴力。一部《论语》，从根本上讲，便是一部真真实实的人道主义教材。这么说，难道忘记了“打倒孔家店”的历史使命了？蔡元培、鲁迅和胡适都是反对读经的呀？没有，没有忘记儒学的局限和它在国人生活中所起的消极作用。五四运动，不打倒孔家店，新思想无从传播，白话文无法流行，新文化运动无法推进。不同的历史时期，面临各自的历史问题。今天，你坐公共汽

---

① 司马迁. 史记·孔子世家.

② [美]赫伯特·芬格莱特. 彭国翔，张华. 孔子：即凡而圣. 南京：江苏人民出版社，2010.

车，有几个小孩、青年让座？有哪个陌生人可以信任？欺诈横行，诚信缺失，信仰危机呼之欲出。所以哩，学生读《论语》，好！“修身、齐家、治国、平天下！”①

(4)把儒学政治化，变成为政治服务的工具。从这方面讲，我们要批评的地方要多一些，因为儒家是人本主义，特别注意人的道德修养。如果做不好，出了问题，就可能变成泛道德主义，似乎什么问题都可以用道德解决。比如，《大学》后面有一句话：“自天子以至于庶人，一是皆以修身为本。”对整个社会来说并不错，但是一个社会、一个国家，不可能都靠修身来做好，这使它容易成为一个人治的社会，不容易成为法治的社会。其实，一个合理的社会，应该是以良好的法治为基础的，再加之以由有道德修养的人来管理，会更好。如果没有一套制度，全靠人，那就碰运气了。人好，社会发展得就好，人不好，社会发展得就不好。但从历史上看，人常常是不好的。②

(5)墨子认为，“一人一义”，即每个人一个思想必然导致天下大乱，使社会没有秩序，“若禽兽然”……老子的主张更阴柔，也更毒辣。他不需要统一人民的思想，他需要的是让人民没有思想。他说：“民多智慧，而邪事滋起。”……那么提倡仁政的儒家是不是会有不同的主张呢？他们同样令人失望。孔子说，天下有道的标志就是“礼乐征伐自天子出”、“君君臣臣父父子子”……这些全中国最深刻、最智慧的思想家的思想成果，实在令人恐惧和汗颜。我们发现，后世的专制君主不过践行了他们主张中的一小部分。③

二是告诉学生专题之间的内在思维、思想或情感的逻辑联系。如为了给学生学习鲁迅《呐喊》《彷徨》的历史背景，我会和学生商量，能否先读蒋廷黼先生的《中国近代史》，这样能更好地“走进鲁迅世界”；读完鲁迅《呐喊》《彷徨》，学生个个愤世嫉俗；我又会与学生协商，批判精神固然可贵，但“忧患”、“失意”却与生俱来，是否读读“一蓑烟雨任平生”的苏东坡，我们会平静很多。当学生沉浸于伍尔夫《到灯塔去》的世界里不能自拔，我再和学生商量，能不能把外国小说先放一放，回到唐诗宋词的怀抱，浇一浇胸中块垒，舒一

① 我敬慕的民间学者来信节录.

② 汤一介. 我们在面对一个怎样的孔子. 中国教育报，2010－01－10.

③ 张宏杰. 中国国民性演变历程. 长沙：湖南人民出版社，2013.

大口气？

36. 在“泛读概述”环节，怎样指导学生提取重要的背景信息？

这涉及到两个问题，一是什么是重要的背景信息？二是怎样提取重要的背景信息？

一、重要的背景信息

重要的背景信息是指：(1)作者的生平事迹中主要经历过哪几个重要的阶段，发生过哪些重大的事件，遇到过哪些重要的人物等。(2)作者的创作思想由哪几个方面组成，这些思想从何而来。(3)作者的艺术风格用哪几个词语或句子可以概括，概括者是哪个朝代的什么人物。如李白专题，教师可以示范讲解并提取“概述”[①]中重要的信息如下。

(1)生平事迹

二十五岁以前是蜀中读书与任侠时期；二十五岁到四十二岁是仗剑去国、追求功业时期；四十二岁到四十四岁是三年长安供奉翰林时期；四十四岁到五十五岁是十载漫游时期；五十五岁到六十二岁是报国蒙冤时期。一生当中最重要遭遇到两件大事，一是应诏入京，供奉翰林；二是“安史之乱”，蒙冤流放。

(2)创作思想

李白的思想复杂，集入仕、隐逸、求仙、任侠于一身。

(3)艺术风格

李白诗歌创作带有强烈的主观色彩，主要表现为侧重抒写豪迈气概和激昂情怀，很少对客观物象和具体事件做细致的描述。洒脱不羁的气质、傲世独立的人格、易于触动而又爆发强烈的感情，形成了他抒情方式的鲜明特点：

① 上传到指定的网络学习平台上的“概述”有上万字.

它往往是喷发式的，一旦感情兴发，就毫无节制地奔涌而出，宛若天际的狂飚和喷溢的火山。

李白奇特的想象，常有异乎寻常的衔接，随情思流动而变化万端。一个想象与紧接着的另一个想象之间，跳跃极大，意象的衔接组合也是大跨度的，离奇惝恍，纵横变幻，极尽才思敏捷之所能。

但是，李白诗里亦不乏清新明丽的优美意象。①

二、怎样提取专题概述中重要的背景信息

那就是要学生记阅读笔记，并学会怎样记笔记的方法。

首先，要教给学生记笔记的一般方法。我在指定的网络学习平台上链接教师整理好的有关知识，让学生作简要学习，如读书笔记的几种形式：

(1)原书空白记。如果书是自己的，看到重要的地方，或者自己体会深刻的地方，随时随手在书页空白处记上要点，加上批注，写上感想。

(2)画符号。通用的符号有画线(直线、双线、曲线和不同颜色的线)、圆圈、双圈、交叉、箭头、方框、三角形，还有着重号、问好、叹号等。每种符号可按自己的习惯、爱好，分别代表自己要表达的意思。

(3)摘录。把书中自己喜欢的句子、段落，重要的地方，诸如论点、结论等摘录下来。

(4)列提纲。根据文章每章节每段的内容，按照它的前后顺序，列出一个大纲，它能帮助我们增强筛选知识、把握重点的能力。

(5)剪贴。根据自己所需的资料，从报纸杂志上剪下来贴在本子上，这也是一种读书笔记，可根据需要进行分类粘贴。

(6)做卡片。把自己所需的内容记在卡片上，它是积累知识最简便、最有效的方法。积累多了，归纳分类，综合利用。也有的把摘录的内容记在随身携带的纸条上，这种方法适用于旅行途中看书、看资料等。

(7)札记。读了一些书籍后，写下它的要点、体会、心得、感受和疑问，

① 罗宗强，张毅．专题学习：李白(生平、思想、人格、作品、艺术个性及影响)[EL/OB]．新浪博客吴泓工作室，[2013－2－23]，http：//blog．sina．com．cn/s/blog _ 4e6af0be0102e22k．html．

称为札记，其形式灵活，内容多样，可长可短。

根据不同兴趣、爱好、习惯，还可写心得笔记、专题笔记、综合笔记、索引笔记、图表笔记，也可以写以考证、议论、记事为中心的笔记。

此外，做笔记一般都要注明材料出处，这是做读书笔记要注意的。笔记积累多了，最好能分类整理，编出目录索引。①

其次，初次或刚开始做专题学习的时候，最好要求学生购买16开本的笔记本。在“泛读概述”环节，主要是用笔记本来作读书笔记，以便于教师检查或指导。

提取专题概述的重要信息，对学生后续学习，如理解文本内容和主题等起着奠基作用。

37. 怎样在网上选购“精读”的“原作”？

虽然说专题学习主要依托于指定的网络学习平台来进行，但网络平台也有其自身的局限性，如选入专题的一些“原作”(特别是古代文本，既有原文，还有注释、解读等)在网上就很难查找或收集到。再如一些“原作”需要读“整本的书”，仅在指定的网络学习平台上阅读时间就不够，毕竟一周学生能上网就那么几节语文课。如果买到书，随身携带，便可随时阅读。那么，怎样在网上选购“精读原作”中的“原作”呢？

不同的专题，选购的“原作”是不一样的，比如《诗经》专题，每位学生必购的“原作”，我选定两本，由学生二选一：一本是王秀梅著，中华书局出版的《诗经》(价格：13.00元)；另一本是周振甫著，中华书局出版的《诗经译注》(价格：28.90元)。

除此之外，我还开出书单，让每位学生任选一本购买，它们是：李颜磊著，石油工业出版社出版的《最美不过诗经》；闫红著，天津教育出版社出版的《诗经往事：爱在荒烟蔓草的年代》；刘冬颖著，中华书局出版的《执子之

① 吴泓工作室．学习技能(1)：中学生阅读要学会做读书笔记[EL/OB]．新浪博客吴泓工作室，[2012-9-7]，http：//blog．sina．com．cn/s/blog_4e6af0be0102dzqv．html．

手：诗经爱情往事》；刘文婷著，陕西人民出版社出版的《诗经是一枚月亮》；刘冬颖著，湖南文艺出版社出版的《相遇诗经》；雷抒雁著，昆仑出版社出版的《还原诗经：远古的回声》。这六本书，基本上是“感悟性”思维和“思辨性”思维的结合，适合高一学生初做专题学习的认知水平。

比如说鲁迅专题，每位学生必购的“原作”，我选定：人民文学出版社出版的《呐喊》和《彷徨》；或者译林出版社出版的《呐喊·彷徨》。

除此之外，我还开出鲁迅传记类书单，让每位学生任选一本购买，它们是：朱正著，人民文学出版社出版的《鲁迅传》；周海婴著，文汇出版社出版的《鲁迅与我七十年》；许寿裳著，国际文化出版公司出版的《鲁迅传》；高旭东、葛涛著，长春出版社出版的《图本鲁迅传》；刘再复著，人民日报出版社出版的《鲁迅传》。最后特别推荐陈丹青著，广西师范大学出版社出版的《笑谈大先生》。

当然，很多专题并不需要推荐那么多书，一些专题也没有那么多适合推荐的书。但“原作”一本，评述类或传记类一本，是最好的搭配。这也告诉我们，专题学习在充分利用网络平台资源的同时，也不要忽略纸制品学习资源的利用。

选购“原作”书籍要遵循三个原则：

(1)要选权威出版社出版的著作，如中华书局、上海古籍出版社、人民文学出版社、广西师范大学出版社等。

(2)要选权威著作者写作的书籍，如周振甫[①]《诗经译注》、雷抒雁[②]《还原诗经：远古的回声》、陈丹青[③]《笑谈大先生》。

(3)所选购的书籍要价格合适，特别是必购选本，最好在20元以内，以减轻学生的经济负担。

---

① 周振甫(1911—2000)，原名麟瑞，笔名振甫，后以笔名行。中华书局编审，著名学者，古典诗词、文论专家，资深编辑家。

② 雷抒雁(1942—2013)，当代诗人、作家。曾任中国诗歌学会会长和《诗刊》社副主编、鲁迅文学院常务副院长。

③ 陈丹青(1953—)当代最具影响力艺术家、作家、文艺评论家、学者。2004年被评为“影响中国的五十位公共知识分子”。

38. 怎样指导学生精读“原作”?

指导学生精读“原作”，我一般会采用两种方法：一种是“简易法”，另一种是“细致法”。每当到了“精读原作”这一环节，我会把这些方法上传到指定的网络学习平台上让学生学习，或打印出来在传统教室里讲授。

“简易法”的内容是：

(1)初读原作，读准每个字，理解字、词、句的意思。

(2)朗读原作，至少读四五遍，多者十几遍。(充分阅读，才能用心领会)

(3)正确领会作者遣词造句的意图，包括不是“重点”，但实际上很重要的。

“简易法”比较适合篇幅较短的“原作”精读，如《诗经》中篇幅较短的篇章，《论语》中篇幅不长的章节等。如《论语》专题，学生读到“子曰：‘道千乘之国，敬事而信，节用而爱人，使民以时。’”我会提醒学生把“道”、“乘”(音 shèng)的字音读准，并理解“道”本作“导”，作动词用，这里是治理的意思；“乘”意为辆。千乘之国，指拥有1000辆战车的国家，即诸侯国。要求学生朗读原作“至少读四五遍”，我常常也会跟着学生一起读四五遍。至于说“正确领会作者遣词造句的意图，包括不是‘重点’，但实际上很重要的”，我更会临时叫停学生的朗读，跟学生说“使民以时”是“以时使民”的倒装，即按照农时役使百姓，并很郑重地告诉学生在《论语》中的“人”和“民”是有区别的，前者为贵族，后者为庶民。

“细致法”的内容是：

(1)对原作整体的把握注意四点，即①辨识文体，破解题意。②把握结构，理清顺序。③关注线索，揣摩层次。④知人论世，知晓主旨(了解作者的写作意图)。

(2)注重对原作文本细节、重点、遣词造句等的理解，尤其是对重要词语的理解(注意：解读原作首先得从文本的语言入手)；明确其语境的意思，辨别感情色彩(体会作者的情感)，推想原作的思想内涵。

“细致法”比较适合篇幅较长的“原作”精读，如小说、戏剧体裁的专题。

下面以鲁迅专题为例。

一、文体

学生在课堂上朗读完《伤逝》《祝福》后，我会提醒学生，同样是以第一人称写一个女人的命运，身份不同，距离感就不一样，情绪、情感的表达方式也有很大的不同——前者是“手记体”，是以爱情悲剧的幸存者来倾诉这个故事，心灵的剖析直截了当；后者是“回乡体”，是以祥林嫂命运的旁观者来叙述这个故事，情感的抒发隐忍克制。学生在课堂上朗读完《狂人日记》《阿Q正传》后，我又提醒学生，茅盾先生说，鲁迅是“创造新形式的先锋”，他的小说“几乎一篇有一篇的新形式”。《狂人日记》是“日记体”，《阿Q正传》又发展为“讽喻体”或者“纪传体”。难怪有人说鲁迅是颠覆旧文体形式，创造新文体形式的大家。

二、“结构”、“层次”、“线索”、“顺序”

举《祝福》的例子。我让学生关注第一、二自然段文中隐伏的语脉：第一自然段写鲁镇新年的气氛、鲁四老爷的顽固昏聩，突出一句“他比先前并没有什么大改变”；第二自然段写“我”寻亲访友、鲁镇“祝福”忙碌，也突出一句“他们也都没有什么大改变”，而后总结：“年年如此，家家如此”，“今年自然也如此”。联系第三自然段作者刻画祥林嫂外貌的“改变之大”就会发现，一二段写的“没有什么大改变”正是为第三自然段浓墨写祥林嫂的“大改变”服务的。

三、“知人论世，知晓主旨”

让学生思考《祝福》主旨时我说，可能并不像一些评论者所说的“封建礼教吃人”或“四大绳索吃人”那么简单。联系鲁迅多篇小说，我觉得是旧中国文化当中一种最阴暗、最阴冷、侵袭和渗透到每一个中国人骨髓里的“群体心理”，那就是——冷漠、麻木。鲁迅说是“看客”，我甚至觉得是“看都懒得看”的“活死人”(如小说中“短工”的回答就意味深长)。究其原因就是鲁迅说的“专制使人们变成死相”。

总之，在学生“精读原作”环节过程中，你“说”，你“提醒”，你“让学生关注”和“让学生思考”都不能占用太多时间(我一般不超过五分钟)。如果你非要“有所作为”，那就说提要，讲精华，讲有启迪性的思考，而不是“串讲”或分析。因为在很多“原作”的后面，我都会提供有一定阅读量的专家学者研读“原作”的评论性文章。我更看重的是学生独立思考，自己得出结论。

39. 怎样指导学生研读专家学者解读“原作”的文章?

首先是在网络学习平台上，我上传“重要提示”，即阅读“精读原作”专家学者的评价性文章，学生要记住阅读专家学者的评价性文章，能确定并找到文章中表达主题思想的关键语句，能确定并提取文章的主要观点，以及找到支持这些观点的“事实”(材料)，并且认识到支持这些主要观点的“实事”(材料)与观点之间的联系。

其次是具体指导。即在学生阅读这些专家学者对“原作”进行解读的文章时，我会对学生的阅读进行适当的指导。如我会通过教学生“提问”来让学生学习解读文本：什么是作者的论题(注意：“论题”与“论点”之不同)？什么是作者的结论？支持作者结论的论据(理由)有哪些？作者的论据(如事实、数据等)的可信度有多大？作者的价值观(价值取向)与原作者所要表达的价值观(价值取向)有矛盾、有冲突吗？什么样的结论才可能是合理的、可信的？作者按照一条什么样的思路来论证或者阐释自己的观点？等等。

以鲁迅专题为例。在学生读完鲁迅小说《伤逝》之后，我引入作者肖盈盈的文章《男性自白下的女性悲剧——〈伤逝〉新解》给学生作阅读指导。

首先，我提醒学生要认真阅读文章“标题”和“内容提要”。告诉学生“标题”只是“论题”而不是“论点”。

接着，我告诉学生文章开头部分的最后一句：“将分析文本叙述者如何通过男性女性对立下的三个二元对立建构女性悲剧的虚拟空间；从而挖掘男性独语下的女性悲剧的缘由”目的是引起下文的分析。

然后，我提出自己的看法，即文章的第一小节以“男性话语与虚拟空间”为小标题进行分析，最后提出“论点”，即“这爱的浪漫城堡原是涓生为子君和自己构建的虚拟空间，当这虚拟空间被构建者拆解后，生活在虚幻的幸福空间里的子君的命运只能是悲剧性的”。进而，文章在第二小节、第三小节、第四小节分别以“言说与被言说”、“启蒙与被启蒙”、“选择与被选择”为小标题，从三种二元对立的角度进行论证。最后得出“结论”——

《伤逝》男性启蒙者的自白虽然痛惜女性在当时社会的悲剧命运，但就涓生手记中使用的男性话语和男主人公拥有的启蒙抉择意识来看，这是一种男权社会和陈旧世俗的社会状态的表征，在这种社会状态下为“出走的娜拉”找到出路是绝无可能的，而这正是隐藏在涓生自白下的鲁迅所指向的“绝望的反抗”。

至于“支持作者结论的论据（理由）有哪些”在文中并不难找到；“作者的论据（如事实、数据等）的可信度有多大”和“作者的价值观（价值取向）与原作者所要表达的价值观（价值取向）有矛盾、有冲突吗”等，我们仅从文中引用鲁迅说的一句话“死于敌手的锋刃，不足悲苦；死于不知何来的暗器，却是悲苦。但最悲苦的是死于慈母或爱人误进的毒药……”（《华盖集·杂感》）就可以看出，这样的论据是可信的，而且与原作者所要表达的价值观（价值取向）并不矛盾和冲突。

应该指出的是，教师作这样的具体指导，以一篇为示例即可。一者时间不容许，二者还是要学生自读自悟，三者这样的学习需要多个专题循环反复。再有，在网络学习平台阅读专家学者解读“原作”的文章，学生如果需要记笔记，主要还是记录在买来书籍的“原作”空白处，让“原作”与解读文字一一对应。

40. 怎样让专家学者帮你教会学生解读“原作”？

其实，教师解读“原作”，很多都是从专家学者的“文本解读”中来的，如教师阅读“教学参考资料”，阅读孙绍振、钱理群教授解读“原作”的文章，等等。那么，为什么不直接采用这些专家学者的研究成果来指导我们的学生学会解读“原作”呢？教师把这些研究成果咀嚼一遍再传授给学生，会不会就失去了原来的味道？所以，我主张直接“拿来”，为生所用。

以《边城》专题为例。

我先做选文工作。即从网上或书上选择那些解读《边城》的评论性文章，来给学生作精读指导。我选的文章有：李新荣的《品析沈从文的〈边城〉》、祁培的《〈边城〉里翠翠父母故事的叙事功能》、周顺娇的《〈边城〉读书笔记》、张新颖的《〈边城〉：这个世界有它的悲哀，却在困难中微笑》、安承雄的《〈边城〉里河水的象征意义》、姜彩燕的《美丽与哀愁——对〈边城〉的再解读》、李美容的《“湘西世界”：沈从文笔下的一个现代神话》、陈思和的《由启蒙向民间的转向：〈边城〉》等，共计20篇。

接着，我再做分类工作。即根据“文本解读”的“多层次结构”理论，对上述专家学者的文章做如下分类：

(1)语体层。指《边城》的“语体形态”，即从语音、语段、句群到篇章结构及其整体营构的秩序与形态的角度来解读。这些文章有祁培的《〈边城〉里翠翠父母故事的叙事功能》，刘春哲的《〈边城〉叙事结构特征浅析》，田红的《〈边城〉的叙事策略》，宋阜森、谢玉兴的《〈边城〉语言艺术成因探析》。

(2)语象层。指《边城》的“语象世界”，即从物象与事象、场景与画面、气象与景境等角度来解读。这些文章有安承雄的《〈边城〉里河水的象征意义》、李美容的《“湘西世界”：沈从文笔下的一个现代神话》、高维生的《沈从文和虎耳草》、戚群芸的《孤独的撑渡人——再读〈边城〉》。

(3)语义层。指《边城》的“语义体系”，即从情感与理思、精神与思想、灵魂与生命等角度来解读。这些文章有张新颖的《〈边城〉：这个世界有它的悲哀，却在困难中微笑》，姜彩燕的《美丽与哀愁——对〈边城〉的再解读》，方波、季红丽的《沈从文〈边城〉的深层意蕴》，朱文斌的《关于翠翠成长的神话——沈从文〈边城〉之再解读》，陈思和的《由启蒙向民间的转向：〈边城〉》等。[①]

“多层次结构”理论移植过来运用，不仅有利于学生从语体、语象、语义

---

① 《边城》这样的专题，选择的辅助性阅读材料和具有思维挑战性的阅读材料，在内容上会有交叉。

三个层面去理解“原作”，还有利于学生学习专家学者对“原作”进行“这样”或者“那样”的解读方法。当然，要学生真正“学会”这些解读“原作”的方法，读懂这些“长篇大论”，还得有一个过程。但在高中阶段，语文教师应该直接向学生打开这样一扇窗口，让学生初步接触、学习解读“原作”的一些新理论、新方法和新策略，而不仅仅是教给学生时代背景、故事情节、人物形象、艺术特色等这样的分析法。这很有必要。

41. 有专家学者解读，教师还需要给学生解读文本吗？

在我们的专题学习里，一般不提教师要如何去“解读文本”，而是提教师要如何帮助学生去“解读文本”。当然，要帮助学生去“解读文本”，除了呈现专家学者对“原作”进行解读的文章让学生学习之外，教师还得练练自己“解读文本”的功夫。打铁还需自身硬，教师要做到正确地理解文本，不外乎多“阅”多“历”。

多“阅”，就是多阅读专家学者的“名作重读”、“文本细读”等专著和中外学者在文学理论方面的论著。前者如钱理群的《名作重读》、王先霈的《文学文本细读讲演录》等。后者如王一川的《通向本文之路》《文学理论讲演录》，英国学者拉曼·塞尔登、彼得·威德森、彼得·布鲁克合著的《当代文学理论导读》，美国学者迈克尔·莱恩的《文学作品的多重解读》，哈罗德·布鲁姆的《西方正典》等。对上述提到的“新批评”细读法、“叙述学”分析法、“符号学”分析法、精神分析理论、女性主义批评理论、“多层次结构”理论等文本解读方法也要多去了解，多作实践。阅读广了，积累厚了，比较多了，正误、高下、雅俗、深浅……自然辨别得清楚。

多“历”，则有直接和间接之分。我们不可能事事亲历，如福楼拜笔下的主人翁爱玛服毒自杀，你也要去尝试一下服毒的滋味？但“间接”则无阻碍，你可设身处地想象自己是其中一员。置身其中，与作者或作品中的人物共苦共乐，同喜同悲……随着时间推移，年岁老去，你经历了更多，你对生命、人生、人性、人心，对人与人、人与物之间的“关系”等，体悟与洞察会更为透彻、敞亮。此时，你就有可能接近“世事洞明皆学问，人情练达即文章”的境界。

我曾听到一位教师这样解读川端康成《花未眠》的主旨：“本文主旨是关于美与审美的问题以及作者崇尚自然美的表述。”由此，教师在课堂教学过程中引导学生寻找并抓住文章中的关键句：“自然的美是无限的。人感受到的美却是有限的，正因为人感受美的能力是有限的，所以说人感受到的美是有限的，自然的美是无限的。”我却有不同看法。我在这段文字后面看到了一句看似不经意却最为关键的话，那就是——“如果说，一朵花很美，那么我有时就会不由地自语道：要活下去！”为什么说“要活下去”？当作者感受到这个世界很美好的时候，作者就会无比留恋并珍视这个世界。留恋珍视这个美好的世界便是留恋珍视这个美好而短暂的人生。这种世间永恒和人生短暂的慨叹，散发出来的不仅是作者对生命无常的浓重的孤独感、无力感和虚空感，更在告诫人们应该珍惜“任何一次”感受美的机缘。这才是这篇文本的核心，才是作者最想告诉我们的“东西”。要知道，作者两岁父亡，三岁母亡，其后姐姐和祖父母又陆续病故，这样一位被称为“参加葬礼的名人”，对生命的洞悉，对死亡的参悟，岂一般人能比？对文本解读怎么可能仅仅停留在“审美”层面？

年轻的时候，我教过很多遍《诗经》中的《氓》，但我从来就没有注意到“氓”在当时的社会到底是一个什么样的社会身份，也没有注意到诗歌当中的那条“汤汤”的“淇水”。我像大多数人一样把诗歌解读为女主人公对负心汉“氓”背叛的控诉。但随着“阅”、“历”增长，我意识到恋爱或婚姻的幸与不幸，跟一个人的“来时路”(过往经历)有关。那条看似不经意的“淇水”在告诉我们——男女主人公，一个生活在“顿丘”，一个生活在商朝的国都“朝歌”。商朝是一个商业发达的王朝，“顿丘”、“朝歌”是商业发达之地；男女主角在不同的城市从事着相同的职业——卖布贸丝。于婚姻、情感而言，即便在今天，这也是一个风险极高、变数很大的职业，不是有一句“商人重利轻别离”吗？至于说到二人情感，就更不是仅用“背叛”二字说得清楚，它远比“背叛”二字要复杂得多。还是学者傅道彬追问得好：“这仅仅是始乱终弃、遇人不淑那样简单吗？难道所有的爱恋、所有的婚姻都只能允许成功而不允许失败吗？难道春天所有灿烂的花朵都能结出秋天丰硕的果实吗？”他接着说：“顿丘城虽然不在了，可是顿丘的故事却仍在继续，‘我’与‘氓’的爱恋，在今天依然让人觉得惊心动魄，‘我’与‘氓’的婚姻悲剧，在今天依然发人深省令人同情。”①我想补上一句：“难道因为秋天结不出丰硕的果实，就不可以春天开出烂漫的花朵吗?”……学习这首诗歌，如果学生都变得不相信爱情，女生都没学到一点生活的智慧，那才真是一个“悲剧”!

当然，要做到正确地解读文本，还是件难事，要不，怎么还会有那么多争鸣、批判、新解？而一部作品，不断地有争鸣，有批判，有新解，正是它成为经典的原因所在，要不，《红楼梦》怎么会成就那么多的红学家？尽管这样，教师还是要多历练，历练多了，就能够练出自己“毒到”的火眼金睛——而这可是语文老师的看家本领，需一辈子做的事。

42. 在“精读原作”环节，为什么要适时开设“原作”探究课？

我们知道，“精读原作”是需要“一个人”在读的过程中去不断地思虑、琢磨、判断、追问、质疑、发现的。但“一个人”长时间地“沉浸”于相对封闭的文本中就会有其局限性，而且如此大容量的学习材料也极容易让人陷入一种抵触状态。怎么办？我的做法是适时地开设一些“原作”探究课。如在整本《论语》“精读”过程中，为了避免学生长时间阅读带来的单调、枯燥、乏味，我会把“精读原作”和“上网研读”相互对应的内容结合起来，穿插着开设一些重点篇目或者重要话题的探究课。重点篇目如《子路、曾皙、冉有、公西华侍坐》孔子要求弟子的言志篇，《季氏将伐颛臾》孔子的弟子的从政篇，《长沮、桀溺耦而耕》《子路从而后》的孔子及其弟子周游列国的颠沛流离篇；重要话题如“父子相隐”的孔子的“孝悌”思想，“因材施教”的孔子的教育思想，孔子的“仁”学思想，等等。

开设这样的课事前要做好准备，以《论语》的《子路、曾皙、冉有、公西华侍坐》言志篇为例。

首先，要求学生按照精读“原作”的“简易法”反复诵读原文。然后，要求

① 傅道彬．至于顿丘．文史知识，2008，(10)．

学生研读上传到网络学习平台的三篇评价性文章，即闫笑非的《关于〈子路、曾皙、冉有、公西华侍坐章〉的几个问题》、王青的《〈论语·侍坐章〉正读》、刘国平的《〈论语·子路曾皙冉有公西华侍坐章〉新析》。最后，课前要求学生完成作业，即按下列表格填入研读时提取的相关信息(表 3-1)：

表 3-1　三篇评价性文章主要信息提取表

	事件时间	子路	孔子	曾皙			孔子
闫笑非文							
王青文							
刘国平文							

这些工作做完了之后，选择两个课时(恰当的时机)，在传统教室里，师生共同研究或讨论“侍坐章”的一些重要的问题。如：

(1)这一章的情境究竟发生在什么时候？孔子与弟子当时的年龄如何？

(2)孔子问题之旨意何在？也就是说他所期盼的回答是什么？弟子的答是否符合他所问？

(3)子路回答完之后，孔子笑了，他笑什么？笑的程度如何？这个“哂”字的真正意思是什么？是开怀、愉悦、赞同，还是不屑、冷笑？

(4)曾皙在老师与同学讨论问题的时候，自己在那里弹琴，这种行为是否合礼？他弹琴是认真的吗？他回答问题的时候，所持的心态如何？

(5)孔子听完曾皙的话，为何叹气，他叹什么？他说：“吾与点也。”是真赞同，还是“口与心不与”？

(6)曾皙为何发问？而且等众弟子不在的时候偷偷问？他提问时的心态如何？他该不该问，合不合礼？

(7)孔子回答曾皙的态度如何？他对之前弟子的答问何以愈加肯定？曾皙是否碰了钉子？

总之，在“精读原作”环节这一漫长的过程中，教师选择一两篇重点篇目或一两个重要话题，开设“原作”探究课，来重点指导学生可以进行探究性学习的切入点、思考点、问题点或生长点，会收到意想不到的学习效果。当然，不能把探究课开成讲读课或者讲授课。

43. 怎样开设“原作”探究课？

开设“原作”探究课可以有两种方式：一是在传统教室里；二是在网络教室里。形式不同，学生参与度会不一样。

一、在传统教室里开设“原作”探究课

针对学生前期阅读中对“原作”存在的疑问，进行师生追问与讨论式的指导，师生共同研读“原作”，以帮助学生从深度与高度上理解文本蕴藏在文字背后的深层意蕴。以“中国当代诗歌”专题为例，学生在传统教室里，对韩东的《你见过大海》进行提问，师生共同探究。下面节选了我与学生研讨的部分精彩片段，以帮助教师们认识这种研讨的重要性。

生1：刚读这首诗的时候，我很惊讶！这怎么能叫诗呢？可是，反复读几遍后，我还是发现语句背后的情感、情绪——诗很连贯，但有这样的句子：“就是这样”出现三次；“顶多是这样”和“人人都这样”出现一次。

生2：这些句子反复出现，似乎表明作者不怎么喜欢“大海”？

生3：诗中的“见过大海”和“想象过大海”有什么不同吗？

师：“见过”的“大海”和“想象过”的“大海”有什么不同呢？

生4：“想象”中的“大海”辽阔、浩瀚、无边无际、壮丽。真正见到“大海”也许就不一样了？

师：真正见到“大海”怎么就不一样了？

生5：真正见到“大海”是很可怕的。我看见过一个电视节目说世界顶级的货轮在白令海峡被大海拦腰折断。诗的结尾就说：“你不情愿/让海水给淹死”就是说海是会淹死人的。

生6：这会不会是说“想象”中的生活都是美好的，而现实生活是很严酷、艰难的？

师：这种理解我以为是有道理的。

生2：诗中说：“可你不是/一个水手”，“水手”有什么特别的吗？

生7：能做“水手”的肯定跟“你”不一样。首先，他一定是热爱“大海”的，以此为乐。其次，他不怕死。

生8：“人人都这样”说明“水手”也不愿意死。

生9：这首诗似乎要将我们带回到日常生活的感觉中来，告诉我们大海不再是崇高、雄伟和壮丽的。

师：确实如此。在诗人看来，人与大海的联系，不过就是现实存在中的现象联系，而以往人们所赋予大海的文化含义与英雄色彩，全是生活现象之外的东西。不仅如此，诗人还用“你不情愿/让海水给淹死”一句平淡又实在的话说出了人们的“畏死”的本能，从而使人们对大海所拥有的生活、理想、讴歌统统在“畏死”的本能面前烟消云散。整个过程就像诗人在与我们聊天一样，聊出了大海的平凡、普通，也聊出了大海的严酷、凶险。

二、在网络教室里开设“原作”探究课

学生在指定的网络学习平台上对“原作”进行点评，最后教师作引导性总结或评价。以杜甫专题为例，学生在指定的网络学习平台上，对其代表作《羌村三首》进行点评。下面节选了第一课时部分过程及教师引导，以展示这种讨论是如何帮助学生走向深层次阅读的。

(1)出示要求。(5分钟)

①精读杜甫《羌村三首》，对不懂的字、词提出疑问，对不明白的句意或内容也可提出质疑，或上网查寻，或共同讨论，看能否解决问题。

②再读“评析”，看名家对此诗的理解和赏析，提出自己的看法或见解。

注意：你的点评请上传到《羌村三首》的“发表评论”栏。

【教师或巡视，或参加小组讨论，或在主机浏览，或评价学生评语。下课前最后5分钟教师引领性总结。】

(2)网上精读过程(以下为网名)。

＊灌水无敌组——小泓　发表时间：2004—4—30　15：38

请问这几个字怎样读——歔欷·倾榼？

＊灌水无敌组——维、阿＆斯　发表时间：2004—4—30　15：39

请问“歔欷”是什么意思？

＊wh　发表时间：2004—4—30　15：43

读 xūxī，都是第一声。

【教师即时指导(注：教师的即时指导不是在网上用文字回答，而是在网络教室有声回答。下同)：提问从读音、释义开始，读准字音、释对词义是理解诗歌文意的基础，同学们可网上搜索，教师不直接回复。】

＊灌水无敌组——小吉　发表时间：2004—4—30　15：44

这三首诗和陶渊明的田园诗有区别，“庭院里发生着一场鸡斗，群鸡乱叫。待到主人把鸡赶到它们栖息的庭树上，院内安静下来时，这才听见客人叩柴门的声音。”这比陶渊明的好，更有情趣。

【教师即时指导：此问虽对诗意理解不够到位，但能与陶渊明田园诗进行对比，难能可贵；另，同学们能不能对这句诗的意思作进一步的思考呢？】

＊灌水无敌组——倾听　发表时间：2004—4—30　15：45

请问诗之(一)不是指杜甫被罢官了吗？怎么会发出“哎呀！我还活着啊”的感慨呢？

＊红楼　发表时间：2004—4—30　15：46

“儿童尽东征”的儿童是指什么年龄的人？为什么要用“儿童”去东征？壮丁都死了吗？

＊灌水无敌组——FM　发表时间：2004—4—30　15：47

峥嵘赤云西，日脚下平地。“峥嵘”应该是写高大的山而不是写云像山。

【教师即时指导：同学们提问刚开始时并不一定正确或者深刻，但提出问题就会引发思考，再说，谁的思考或思想不是由谬误到正确、由肤浅到深刻的？走向正确、深刻有一个过程，要认真阅读，多角度思考，不要急于求成。】

＊灌水无敌组——维、阿＆斯　发表时间：2004—4—30　15：50

由于连年战争造成了太多的壮丁伤亡，所以儿童都要去东征。

＊麻烦死啦　发表时间：2004—4—30　15：50

有人评价："第一首诗以叙事白描来抒情，语言质朴凝练。诗人抓住具有典型性的生活场景，来传达夫妻团聚时的种种心理活动，在客观的真实叙写中，包含着强烈的主观抒情因素，二者合为一体，达到了水乳交融般的境界。"我觉得夫妻团聚时悲喜交集的场面写得挺好！

＊星火　发表时间：2004－4－30　15：51

回答"倾听"的问题，我认为其感慨的是：世乱遭飘荡，生还偶然遂。

【教师即时指导：同学们的讨论既有自己的独立思考，又有网上搜索的"他人评价"，引领着课堂群体思维向纵深方向发展，反映出同学们由诗句意义的理解过渡到对诗歌表现形式的评价，这非常的好！①】

44. 怎样帮助学生学会思考，学会提问？

帮助学生学会思考，学会提问，这是教师在专题学习过程中必须完成的一项重要的教学任务，也是学生在专题学习过程中必须形成的一项重要的学习能力。

首先，要进行一般性的方法指导，如我把美国学者尼尔·布朗和斯图尔特·基利合著的《学会提问：批判性思维指南》一书中的"正确的问题"一节整理出来，上传到指定的网络学习平台上，具体内容如下。②

为了使拥有"提出正确的问题"这种技能的最初感觉能有助于你获得这种技能，我们给你列出了一些批判性的问题……你应该知道什么时候以及怎样才能提出这样的问题：

(1)什么是论题？什么是结论？

(2)理由是什么？

(3)哪些词句有歧义？

(4)什么是价值观冲突？什么是价值观假设？

---

① 吴泓."具体作品探究课"举例——读杜甫《羌村三首》执教：吴泓［EL/OB］.新浪博客吴泓工作室，［2009－3－17］，http：//blog.sina.com.cn/s/blog_4e6af0be0100cnq1.html.

② 本部分文字整理自［美］M. Neil Browne，StuartM. Keeley.学会提问：批判性思维指南（第七版）.赵玉芳，向景辉等译.北京：中国轻工业出版社，2006：17.

(5)什么是描述性假设？

(6)推理中存在谬误吗？

(7)这些证据的可信度有多大？

(8)你发现干扰性原因了吗？

(9)统计数据是否具有欺骗性？

(10)哪些重要信息被遗漏了？

(11)什么结论可能是合理的？

教师用较短时间对这些知识作简单的解说，然后让学生学习。

其次，对刚做专题学习的学生，教师要做"提问示范"。如做张艺谋电影专题，我就以《红高粱》《秋菊打官司》两部电影的评论性文章作为教师的"提问示范"，具体如下。

《红高粱》评鉴中说：电影是"具有神话意味的传说"，这样的说法准确吗？

电影"是要通过人物个性的塑造来赞美生命，赞美生命的那种喷涌不尽的勃勃生机，赞美生命的自由、舒展"。这样的主题定位对吗？

"正因为这种对生命的礼赞以及影片那精湛的电影语言的运用，使得《红高粱》获得了国际荣誉，这也是中国电影迄今为止在国际上获得的最高荣誉。"这样的评价是该片获大奖的原因吗？还是另有原因呢？

"当我们面对《红高粱》时，就会感知到全片都被那辉煌的红色所浸透。红色是太阳、血、高粱酒的色彩。"这样的意象解读是基于一个怎样的文化背景？文化背景不同，对这些意象的解读会不会有所不同呢？

"《红高粱》以浓烈的色彩、豪放的风格，颂扬中华民族激扬昂奋的民族精神。"这是一种怎样的"民族精神"呢？

"农妇秋菊想要讨一个说法"真的是"表达了人对自我权益的觉醒"吗？

一个国家或社会，应该建立怎样一种"秩序"才能保障每一个人的"自我权益"？或者说才能让每一个人活得有尊严？

……

再次，针对学生的即时"提问"，教师可以对学生进行个别的帮助和指导。这种帮助和指导不是教师给出结论或答案，而是给予启迪或启发。以李白专题学习为例，如有学生读《蜀道难》的"挑战性阅读"文本之后就问：

有人认为李白表达的思想感情是积极的，有的认为则是消极的。积极的有积极的道理，从诗歌本身可以找到证明；消极的有消极的道理，也可以从诗歌当中找到证明。

我启发学生，只认为积极或者只认为消极，会不会流于简单了呢？人的内心世界本来就是极其复杂、多变的，刚才还是晴空万里，一会儿就会乌云密布，对吧？能不能从心理学的角度来研究一下李白的内心世界？于是我建议学生去网上搜索，看看人的情绪、情感变化方面的文章。

有学生读到《蜀道难》《行路难》等篇章及这些篇章的"挑战性阅读"文本之后会产生疑问：在李白的一系列作品中，有一个经常出现的"意象"，就是"路"或者"道"(合称"道路")。李白的"道"、"路"当然不是实指的"道路"，是指"仕途"之路，实现理想抱负之路。不是说唐代是最最开放、开明的朝代吗？为什么李白实现理想抱负之路会如此艰难受阻呢？

我启发他，唐代真的就是最最开放、开明的朝代吗？我们为什么不多查查资料？如果真如李白所说"大道如青天，我独不得出"的话，那可能就不是时代的问题，而是诗人自己的问题了。李白的思想当中确实是"济苍生"、"安社稷"为主的儒家思想，但道、纵横、侠等会不会对他的发展有影响呢？"天子呼来不上船"啊！其实，这里还涉及到个性张扬和适应社会的问题——能容忍各种有个性的人的社会才是一个好的社会。个性需要在社会中张扬，个性也需要在社会中适应，怎样找到二者之间的"平衡"呢？这些都值得同学们去思考和探究。

45. 学生不提问怎么办？

学生不提问的情况，一般都发生在做第一个专题学习的时候。第一个专题学习处理好这件事情，之后的专题学习就不会再有类似情况发生。那么，做第一个专题学习的时候学生不提问，怎么办？还是老办法，一是做细致的思想工作，二是耐心"等待"。

一、做细致的思想工作

在做第一个专题学习时，进入“精读原作”环节之后，我常常会瞅准时机开设这样一节课，主题是“学问，就是来学来问”。

首先，我会给学生讲道理，摆事实，说常识，比如：早读，就是你早上来学校读，而不是早上来学校看。不然为什么叫“早读”不叫“早看”？同样道理，来学校长学问，学问学问，也是你来学校学，你来学校问。而不是老师来学校学，来学校问你们。这是最简单的常识性的问题。

在这一点上，过去很多的老师没有信心和耐力——不相信又不坚持让同学们“提问”。于是，只好年复一年月复一月日复一日赶着时间地去“喂”你们；于是，你们“提问”的能力就逐步退化，最后功能就丧失殆尽，等着老师来“喂”你们了。你老师不来“喂”，我就不吃。不信上网搜索一下，中国家长“喂”孩子的苦恼很多，请看——如何解决“追着宝宝喂饭”的难题；喂宝宝吃饭有高招吗；知道我喂宝宝吃饭有多辛苦吗；妙招教你解决“喂孩子吃饭像打仗”的难题；喂宝宝吃饭，好比老鹰抓小鸡；3 个月到 15 个月——喂宝宝吃饭的辛苦历程记录……当然也能搜到外国人怎么“喂”孩子的，如瑞士人从来不喂孩子吃饭。

你们过去被老师“问”习惯了，要努力勇敢地把这种功能找回来。你们不是小 BB，要学会自己“提问”。如果想让老师‘喂’你，门儿都没有！来学校学习，你自己没有问题，你就很成“问题”了……

接着，我会在指定的网络学习平台上出示一些古今中外关于“提问”的论述，如《四书·中庸·第二十章》的原文和译文。

1. 原文

博学之，审问之，慎思之，明辨之，笃行之。有弗学，学之弗能弗措也；有弗问，问之弗知弗措也；有弗思，思之弗得弗措也；有弗辨，辨之弗明弗措也；有弗行，行之弗笃弗措也；人一能之己百之，人十能之己千之。果能此道矣，虽愚必明，虽柔必强。

2. 译文

广博地学习它，周详地细问它，慎重地深思它，明白地细辨它，忠实地施行它。有不学的，学了没会不放手啊；有不问的，问了没懂不止问啊；有不思的，思了没得不绝思啊；有不辨的，辨了没明不停辨啊；有不行的，行了没成不止行啊。人家一分努力能做到，我用百分努力去做它；人家十分努力能做到，我用千分努力去做它。果真能这样行了呀，虽愚蠢一定聪明，虽懦弱一定刚强。

再如著名教育家陶行知写的诗《每事问》："发明千千万，起点是一问。禽兽不如人，过在不会问。智者问得巧，愚者问得笨。人力胜天工，只在每事问。"①

再次，我会告诉学生，有调查研究报告表明，在中国的教育中，教师依然是课堂的主导者，"不会提问"已经成为中国大学生的短板，如媒体曾报道：清华大学教育研究院做了一项调查研究：从包括清华大学等985高校在内的23所本科院校中，收集2万多份调查样本，对中国的985院校和美国研究型大学做了一番比较。调查数据表明，985院校学生在"课上提问或参与讨论"题项上，有超过20%的中国大学生选择"从未"，而选择这一选项的美国大学生只有3%；只有10%的中国学生选择"经常提问"，而选择这一选项的美国大学生约为63%②

二、耐心"等待"

比如说，在专题学习进行到学生"不愤不启"、"不悱不发"的时候，如学生在"精读原作"或者"研读"环节，阅读达到了一定量以后，我就要学生张口质疑提问。学生不张口提问，我就"等"他张口；他什么时候张口，我就什么时候罢手。有时我还会重复做思想工作时的部分讲述，如学问学问，就是你来学校学，来学校问的。你自己没有问题，你就很成"问题"。慢慢地，一节课不行那就两节课……我坐在讲台边，一般来说，两节课下来学生就熬不住了，一个，两个，三个，四个，五个……学生们纷纷站起来提问题。久而久之，全班大多数同学(注：个别性格内向的同学也常常会单独来向我提问题)

---

① 江砚."发明千千万，起点是一问".新民晚报，2011-12-19-A3.

② 何龙.调查报告称"不会提问"会成为中国大学生短板.羊城晚报，2012-05-18。

就养成了经常“提问”的好习惯。

46. 评判学生提问的价值标准是什么?

评判学生提问是否有价值并值得研究，我是先把“这个”问题按“最低”、“较高”、“最高”三个层次进行简单分类，并且把各层次的表现特征作一个简单梳理的。

最低层次的问题的表现特征是：“为什么”、“是什么”，或对观察对象的简单描述。较高层次的问题的表现特征：一是能建立概念间的联系；二是能让知识与情景发生联系。最高层次的问题的表现特征：一是问题的解决就意味着新知的产生；二是虽无新知的产生，但创造性地应用了知识，激发起发明创造的意识。①

从我的经验来说，学生提出“较高”和“最高”层次的问题是非常有研究价值的，但并不能就此否定最低层次问题的价值。因为在专题学习这样一个漫长的过程中，学生最低层次的问题随着研究的深入，也会发展成为较高层次的问题甚至发展成最高层次的问题。

举一个例子，做《边城》专题时，就有学生提出了“什么是‘傩文化’”这样一个最低层次的问题。但弄清楚什么是“傩文化”，对理解小说为什么给主人公取名为“傩送”有极大关系，进而还对理解小说的思想意蕴有极大关系。这样，以一个最低层次的问题为起点，慢慢地就从最低层次问题转化为较高层次问题，最后发展到最高层次问题。如果当初，学生读《边城》，要研究“傩文化”时，我来一句：“这有什么好研究的？‘百度’一查就知道了！”或者“这么偏僻的问题你研究不了！”那么，哪里还会有后来一篇让人惊喜的学生习作诞生呢？

属于最低层次的问题，师生在课堂上或者在课后用较短的时间查阅资料或交流讨论就可以解决；属于较高层次的问题或者最高层次的问题，在短时

① 王光文，陈朝勇．引领学生在课堂上提出有价值的问题[EL/OB]．陈朝勇工作室，[2012－6－21]，http：//www．ccygzs．org/www/site/web_show_27．shtml．

间内就不一定能够解决。如伍尔夫《到灯塔去》专题，学生阅读原作及研读具有思维挑战性的阅读材料时，会遇到“女权主义”这样一个概念。“‘女权主义’是什么意思?”就属于最低层次的问题，学生只要上网查阅相关资料就可以解决；“《到灯塔去》所要表达的主题到底是什么”就属于较高层次的问题或者最高层次的问题，而这类问题靠网上查阅资料或师生交流讨论并不能马上得到满意的答案，它需要学生进一步地、深入广泛地阅读，反复地思考(包括运用比较、分析、综合等方法)，最后才有可能得出比较满意的结论。而且在这样一种自主学习的方式下，每一位学生提出的问题还会不一样，提出问题的时间先后顺序也会有所不同，有的问题经过研究可以得到解决，有的问题经过研究仍然解决不了，这些解决不了的问题，就可以告诉学生先放一放，有些问题可能要用一生去思考或探究。

所以，在这样一种学习过程中，我认为教师是不可以轻易判断学生的问题是有价值还是没价值的。随着学生阅读、思考、研究的深入，最低层次的问题可能转化为较高层次的问题甚至最高层次的问题；而最低层次的问题也可能会促进对较高层次的问题甚至最高层次的问题的思考与研究。即便是最低层次的问题，如果有歧义，学生在研究的过程中能够把问题搞清楚、弄明白，我认为也是很有价值的。如做《诗经》专题，有一位学生阅读《静女》时就提出：书上对“城隅”一说是“角楼”，一说是“角落”。那到底是“角楼”还是“角落”呢？什么是“角楼”什么又是“角落”呢？从周代礼制和诗意本身去考察，解释为“角楼”好呢，还是“角落”好呢？一些教师或许会认为，这有什么好研究的。但我却不这样看，也不能这样看。

其实，很多时候是这样的：整明白、弄清楚一个问题是什么固然很重要，但整明白、弄清楚一个问题的过程更重要。因为在这样一个过程中，学生要去大量地查阅资料，查到资料后要对资料进行比较、分析、判断，等等。于是思维得到了锻炼，能力得到了发展。这是很好的一件事情。再说，你轻易就断定学生提出的问题“没价值”，那将极大地伤害学生的自尊心，得不偿失。

总之，当学生提出问题，教师在作评判时也只能是提出自己的看法、给出参考意见或者建议。在学生具体的阅读、思考过程中，教师不能太强势，不必介入太深，干预太甚。请千万记住，尊重并认可学生思考的意义、思想的价值要摆在第一位，不然学生会无所适从，甚至会不知所措。再说了，你怎么就知道你的评判是绝对正确的呢？

47. 为什么设计《学会提问：批判性思维指南》《写给中学生的逻辑学》的学习？

十多年前，经过调研，我在自己编著的一本书里写道："学生的基本功、基础知识、阅读能力和写作水平，多处于中等水平，部分学生甚至处于中下水平，如书写凌乱，字迹难辨；阅读量少，阅读面窄；思维缺乏深度和广度；写作内容空洞、幼稚，字里行间充斥着或'风花雪月'般的柔弱无物，或'新新人类'样的无病呻吟，甚至以佶屈聱牙的粤港方言入文……一句话，脑袋空空，精神贫瘠，思想钝化，言语干瘪。而此种现象在我们这类学校以至往下的三四类学校比比皆是，让人触目惊心；往上一类的学校，这种现象也绝不少见。进而推知，我们国家这类学校以及处于这一水平的学生，该有多少？"①

十多年后，仍在中学(特别是高中)从事语文教学的教师知道，情况依然如故。

如前述媒体报道并得出结论："在中国的教育中，教师依然是课堂的主导者，'不会提问'会成为中国大学生的短板。"②

这是事实。因为从小学到高中，课堂上总是教师提问，学生回答。在做专题学习之前我也是这样，习焉不察便习以为常。

作家池莉评江苏卫视《非诚勿扰》时说："我们可以十分直观地看到我们的孩子们被毁坏到什么程度。节目开播至今，无论男生女生，无论就业在读，无论毕业于普通大本或是硕士博士，抑或竟是门萨俱乐部会员，其中除了少数孩子比较正常，大多数孩子头脑糊涂，思维混乱，说话不着四六，举止不知轻重，偏颇造次，自大狂妄，问东答西，唐突他人，常识缺乏，逻辑断裂，介绍自己全然一副传销口吻和广告语气，唯一熟练的是送礼，酷似商业活动

① 吴泓编著．精神和言语共生——高中语文"专题研究性学习"．广州：广东教育出版社出版，2003：3—4.

② 何龙．调查报告称"不会提问"会成为中国大学生短板．羊城晚报，2012—05—18.

中的送赠品。”[①]

这也是事实。五年前，一位在高中执教二十多年的教师批改学生作文后在博客上写下“为什么我们的学生不讲逻辑”。

而在做专题学习的过程中，我不得不把这“一切”改变过来。因为学生阅读上传的那些具有思维挑战性的文章，首先就得提问题。提不出问题，就根本无法研究问题，解决问题就无从谈起。至于写专题习作，什么问题该先说，什么问题该后说；提出一个概念怎么下一个精确的定义，怎么进行正确的判断，推理的顺序该怎样安排才符合逻辑等，都需要逻辑知识。可以说，不会提问，不懂逻辑，起点不好，基础缺失，哪来批判性思维！

于是，我找到了尼尔·布朗和斯图尔特·基利合著的《学会提问：批判性思维指南》和彭漪涟、余式厚著的《写给中学生的逻辑学》。我把这两部书各章知识或原理的学习，分布在高一年级和高二年级的各个专题学习中来进行。除了安排时间让学生阅读或学习书里的各章知识或原理，更注重理论与实践相结合，如精读原作、上网研读具有思维挑战性的文章，重点培养学生的提问能力；进入到“定向、选题、写作”课段，重点培养学生的逻辑顺序能力，即按照事物或事理的内部联系或人们认识事物的过程来安排论述顺序。

经过十多年的努力，学生的提问能力、逻辑思维能力一届比一届好，我的做法也日臻成熟。

48. 教师在课堂上尽可能不问学生，什么时候提问更恰当？

有两种情况，或者在两种场合，我会提问。

一种情况是在专题学习的各个课段，如第一课段的“精读原作”、“上网研读”环节，或“再读、深解”的第二课段以及“定向、选题、写作”的第三课段等，只要遇上学生“提问”，我都会以“提问”的方式对学生进行个别的帮助和指导。

---

① 池莉．教育究竟是什么意思．教师博览，2012，(9)．

如李白专题，有学生针对李浩保《李白女性诗歌探微》一文结尾的“男女平等的思想，是一种先进的思想。李白正是从这种先进的思想出发，才能如此关心妇女的命运，写出大量的反映妇女生活和思想感情的诗篇”提出了“李白的男女平等的思想是从哪里来的”这样一个问题。我会让学生作如下思考：

(1)从唐代社会的风俗、风尚上去考量，上溯隋、汉直至战国、春秋，虽有儒家的“唯女子与小人难养也”这样的观念，但儒家这样的思想并没有成为当时社会的主流话语。女性在社会上仍然有较高或者较好的地位。这一点，无论是从《诗经》、汉乐府诗歌当中，还是从唐诗、宋词里都有所反映。女性处于社会底层这种不平等的地位是从宋以后逐渐加强的——即宋明“理学”提出之后逐步形成的。李白所处的唐代，更是一个女性受束缚少、地位高的时代。

(2)从李白的身世以及后来生活的境遇来看。李白生在西域，具有胡人血统及观念。这样的出身就决定了他“先天”携带而来的是与儒家思想不一样的妇女观念，加之他这一生都没能真正地走进上流社会。长期与下层的民众接触，对下层民众特别是对下层女性生活、命运等就有着与别人不一样的关注和体悟。我们不妨拿同样是写女性比较多的同时代的诗人来比，如白居易、杜牧等，就发现，李白跟他们比就有着不一样的情怀和感受——此所谓身处什么“位置”，那个“位置”就决定了他的眼界、判断以及价值取向。

另一种情况则是在“再读、深解”的第二课段的“深解”环节。此时，我会看准时机，在传统教室里上一到两节“深解”课。以《雷雨》专题的“深解”课的提问为例，在学生争论周朴园是否对鲁侍萍有真爱时，我提出过如下一组问题：

(1)爱情是最不讲门当户对的，但婚姻则是最讲门当户对的。那么，作为资本家少爷的周朴园，年轻的时候他爱过鲁侍萍吗？三十年后，将要进入老年的周朴园对鲁侍萍的怀念(或者说“爱”)又是否是真实或者真诚的呢？

(2)有人这样评价周朴园对鲁侍萍的情感：“利益与爱情，是他所面临的艰难抉择，最终他选择了放弃爱情，这正是一个男人所背负的责任感的驱使，但在他的内心深处，仍然潜藏着对侍萍的爱。”[①]当你读到周朴园最后说过的一句话：“我一生就做错了这一件事。我万没有想到她(鲁侍萍)今天还在，今天找到这儿。”你还同意这样观点吗?

(3)香港著名财经作家梁凤仪对爱情有这样的定位：“有选择的情况之下，仍然挑选对方，这就是爱情。精神上永远不离不弃、舍不得在脑海里删除对方、舍不得在心上遗忘对方，这就是爱情。互相相爱，而非单方面的自作多情，这就是爱情。重要的是肯为爱对方而牺牲自己的所有利益甚而是生命，这就是爱情。更重要的是接受了无穷的考验、受尽了无数的委屈，仍然坚持对对方的感情，这就是爱情。简而言之，在人世间的一天，都感受到自己对对方的爱，这就是爱情。爱情应该是永恒存在的。”[②]而你对爱情又作何理解呢?

这种提问课的特点，不是教师在“讲”，而是教师在“问”；不是在“讲”一篇文章，而是在“问”一组文章或提出一组问题。

---

① 黄金萍．镣铐下的恋者——论周朴园对鲁侍萍的情感．http：//www．zjjy．com/jszc/jszp/lunwen/2007－10－11/16572．html．

② 梁凤仪．什么是爱情．广州日报，2013－03－05．

第四辑

生成思想，才能生长出高质量的语言

“上网研读”和“再读、深解”，为的是让学生在学习过程中自己去比较、分析、甄别、判断、综合、概括……这是在专题学习中你想要“大钻石”还是想要“小碎片”的关键性阶段。作为一位具有深谋远见的教师，你既要“添柴加火”，又要耐心等待；只有“淬火”，才出得了“金刚”。

49. 在“上网研读”环节，怎样培养学生阅读“长文”？

这一问题主要是针对第一次做专题学习的学生来说的。第一次做专题学习，读“长文”这个问题处理好了，以后的专题学习再遇上便会顺手很多。

与“精读原作”环节学生读“原作”和读辅助性阅读材料不同，进入“上网研读”环节之后的两个星期的语文课，学生要进入网络教室，在指定的网络学习平台上研读具有思维挑战性的阅读材料。这些阅读材料大多数是字数多、内容长的文章。那么，怎样培养学生阅读“长文”呢？

一、做好学生思想工作

如阅读之前，教师应在指定的网络学习平台上出示叶圣陶先生反复强调高中阶段要读“整本的书”所说的那些话(见第 11 问)。而我还会加入唐晓敏教授说过的几段话。

教育家陶行知也是这样认为的，他说：中国的教科书，不但用不好的文字做中心，并且用零碎的文字做中心，每课教几个字，传授一点零碎的知识。学生读了一课，便以为完了，再也没有进一步追求之引导。我们读《水浒》《红楼梦》《鲁滨孙漂流记》一类小说的时候，读了第一节便想读第二节，甚至从早晨读到夜晚，从夜晚读到天亮，要把它一口气读完了才觉得痛快。中国的教科书是以零碎文字做中心，没有这种力量……

叔本华曾说：“一颗大的钻石如果打得细碎的话，这些小碎片价值之总和，无法和它原本的价值相比拟；一支庞大的军队，若把它分成若干小部队，则威力必大减，发生不了什么作用。同样，伟大的精神，若使之中断、搅乱、破坏或转向，它和普通精神已无任何差异。”

……整本的书就是“大钻石”，课文就是“小碎片”。

多年以来，我们的学生接触的不是“大钻石”，而只是“小碎片”。这是目前语文学习的最大的问题。[①]

第一次做专题学习的学生，他们刚从旧有的阅读模式和阅读习惯过来，对字数多、内容长的文章会很不习惯、很不适应。我要向学生反复强调：先读进去，让自己的注意力集中；再读下去，培养自己长时间专注于某一事物的能力。一个人如果能管理好自己的学习行为，即注意力集中，长时间地专注于某一事物，是一定会取得成绩或有所成就的，同时，也是会在这样一个过程中体验到幸福和快乐的。

二、给够学生阅读时间

长期以来，学生在语文课上的阅读时间都不多，主要是教师不相信学生能够自己获取知识、培养能力等，不相信导致不放心，于是，教师在语文课上不断地讲授；这样，也导致了学生没有时间来进行阅读。专题学习的做法却不是这样，其最大的一个特点就是要给学生长时间的阅读、思考时间。进入“上网研读”环节，教师更要有一点“黄老思想”，多一点“无为而治”，要“省苛事，薄赋敛，毋夺民时”。换言之，这一环节要保证学生“输入”、“吸收”、“消化”、“酝酿”、“生长”的时间，教师要和学生保持“距离”，不要忍不住地“要说”，要忍住“不说”或离开，甚至远离。即便是想了解学生的阅读情况，也不要在学生身边来回走动，以保证学生在两个星期的语文课上能长时间地阅读和思考。

其实，能否给够学生阅读时间，根子还在教师——教师要相信自己，也要相信学生。教师有自信力，又能够在做第一个专题学习时让学生长时间地阅读“长文”，学生的注意力、专注力、自主学习独立思考的能力和习惯才能慢慢培养起来。

① 唐晓敏．语文学习的“大钻石”与“小破片”[EL/OB]．新浪博客唐晓敏语文教育博客，[2010—1—16]，http：//blog．sina．com．cn/s/blog_5580cbd30100gqaf．html．

50. “上网研读”环节后，应如何指导学生做读书笔记？

进入“上网研读”环节，学生就要进入网络教室，在指定的网络学习平台上研读具有思维挑战性的阅读材料。从这以后，一直到第二课段的“再读、深解”，第三课段的“定向、选题、写作”，学生做读书笔记就没有那么简单了，它不会是“泛读概述”环节时的“提取专题概述中最重要的背景信息”，和“精读原作”环节时学生围绕“该文该段该句写了什么？表达了怎样的思想感情？运用了怎样的修辞手法或表现方法”等几个方面做的读书笔记。那么，进入“上网研读”环节后，怎样指导学生做读书笔记呢？

首先，我会告诉学生，再用纸制品的笔记本来做读书笔记，可能不太适合我们目前的专题学习。一者这一阶段的学习内容容量会很大，再用纸制品做笔记或作纸制品读书卡片之类来做笔记，劳动量会很大，恐怕不太合适；二者进入“上网研读”环节后，由于阅读的文章容量很大，字数很长，如果能充分利用网络储存量大、使用便捷的优势，效率会更高。

其次，我会告知学生，建立一个自己的网络学习平台，或自己的QQ空间，或自己的学习博客，或自己的网易邮箱，或自己再准备一个可移动的U盘，等等。用转帖、专帖添加或修改、Word文档保存等方式，来做自己的“读书笔记”。还要时时告知学生，做这样的“读书笔记”要记住“时时保存文件”，避免文件丢失等。

再次，我会提示学生“记什么”、“怎么记”。如我根据学生学情上传“PISA阅读水平分级”的资料到指定的网络学习平台上让学生学习。通过学习，学生明确自己在研读具有思维挑战性的阅读材料时应该“记什么”和“怎么记”：

(1)能够查找在文章中相当明显而且明确表示的几条信息，在熟悉主题的文章之后，能确定并提取文章的主要观点。

(2)能够在访问和检索方面，查找满足多种条件的信息，围绕一个单一的特征进行比较、对比或推断，理解文本中指定的某个部分的含义，即使是在信息不明显的情况下。

(3)能够查找多条信息，在文本的不同部分之间建立联系，结合文本的几个部分来确定主要观点，理解前后的某种关系，或解释某个词或短语的含义。

(4)能够处理在内容或形式上不熟悉的文本，能够在这类文本中找到信息，详细地理解文本内容，并推断出哪些信息是与自己确定的学习任务相关的；还能够批判性地评价这类文本的内容，并建立假设，利用专门的知识，包容那些与预期相反的概念或观点。

(5)能够对文本进行精细化分析，这不仅要求详细了解明确的信息，而且要深刻理解隐含的信息，以及能够在更高的概括水平上反思和评价所阅读文本的内容。

(6)能处理许多不同类型的阅读材料，即不仅能阅读在结构和文本特征上典型的、熟悉的内容，而且能从以非典型格式呈现的不熟悉的内容中吸收信息，即使这些新信息是与预期相反的。能识别出文本提供了什么，包括明显的和较微妙的信息，同时能够利用超出文本的深刻理解，用批判性的观点来看问题。①

概而言之，“PISA阅读水平分级”对于阅读能力是从三个层次来衡量的：一是“汲取资讯”，即从纷繁芜杂的材料中筛选出自己所需要的信息的能力；二是“解读资讯”，即将有效的信息进行整合，使其条理清晰、结构明确的能力；三是“资讯转化”，即将信息与自己的经验进行融合以解决问题的能力。时常对照这些要求，让学生自问自检：我做到了吗？

51. 怎样指导学生学会利用“搜索引擎”或“中文数据库”查找资料？

网络环境下的专题学习，虽然有指定的网络学习平台，但学生不可避免地会进入到互联网这个更为广阔的世界里去，特别是在研读具有思维挑战性的阅读材料之后，学生接触到大量观点、概念等多种信息，在原有的学习平台上找不到答案或结论时，自然就会求助于网络来支持自己的学习，而这也

① 根据陆璟译．阅读精熟度水平概述．中国教育报，2011—03—17整理。

是21世纪青少年学生必须具备的信息素养之一。怎样利用“搜索引擎”或“中文数据库”，指导学生学会查找资料呢？

一、教师介绍常用的“搜索引擎”或“中文数据库”的网址及其所属的类别

1. 搜索引擎

常用的搜索引擎主要有 Google、百度与 Scirus。就目前的情形来看，Google 和百度互有优势，爱问属后起之秀。Google 更适合搜索英文文献，百度更适合搜索中文文献。这里重点介绍百度。

百度的网址是 www. baidu. com。“百度”二字源于中国南宋词人辛弃疾的《青玉案·元夕》诗句：“众里寻他千百度”。“熊掌”图标的想法来源于“猎人巡迹熊爪”的意象。

1999 年年底，两位北大校友李彦宏与徐勇在北京中关村创立了百度公司。2001 年 8 月发布 Baidu. com 搜索引擎 Beta 版(此前 Baidu 只为其他门户网站如搜狐、新浪、Tom 等提供搜索引擎)。2001 年 10 月 22 日 Baidu 搜索引擎正式发布，专注于中文搜索。

百度曾被称为“中国的 Google”。根据美国调查机构 Alexa 最近的统计，“百度”已成为全球第二大独立搜索引擎，在中文搜索引擎中位居第一。

除了常用的搜索引擎 Google、百度之外，还有“有道”、“搜狗”和“雅虎”，等等。

2. 中文数据库

常用的中文期刊全文数据库有三个：一是 CNKI(知网－中国知识基础设施工程)；二是维普(维普中文科技期刊数据库)和万方(万方－数字化期刊)。

“知网”(CNKI)是“中国知识基础设施工程”(China National Knowledge Infrastructure)的简称。目前 CNKI 已建成的数据库有“中国期刊全文数据库”(CJFD)、“中国优秀博硕士学位论文全文数据库”(CDMD)、“中国重要会议论文全文数据库”(CPCD)、“中国重要报纸全文数据库”(CHKD)，等等。

“知网”目前已成为中国学者普遍采用的文献资源。很多高校已经购买了使用权，校内上网可以免费查阅。个人用户可以购买 CNKI 卡获得文献查阅

的使用权。

“知网”虽然是目前最大最常用的数据库，但“维普”和“万方”也有自己的特色和优势。在“知网”中找不到或找不全所需文献时，可以考虑到“维普”和“万方”数据库中查找。

二、教师介绍搜索引擎的使用技巧

以百度搜索引擎为例。

1. 网页搜索技巧

输入关键词语。想知道历史上的7月13日发生了什么事情，输入“7月13日”点击搜索即可。想了解沈从文的生平事迹，输入“沈从文　生平”点击搜索即可。想了解沈从文《边城》的思想或艺术评价，输入“边城　思想评价　艺术评价”点击搜索即可。想知道李白入长安事件的来龙去脉及评价，输入“李白　长安　评价”等重要词语点击搜索即可。想了解伍尔夫专题“女权主义”或“女性主义”的概念，输入该词或该词组搜索即可。

2. 新闻搜索技巧

想了解一个事件的来龙去脉，搜索该事件名称即可，如“朝核问题六方会谈”，便可查看该事件的有关资料。查看某导演的最新新闻，搜索其姓名即可。如搜“张艺谋”，即得到张艺谋最新的新闻动态。

3. 图片搜索技巧

想搜索某一尺寸的壁纸，输入关键词后，在图片大小下拉框中选择“壁纸800×600”或“壁纸1024×768”即可得到相应尺寸的壁纸。想搜索明星壁纸，搜索“明星名字壁纸”即可，如“张国荣壁纸”。想搜索风景名胜照片，如“天姥山”，搜索其名称即可。想搜索名人字画，如凡高的《向日葵》、徐悲鸿的《马》、启功的书法，搜索“凡高向日葵”、“徐悲鸿马”、“启功书法”即可。想查找画李白形象的中国画，搜索“李白诗意中国画”即可。

此外，百度有提醒功能。如拿不准名字或名称的正确写法，可以使用拼音输入，如“wuhonggongzuoshi”，百度将提醒你“吴泓工作室”。还有纠错功能，当你输入“徐广平”，百度将提示你“许广平”。

52. 在专题学习过程中，怎样了解学生的阅读情况？

这里请注意，我用的是“了解”而不是测试或者考试。一种学习如果常常处在被测试或者被考试的紧张状态，是不会有什么快乐和效果的。

在专题学习过程中，教师了解学生阅读情况的方法很多，如来回走动时默默地观察学生的阅读内容、进度，查看学生阅读时记录笔记的内容等。这里，我主要介绍两点做法。

一、通过学生的提问来了解学生的阅读情况

即了解学生阅读的进度、深度、广度或独特的角度等，以便调整教师的教学策略和学生的学习策略。

当学生阅读到解读“原作”的赏析、评价类文章时，如《诗经》专题，学生阅读了专家、学者针对诗歌的思想内容或表现形式等进行赏析、评价的文章；《边城》专题，学生阅读了专家、学者针对小说中的人物形象、故事情节、思想内容、象征意义、表现手法等进行解读、评论的文章；张艺谋电影专题，学生阅读了专家、学人针对他的某部电影中的思想内容、人物形象、表现形式、艺术风格等进行解读或评价的文章之后，教师就要要求学生在规定的时间内上交“提问”，即每位同学把自己的两到三个问题写在小纸条上，由课代表收齐再上交给教师。

如张艺谋电影专题，学生阅读《活着》《我的父亲母亲》这两部电影的评论性文章后，我提出如下要求：“同学们精读以上评鉴文章，对这两部电影各提出一个问题（共两个问题），课后用小纸条上交课代表，请署上自己的名字。”

学生针对《活着》的提问如：

被抓壮丁的时候，福贵拼命保住了皮影箱子，因为“还指望着这养家呢，这是借人家的，得还”。这体现当时福贵怎样的心理变化？（“心理变化”改为“性格”或“为人原则”更好！）

是什么信念使福贵有了活下去的勇气，愿意面对不堪回首的往事？为什么全文始终贯穿着凄凉的气息，让人透不过气来？

从电影开始到结束，影片中设置了一条重要的线索——皮影。为什么皮影是作为这部影片中命运的缩影？

为什么在一个“伟大”的时代，活着会成为一种“卑微”的欲求？

该片主题真是对生命的赞美吗？是“好死不如赖活”价值观的体现吗？还是隐喻着别的什么？

学生上交问题纸条，反映出他们在阅读中存在的问题，这样，就有利于教师对这些问题作进一步的引导。

二、通过和学生进行交流来了解学生的阅读情况

一般是要求(希望)学生主动向教师提问或交流自己在专题学习过程中产生的疑问或自己的阅读心得、发现等。也可以教师采取主动，找学生进行交流。学生主动向教师提问或交流，形式上大多是一对一、一对二或一对三。最常见的是一对一这种情况。后两种情况的出现是以一为主，二、三为“陪谈”(网络教室一般是这位学生边上的两位同学)。这既可给“一”壮壮胆，于“二”、“三”而言也可以得到很多的启发。

学生谈自己的疑问或发现，是最值得教师珍视的。它是把学生的思考、思想引向纵深的最好契机。以张艺谋电影专题学习为例，学生阅读鉴赏类和评价性文章到了一定的时候，就有学生向我提出：“阅读了这么多评鉴类和评价性文章之后，我发现张艺谋的电影表现出来的价值观是混乱的，是这样吗？为什么会是这样的？”

确实如此，从《红高粱》“小社会”无序、人性“恶”的无节制放纵，到《菊豆》《大红灯笼高高挂》身体的诱惑和人性的压抑，到《秋菊打官司》对人的权益觉醒之后的迷茫；从《活着》所表现出来的人的命运的不可控和人生存的艰难，再到《英雄》《满城尽带黄金甲》的商业价值的追逐——反映出来的就是没有“一以贯之”的价值取向。为什么会是这样的呢？这需要教师进一步加以引导。我的做法是向学生提问，激发学生继续思考，具体如：

(1)作为一位电影艺术家，你可以追求电影的商业利益，也可以用娱乐的

方式满足大众的需求，但要知道任何娱乐都是有教化作用(古人还说“寓教于乐”，我们总不能“娱乐至死”吧)。作为一位电影艺术家，追求或满足这些“东西”并没有错，但更为重要的是要保有或者守住“艺术家之所以成为艺术家”的良知和责任，对吧？

(2)从张艺谋的电影所表现出来的思想意义来看，从《红高粱》到《活着》，虽不能说人人都认可，但一直得到大多数观众的好评。但这些电影的原作者都并非张艺谋本人，可以说，他的电影所呈现出的思想意义是原作品的思想意义，这是不是说就可以否定张艺谋电影的思想意义呢？

(3)张艺谋电影发展到后期，进行了一系列的商业利益的探索，这样的探索就没有价值了吗？中国电影商业性的发展起步很晚，张艺谋电影商业利益探索的价值和意义何在？对中国电影的发展贡献何在？

……

交流碰撞的地点可以在网络教室里，但最好选择在教室外边，不影响教室里其他学生。如在教室里，则需要教师在学生的位置上和他低声交谈，以免影响其他同学的阅读和思考。

有阅读就会有思考，有思考就会有疑问，随着阅读的深入，学生的疑问就会越来越多。可以说，从“精读原作”环节开始，到“上网研读”环节，再到“再读、深解”的第二课段，一直都会伴随着问题的出现。所以，学生提问和师生交流都可以适时进行。

53. 专题学习进行中，教师如何判断有所为、有所不为的时机？

所谓教师的“有所为、有所不为”是指学生在阅读学习材料时，什么情况下教师可以说？怎么说？说多长时间？说什么？

先说“前三问”。第一问，只有一种情况，那就是学生提问，教师才说。第二问，不在网络教室对全班同学说，只对提问学生单独说，而且尽可能不影响边上的同学。第三问，说多长时间视学生的问题而定。

再说最后一问，即“说什么”。

首先，教师要针对学生提问说学生不知道的“东西”。专题学习的内容很丰富，教师如果重复学生学过的内容，学生便提不起兴趣。以“中国当代诗歌”专题为例，一个学生在研读诗人西川的文章，我路过其身旁，学生向我问道，海子是否像一些人说的那样有自杀情结？诗人西川说了六七个原因，到底哪一个才是真正的原因？为什么海子临死之前还会写出《面朝大海，春暖花开》这样明亮的诗篇？我的回答是，诗人西川说海子自杀的原因有六七个，但我觉得真正的原因恐怕就只有一个，那就是极度自信的写作理想与现实获得的认可差距巨大。其他原因因此而生。海子当然是有死亡情结的，写于自杀前几个月的《面朝大海，春暖花开》，我认为就有一种死亡气息在里边。这种“从明天起”的明亮就意味着“今天阴冷和绝望”。联系海子自杀时特意带上的几本书和他诗句中说的“倾心死亡”，我们更有理由相信海子是在说——既然“我”不能“向生而生”，那“我”就能够“向死而生”。接着，我向这个学生推荐美国学者奚密对海子之死的评价：“是否这个雄心万丈的计划损害了这位青年诗人的身心健康？是否为了创造这篇超级史诗，他加给自己难以承受的压力？是否孤独离群的生活所造成的极度抑郁令他无法继续其创作计划？是否，如西川向笔者透露的，海子对‘天才早夭’的浪漫式的执迷使他陷于其中而最终实现了自己的预言？”①

其次，教师要针对学生提问说对学生思维有挑战性的“东西”。以《红楼梦》专题为例。学生在网上研读方兴的《〈林黛玉进贾府〉肖像服饰描写浅析》一文，有学生就问，凤姐的服饰“俗气”吗？我的启发是，你先认真读读原文。然后我和学生讨论。

我：王熙凤的服饰妆扮是从谁的眼睛里看出来的？

生：林黛玉。

我：既然王熙凤的服饰妆扮是借黛玉之眼观之、心悟之而描绘出来的，那么可以再想想，林黛玉是个什么样的人？网上马上查查。

生：林黛玉出身于“钟鼎之家”，“书香之族”，美丽聪慧，言谈不俗。

我：书中评林黛玉是“孤高自许，目无下尘”，“自矜自重，小心戒备”。

① 杨新磊．二十世纪的“死魂灵”：现当代作家自杀之生命叩问与精神探询．见杨新磊．理论之“在”与影像研究．西安：三秦出版社，2011.

假如凤姐是个“俗物”，以黛玉的孤傲清高、诗文才情，怎么可能对王熙凤的服饰赋予“彩绣辉煌”、“神妃仙子”的极高评价？你能否再在网上查查王熙凤的家庭背景？

结果是：王熙凤的叔叔王子腾，是都太尉统制县伯王公的后裔，王夫人、薛姨妈、王子胜之兄。初任京营节度使，后擢九省统制，奉旨查边，又升九省都检点，再提内阁大学士。她出身于“东海缺少白玉床，龙王来请金陵王”即四大家族中最显赫的王家，名门闺秀，教养良深，幼时就着男装。

我：这样的家庭出身，形形色色的人，各式各样的事，她都接触过，见多识广，具有一般人所无法具有的待人处事的练达才能。怎么会在初次登场亮相，迎接林黛玉到来的隆重场合给自己的服饰妆扮大打折扣呢？

接着，我找出自己曾写过的《凤姐的服饰“俗气”吗？》一文来跟学生讨论，你看，老师从三个方面（一黛玉视角；二熙凤家世；三服饰形制）来证明凤姐的服饰不仅不“俗气”，而且高贵、高雅。

这里有一个技术性处理的问题。就是说，对这些学生不知道或者对学生思维具有挑战性的“东西”，教师要做“留一手”的准备。这样，既可以引发学生继续探究的兴趣和欲望，又可以给学生以探究性文本表达（含口头语与书面语）的示范作用。总之，教师的“说”不是给答案，而是说思考，给启迪，提供学习材料的帮助等。当然，前提是要求教师成为一位博览群书的人。

54. 在“再读、深解”的第二课段，教师怎样“添柴加火”？

这一课段有三个环节：第一个环节是学生“再读原作”，再读原作是为了深入理解；第二个环节是教师“深解原作”，意在打通原作之间的联系，让学生对作品的思考与理解更为全面、深入和厚重；第三个环节是学生再读论述类文章，比较并思考不同作者、不同文章其立论的逻辑起点和论证的思维路径，力图得出自己的思想，为确立自己的研究方向作准备。

这一课段是学生生成思想，进而生长出自己高质量的言语系统的最为重要的阶段，一般都会用上两周的语文课。因此，教师作用尤为关键。以王安石专题为例。

一、学生“再读原作”环节

学生进入网络教室再读原作的时候，教师要不时加入一些新的原作，主要是在辅助性阅读材料中或在具有思维挑战性阅读材料中所引用到的诗文，如王安石的《桂枝香·金陵怀古》《收盐》《泊船瓜洲》《梅花》等。教师的这种“加入”体现在教学行为上主要是个别提示，如有学生再读《登飞来峰》及赏析两则时，则告诉这位学生拿王安石早期的这首《登飞来峰》与晚年的《泊船瓜洲》《梅花》《桂枝香·金陵怀古》相比，表现出的不同心境；又如有学生再读《答司马谏议书》及赏析一篇，则提醒该学生能否找王安石其他的书信或司马光的来信进行比较阅读，从中能有新的发现……在第一课段，学生虽然精读过原作，但对原作及原作解读的学习和理解基本上属于单篇的、纵向的、平面的。“再读原作”则不同，是多篇的、横向的、立体的、全方位的，要通过比较去促进学生的思考。不仅如此，还能为下一环节教师“深解原作”打下基础，做进一步铺垫。

二、教师“深解原作”环节

师生进入演播室或传统教室，在做“深解原作”课时，教师的“深解”主要表现在“问”上。要“问”在关键点上，要有冲击力，有启发性，要给学生作头脑风暴式的刺激，要让学生对原有的思考和结论产生新的质疑。如读原作《登飞来峰》：“《登飞来峰》所表现出来的是作者早年的壮志豪情，但壮志豪情的背后，他是否会过度自负了呢？在他晚年的诗作中还能找得到这样的激情吗？作为一名政治家是理性重要，还是激情重要？”读原作《游褒禅山记》：“从王安石的人生经历来看，《游褒禅山记》难道就仅仅是借游山探洞来阐述治学之道吗？”读原作《答司马谏议书》：“《答司马谏议书》表现的是朋友之间对变法的不同看法，难道变法革新就一定要以断送友谊为代价吗？”最后总“问”：“从诗歌到游记，从游记到书信，从书信再到奏表，你看到一个什么样的王安石呢？(诗人的还是政治家的？抑或二者兼有？)”……

教师“深解”原作，源于对学生学习状态的观察和判断，以及对其学习节律和时机的把握。换言之，教师非得在学生“心求通而未得之意”，“口欲言而未能之貌”的时候才对他们进行“发问”，从而“开其意，达其辞”，把学生思考引向更深处。如读《登飞来峰》，学生看到的或许只是王安石年轻时的自信和自负，但随着变法失败，退居江宁，王安石是否就真的忘情山水、潜心佛学、与世无争了呢？果真如此，人心人性岂不显得单薄而浮浅？又如从诗歌当中，学生看到的是一个豪气冲天的王安石；从游记当中，学生看到的是一个理性思辨的王安石；从书信当中，学生看到的是一个咄咄逼人的王安石；从奏表当中，学生看到的是一个恭敬谦卑的王安石。合在一处，王安石到底应该是怎样的一个“人”呢？他的“庐山真面目”到底如何？

三、学生“再读”挑战性阅读材料环节

学生在进入网络教室、再读王安石专题具有思维挑战性阅读材料的时候，教师应要求学生比较并思考不同作者、不同文章其立论的逻辑起点和论证的思维路径，力图得出自己的思考和思想，要为下一课段进入到定向、定题、写作等作好准备。

在第一课段的“网上研读”环节，学生虽然研读与王安石相关的很多文章，但长时间的研读(思考)又极易深陷其中，为他人的观点和论证所左右。此时，教师要再一次走进学生中间，对学生的阅读方法作进一步的指导。如清代以前以“君子”或“小人”为标准评价王安石，进入近代社会王安石却被誉之为“政治改革家”，标准是怎样发生变化的？评价者的依据是什么？又如有作者认为王安石变法的步伐太快和用人不当都源于其人格的偏执和拗扭，这样的结论是否有所偏颇呢？对此你有不同的看法吗？再如有学生从互联网上查到王安石变法与明代张居正变法多有不同，不同的地方在哪里呢？在王安石变法之前的范仲淹“新政”为什么会那样短命？作为改革家的范仲淹为什么后来竟不支持王安石变法了呢？王安石官至“丞相”仍两袖清风，有人说“清官可怕”你认同吗？……这些都是师生需要共同或者单独讨论的问题。

这一课段，有人说是“重返”，有人说是“反刍”，而我以为更像广东人的文火“煲汤”，要煲到“火候”才能煲出“味道”。所谓“火候”，一者是教师“添柴

加火”，二者是给够学习时间，所谓“味道”就是要学生得出自己的思想。没有足够的“火候”，煲不出自己的思考和思想；没有自己的思考和思想，最终写不出属于自己的东西。

55. 辅助性阅读材料或观点有冲突的文章该怎么用?

一、辅助性阅读材料的使用

当学习进入“精读原作”环节的时候，为了让学生更深入地理解原作，此时，教师就应该提供与原作相对应的辅助性阅读材料。这些辅助性阅读材料可以是与原作内容紧密相关的，也可以是与原作部分内容相关的，还可以是与原作在内容上属于同一类属的。以《诗经》专题为例，学生学习完《静女》一诗之后，我再链接提供梁志军写的《两千年前的爱情轻喜剧》一文。学生学习完《木瓜》一诗之后，我又链接提供《诗经》爱好者若风写的《投我以木瓜》一文。学生学习完《氓》一诗之后，再链接提供著名学者傅道彬写的《至于顿丘》一文。学生学习完《将仲子》一诗之后，再链接提供专栏作家曹红蓓写的《我们的示爱史》一文。学生学习完《桃夭》一诗之后，又链接提供往届学生金智娟写的《桃花依旧笑春风——试论〈桃夭〉首创的以花喻人》一文。

需要注意的是，在学生阅读辅助性阅读材料的时候，教师应该参与其中(“参与”不是“上课”)，如观察学生阅读状态和进度，特别是要采用个别、小组形式和学生一起讨论，或品评辅助性阅读材料评价原作内在意蕴、情感态度的正误、高下，雅俗；或评议辅助性阅读材料评价原作的“特别”之处，以及辅助性阅读材料中作者的新发现、新感悟、新创造等。一篇原作，如果有两篇辅助性阅读材料——不同作者从不同角度评价——就更有利于学生多元的理解和赏鉴。

二、观点有冲突的文章的使用

什么是观点有冲突的文章？这一点定位要准确。所谓观点有冲突的文章，是指那些与辅助性阅读材料的情感、态度、观点、看法等不一致或者不相同的文章。这些文章能激发出学生新的思考，能挑战原先已经形成的观点或看法，能打开学生思考的新思路。这类文章一般设置在“上网研读”环节，属于思维挑战性阅读材料的范畴。如李白专题，针对《南陵别儿童入京》一诗，观点有冲突的文章就有丰吉的《细说“南陵诗风暴”》、郑修平的《李白奉诏由任城入京新考》、丁放的《天宝初年李白奉诏入京地再考辨》三篇。针对《蜀道难》一诗，观点有冲突的文章就有张光富的《一首政治抒情诗——〈蜀道难〉主题新议》、张荣谦的《〈蜀道难〉主题再探》两篇。这些观点有冲突的文章一般都会在标题中出现“新考”、“考辨”、“新议”、“再探”等字样。

在一个专题的学习过程中，观点冲突的文章是无处不在的。关键在于教师要广泛阅读，选准选好，然后用在适当的“位置”。

56. 观点有冲突的文章什么时候提供给学生比较合适？

观点有冲突的文章，在第一课段的“上网研读”环节和第二课段的“再读”环节提供给学生比较合适。

一、第一课段的“上网研读”环节

学生在经历了“精读原作”环节的学习之后，其思考、思维、思想正好处在“愤”、“悱”之时或者说是“饥渴状态”。此时，在指定的网络学习平台上，提供观点有冲突的文章让学生进行研读就比较合适。需要注意的是，这一环节提供的文章应该是批量的，一般在七八篇以上，最好是角度不同、观点各异的文章，以便形成一个强大的信息流或者信息场。如《雷雨》专题，在这一环节我提供观点有冲突的文章有陈思和的《细读〈雷雨〉——现代文学名作细读之三》，李美皆的《陈思和〈雷雨〉细读之细读》，张新民的《揣之琢之，烛光洞幽——对〈雷雨〉中周朴园的精神分析》，杨朴的《〈雷雨〉周朴园与侍萍重逢一场戏的精神分析》，张汝伟的《合则为一人，分则为轮回——周冲、周萍、周朴园人物关系新辨》，王宏根、秦祖辉《从"秩序"看〈雷雨〉中周朴园的意义》，童伟民的《谈周朴园对鲁侍萍的感情》，何秋瑾的《论周朴园和鲁侍萍的爱情》，姚新霞的《论〈雷雨〉中蘩漪形象》，夏云的《蘩漪新论》，庄园的《被逼疯的知识女性——对〈雷雨〉的蘩漪进行女性主义个案分析》等。如《论语》专题，在这一环节我提供的此类文章有许锡良教授的《孔子是一个失败的教育家》《〈圣经〉与〈论语〉的一点对比》，徐明天先生的《孔子根本就没有什么思想和理论》《第一个讲礼义之道的不是孔子》等。

二、第二课段的"再读"环节

进入到第二课段的"再读"环节，教师提供观点有冲突的文章，就得视具体情况而定了。一般来说，可以针对全体学生普遍存在的困惑、疑难等提供这类文章；也可以针对个别学生存在的困惑、疑难等给他这个具体的人提供这类文章。也就是说，这一阶段是集体指导和个别指导相结合的，要有极强的针对性，直指问题的核心或者要害。必须指出的是，与第一课段"上网研读"环节批量推出的文章不同，第二课段"再读"环节教师提供的文章应该是精选的，最多不超过三篇，最好是一两篇就能够引起学生思考、思维、思想的冲突，进而能解决一些困惑和疑难，推动学习进程。这里举两个集体指导的例子来说明。

(1)王安石专题

学生在经过"再读"环节的学习，又认真聆听了教师的"深解"原作之后，不少学生的思维、思考就堵在这个节点上，即"王安石变法的失败，到底是外部原因造成的，还是王安石本身的人品、人格有问题"。此时，上传心理学者岳晓东写的《王安石偏执误政》一文。选用这样一篇文章，就是要给学生的思维予以刺激，造成强烈的冲击力，激发起学生进一步探究的欲望，把思考引向更深更广的领域，进而生成自己的思想。

(2)《论语》专题

即便是在聆听了教师的“深解”原作之后，在学生的心里，孔子作为我国伟大的教育家、思想家的地位仍然是难以撼动。孔子真的是伟大的教育家、思想家吗？此时，上传三篇与以往观点针锋相对而三篇当中观点又各不相同的文章：第一篇是学者李劼先生写的《孔丘的御生术》，第二篇是学者黎鸣先生写的《孔丘害死了中国的教育》，第三篇是美国学者赫伯特·芬格莱特写的《如同神圣礼仪一般的人类社群》。激发学生再次去追问：“谁说的有道理呢？”让学生在对问题的思考和追问中分析、比较、判断、推理、归纳，最后得出自己的结论。

关于孔子是否是伟大的教育家、思想家，教师还可以适时补充的几段文字：“在西方历史上，有一幅著名的油画《雅典学派》。在画上，柏拉图和他的学生亚里士多德，边走边进行激烈的争论。他们的手势一上一下，表现了他们在思想上的原则性分歧。

“在我国历史上，也有许多‘孔子讲学图’。在这些画上，孔子总是居于高台或中心位置，学生们则凝神静气，倾听着老师的点拨。

“看似同样的师生对话，却有着本质的不同。前者，师生之间是‘我—你’的关系，后者却是‘我—它’的关系。老师是把学生视为一个具有独立意识、能够自由表达的个人‘你’，还是视做一个被简单对象化了的物件‘它’？

“偏好后者，我们可以很好地维持秩序，但同时也瘫痪掉了那些对旧规则、老观点的质疑。选择前者，我们才能以包容心对待学生的异质思维，才能达致‘真理的敞亮和思想本身的实现’。”①

这样进行东西方教育行为的比较和对其本质的思考，可以让学生的思维、视野更为开阔，有利于他们作出自己的判断。

至于个别指导，如某位学生研究王安石，发现早期的王安石意气风发，奋发有为，但晚年的王安石在诗歌创作过程中却表现出消沉、颓丧的一面。真是这样吗？教师可以从一些学者研究王安石晚年生活的文字里选取一些资料供这位学生参考。

观点有冲突的文章不太好找，教师要有一个长期积累的过程。

---

① 李中凡．寻找教育独特的灵魂——写在2011年岁末的思考．人民教育，2012，(9)．

57. 专题学习，我的学生都做些什么作业？

在十年专题实践中，我的学生主要做六种作业。

一、作业一

围绕专题，学生至少阅读一本经典“原作”。如伍尔夫专题，《到灯塔去》是每个学生必读的一本书。当然，为了更好地理解作者和作品，最好能阅读《优美与疯癫：弗吉尼亚·伍尔夫传》。

二、作业二

围绕专题，学生阅读老师从网上搜集整理好的富于思维挑战性的评论或评价性文章。如“中国当代诗歌”专题，共阅读四组材料。

第一组，绪论。如吕约的《写古诗还是写现代诗——在2007鼓浪屿诗歌节上的即席演讲》，[美]庞德的《致哈莉特·芒罗的一封信》，张永义的《〈蓝色记忆的年代〉序言：水对着天空的耳朵絮语》。

第二组，雷平阳、于坚、韩东。如李少君的《细节、地方性与个人——读〈雷平阳诗选〉》，赵玉的《反诗学倾向——论于坚的诗歌创作》，刘春的《于坚：苍山之光在群峰之上》、《韩东：巨著总会完成》。

第三组：王小妮、翟永明。如徐敬亚的《我的诗人妻子王小妮》，杨远宏的《水晶的诗光——王小妮诗歌创作论》，蒋登科、姚洪伟的《〈十枝水莲〉：平凡的美丽与朴素的深刻》，陈超的《翟永明论(节选一)(节选二)》。

第四组：海子、多多、北岛。如臧棣的《海子：寻找中国诗歌的自新之路》，王家新的《海子与“幸福的闪电”》，摩罗的《海子的幸福，海子的爱》，赵勇的《纪念海子须先澄清误读》，万松浦书院网站的《专访诗人多多(节选)》，张恒彬的《梦的轻波——解读诗人北岛(节选)》。

三、作业三

围绕阅读(指“作业一”和“作业二”中文章或著作)，学生要做好“读书”笔记。具体目标是：

1. 学生能够在内容和风格熟悉的短文(2000字以内)中找到并提取明确表达的信息，如阅读一位作家的生平事迹、评价等，要从中找到并提取其重要信息；

2. 学生能够查找并提取在文章中相当明显的几条信息。如阅读他人评价一位作家(艺术家)作品特点的重要的几个方面；

3. 在熟悉主题的文章中，学生能确定并提取文章的主要观点，并且认识到支持这些主要观点的“实事”(材料)与观点之间的联系。如阅读他人评价张艺谋电影《红高粱》主题思想的文章，能确定并提取文章中表达主题思想的关键语句，找到支持这些观点的“事实”(材料)。①

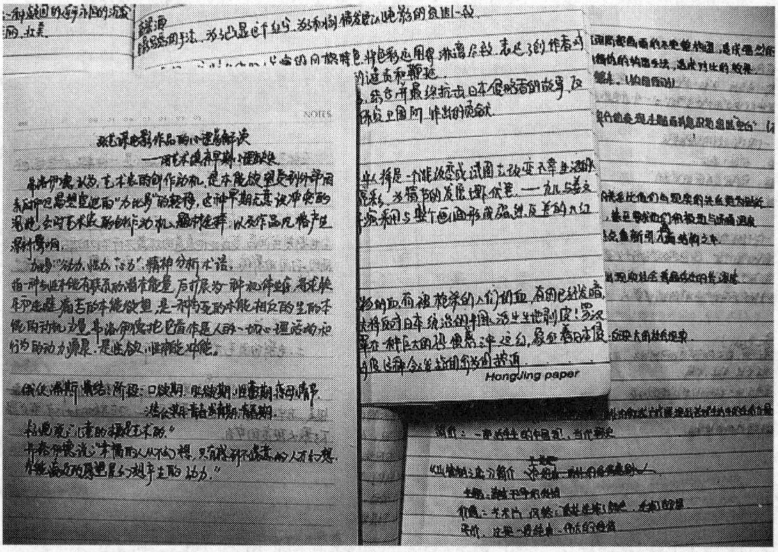

图 4-1 学生的“读书”笔记

① 需要注意的是，作业三与作业二同步进行。

四、作业四

围绕阅读（指“作业一”和“作业二”中文章或著作），学生要学会比较、分析，学会质疑或提问。具体目标是学生能够完成中等复杂程度的阅读任务，从不同的文本或者同一文本不同部分查找并提取多条信息，并使之建立起联系。如把张艺谋八部电影的资料、评价等主要（重要）信息制成表格；把中国近代史的时间、事件、人物、影响等主要（重要）信息制成表格，作比较分析。

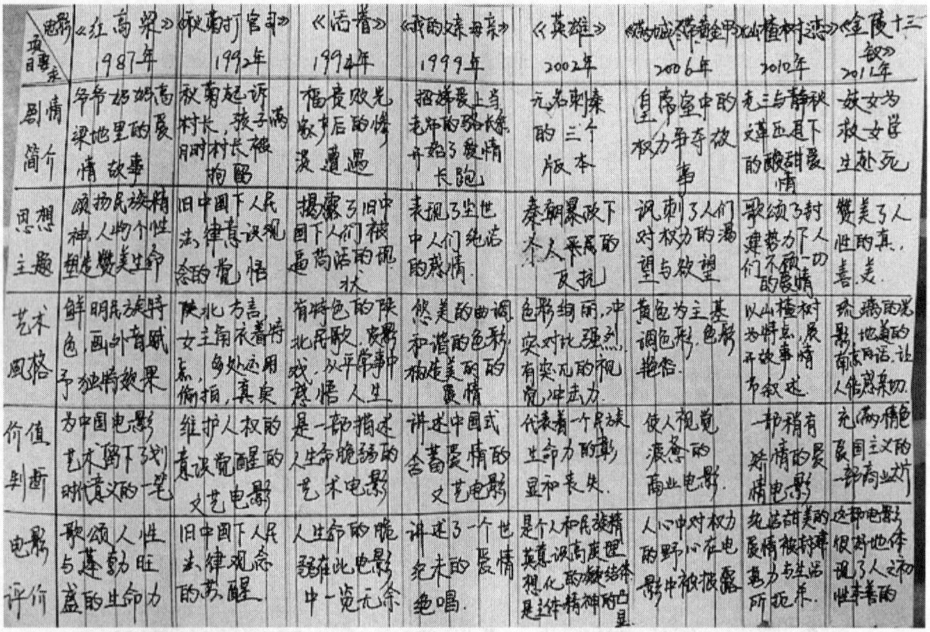

项目要求 \ 电影	《红高粱》1987年	《秋菊打官司》1992年	《活着》1994年	《我的父亲母亲》1999年	《英雄》2002年	《满城尽带黄金甲》2006年	《山楂树之恋》2010年	《金陵十三钗》2011年
剧情简介	爷爷奶奶高粱地里的爱情故事	秋菊起诉村长，孩子满月时村长被拘留	福贵败光家产后的悲惨遭遇	招娣爱上当老师的骆长余，开始了爱情长跑	无名刺秦的三个版本	皇帝室中的权力争夺故事	老三与静秋在文革下的酸甜爱情	妓女为救女学生赴死
思想主题	颂扬民族精神，人物个性塑造赞美生命	旧中国下人民法律意识观念的觉悟	揭露了旧中国下人们被逼苟活的现状	表现了尘世中人们纯洁的感情	秦朝暴政下个人采取的反抗	讽刺了人们对权力的渴望与欲望	歌颂了封建势力下人们不顾一切的爱情	赞美了人性的真、善、美
艺术风格	鲜明民族特色，画外音赋予独特效果	陕北方言，女主角衣着特点，多处运用偷拍，真实	有特色的陕北民歌，皮影戏，从平常事中感悟人生	悠美的曲调，和谐的色彩，构造美好的爱情	色彩绚丽，冲突对比强烈，有实况的视觉冲击力	黄色为主基调色彩，色彩艳俗	以山楂树为特点，展开故事情节叙述	琉璃的光影，地道的南京方话，让人倍感亲切
价值判断	为中国电影艺术留下了划时代意义的一笔	维护人权的意识觉醒的文艺电影	是一部描述人生命脆弱的艺术电影	讲述中国式含蓄爱情的文艺电影	代表着一个民族生命力的彰显和丧失	使人视觉疲惫的商业电影	一部稍有矫情的爱情电影	充满爱国主义的一部商业片
电影评价	歌颂人性与蓬勃旺盛的生命力	旧中国下人民法律观念的苏醒	人生命的脆弱在此电影中一览无余	讲述了一个世纪末的爱情绝唱	是个人和民族精英意识高度理想化的凝结体，是主体精神的凸显	人心中对权力的野心在电影中被披露	纯洁甜美的爱情被封建势力与生活所摧残	这部电影很好地体现了人之初性本善的

图 4-2　2011 届高一(16)班刘筠珂在学习张艺谋电影专题时制作的信息表

学生能完成复杂的阅读任务，发现并提取文中隐含的信息，从有细微差别的语言中建构意义，以及对文本作批判性的评价，即发现问题（提出问题），评价提出问题的优劣、高下、雅俗，或是否有价值等。如张艺谋电影专题学习到一定阶段学生上交的“问题”：

《黄金甲》中，王上发现王后和太子有关系时，为什么不立刻赐死，而是

用毒药慢慢让她痛苦而死？（电影《满城尽带黄金甲》）

《英雄》中，当剑客向秦王编出第一个故事时，秦王为何可以识破？秦王对残剑、飞雪只有一战之缘，为何能如此了解他们？（电影《英雄》）

《英雄》中的情节与中国古代历史有出入，那么《英雄》中新的历史情节会给人以一种怎样的眼光看待？（电影《英雄》）

《满城尽带黄金甲》中张艺谋以奢华的金色来大篇幅渲染画面，而这样做的价值所在是什么？（电影《满城尽带黄金甲》）

为什么小说中福贵思考问题的角度和层次与电影有相当的差距？不是都从“想活着”出发的吗？（电影《活着》）

“母亲”送饭的青花瓷碗只是单单突出了对“父亲”的爱吗？有没有其他含义（如青花表示什么，用瓷碗又是为什么）？（电影《我的父亲母亲》）

五、作业五

围绕发现的问题或提出的问题，确定研究方向（定向），选定研究主题（选题），通过访问和检索等方法，查找出满足主题的信息资料，或推断出哪些信息资料是与主题（任务）相关的，并进行打包或整理打印出来，以便于在一定时段内做进一步的思考与研究。如《论语》专题学习，学生在定向、选题之后就要再围绕着研究方向或选定题目去阅读、搜集、整理材料等。

六、作业六

针对信息资料所表现出来的特征，能够用批判性的眼光或分析、或比较、或假设、或推断、或归纳，能整合信息，提炼观点，组织材料，进行论述，最终构思成文，完成2000多字的习作。这是最后也是最大、最重要的作业，即我们专题学习的“目的地”。

有人说，人生像旅途，不必在意目的地，重要的是沿途的风景。但我以为，虽说最好的时光在路上，但是，在专题学习的过程中，目的地和旅途应该是同样重要。

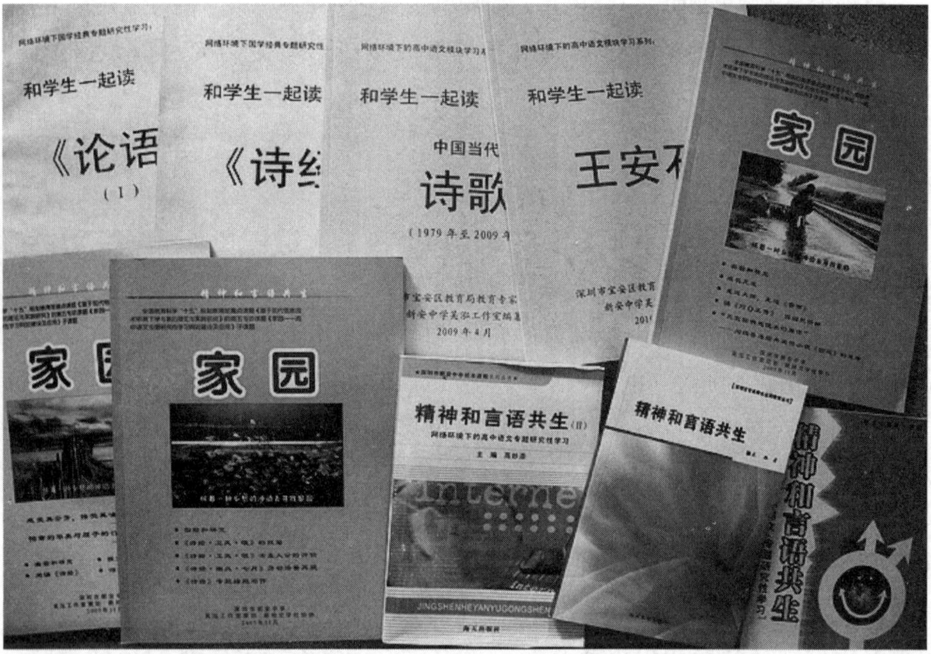

图 4-3　学生习作集和老师的教学反思录

58. 为什么我的学生不做“那些语文作业”？

我说的“那些语文作业”，就是目前在我国语文教学中大量存在着的品质低劣的教辅资料：如同步练习、考试点点通、核按钮之类，具体表现为这个文段赏析一下，那个词语品味一番；这里作者怎样描写景物，那里作者怎样刻画人物；这里用什么排比、比喻，那里用什么表现手法；写一篇不少于 800 字的作文，等等，就是在知识细部与标准答案之间重复演练，一磨再磨。

决定“不做”主要从以下两方面来考量。

(1)从主体论、课程论和实践论的角度及关系上看。

蒙台梭利的“儿童吸收性心智”理论认为，儿童具有一种下意识的、不自觉的感受能力与特殊鉴别能力，他们“利用周围的一切塑造了自己”。换言之，儿童能够通过与周围环境(人和事物)的密切接触和情感联系而获得各种谨严的知识，从而形成个性和一定的行为模式。为此，蒙台梭利要求教育工作者和教育机构必须为儿童提供尽可能丰富的精神食粮，供儿童吸收。

既然如此，我们就没有必要将自己的意志强加于学生，压制他们的本性，造成其心理的混乱。我们需要做的就是为学生尽可能提供丰富的精神粮食供他们吸收，让他们觉得自主学习、自我探究就像“探险”或“寻宝”一样，是一件有趣的有诱惑力的事。也是我常打的一个比方，我所需要做的就是把学生引导到一个知识丰饶、精神丰沛的、很美好的“芳草地”，让他们主动吸取精华。为此，我为我的学生准备好了近 30 个专题学习的精神大餐，让他们自主、自愿地阅读与研究，富有挑战性地思考，自由、淋漓、痛快地表达。而不是整日在做“一课一练”所谓的语文同步练习。

(2)从人的一生语言发展的各个阶段来看。

人的一生的语言发展是有阶段性的，因此，人的语言教育也应该有阶段性。出生后半年至 1 岁左右为喃语阶段；从 1 岁左右开始说话，进入单词句阶段；大约 1 岁半以后进入双词句阶段；大约在 2 岁半以后进入实词句阶段；大约 5 岁左右进入成人句阶段。[①]

进入小学阶段就属于正规的学校教育，就要体现出学校语言教育的高度——即进行正式的“书面语言”教育。例如识字和写字。识字应引入“文字学”知识，学习规范的汉字知识，领悟生动活泼的汉字文化；写字应引入书法知识，既避免写错字，又可以练好字，还可以得到汉字书法文化的熏染。阅读则可以分成两条线，一条是符合儿童或少年心理特征的国学经典诵读，侧重于民族语言的积累和民族文化的熏陶；另一条则是符合儿童或少年心理特征的主题式阅读和写作，侧重于现代语文的运用以及情感、态度、价值观的最基础的培育，可大量引入中国现当代作家和外国作家的文学和科普作品。这一阶段学习的评价应该是多元的、宽松的、自由的，重在语言的记忆和积累，重在尊重和保护儿童的兴趣和好奇心，重在培养儿童体验式、探究式的阅读和表达。

进入初中，语言教育的主要任务是规范不同文体类型的语言表达。具体来说就是“实用类文章”、“文学类文章”和“论述类文章”的语言运用都必须规

---

① 张明红．学前儿童语言教育．上海：华东师范大学出版社，2006：7.

范。初中三年“文学类文章”可贯穿始终，“实用类文章”可在前半段完成，“论述类文章”可在后半段完成。体验式、探究式的阅读和表达始终是能力培养的重点。

进入高中，就进行专题学习。它以文史哲政经等经典著作为经线；以评价、论述文史哲政经等经典著作的评论性文章为纬线；以专题研究性学习的形式培养学生体验式、探究式的阅读能力和表达能力。在具体学习语言的时候，即在阅读教学和写作教学的时候，我们就应该关注他们语言表达的准确性，逻辑思维的严密性，以期达到言语表达时的严谨、缜密和滴水不漏。总之，高中语文课的主要任务是让学生学会运用语言来进行缜密且富于批判性的思考，为高等院校、为未来社会培养出多元化、具备创新精神的全面的人才，而不是整日去做那些费时耗力的对提高这一阶段语言能力没有实际意义的所谓优化设计的“练习册”。这也是为什么我的学生不做那些语文练习的根本原因。

专题学习就是这样——打破对“大一统”、“小一统”教材的迷信，把现行教材连同其伴生物——五花八门的教辅资料搁置起来，去做“有用”、有“大用”的语文学习。

第五辑

“不要烦，不要放弃，不要敷衍”

我认为高中语文的写作应该有更高的要求，这也是我的学生一直以来专门写论文式习作的原因。试想，一个能跑五千米的人，跑个一千八百有何难哉？而事实也证明，学生在这一阶段的智力水平完全能够胜任此任。当然，这对学生和教师来说，都是异常艰辛困苦的过程。

59. 专题学习的第三课段，教师怎样开设“定向、选题”课？

当专题学习进入到第三课段的时候，学生的思想会逐渐地生长，问题(论题)也会逐步地形成。但这些思想或问题有很多是不清晰、不明确的，或问题纠结，或思想紊乱等。此时，就有必要开设一节或者几节“定向、选题”课。

第一，要求学生在课前把自己的定向、选题上报给语文课代表，教师在指定的网络学习平台上公布。表 5-1 呈现王安石专题部分定向、选题。

表 5-1　王安石专题部分学生的定向、选题

学生	定向	选　题
李友林		如何成就一名伟大的改革家——浅谈王安石变法
蔡燕虹		论王安石变法必然失败
曾晓丹		生不逢时的王安石
颜宏业	从王安石变法论其个人品行或从其作品中分析其变法	王安石的功与过
黄绮蔓	王安石变法之败	
林　驹	王安石的政治理想	
张　翼	改革或变法是否能成功的取决因素	由王安石变法浅谈我国的重要改革
朱　珠	王安石的性格和日常作风与改革的关系	
乔　艳	由王安石变法看“社会转型之难”	
张　炜	王安石变法失败原因与变法成效	
叶海锐		文人相轻亦相惜 ——论王安石与苏轼的友谊

第二，告诉学生，这一阶段学习的主要环节有思想生长、结构赋形(开课时要重点解释)、开笔定调、写作、师生交换意见、修改、完成习作、上交等；并且强调这些环节基本上是循序递进的，但有时候环节之间也会同步或

交叉发生，你中有我，我中有你。在这一阶段开设“定向、选题”课的目的是使学生的思想更清晰，问题更明确，从而更好地完成专题论文(习作)的写作。

第三，确定“定向、选题”课所采用的参与形式。从课的形态上看，这种课的开设，就是让学生依次说出自己在定向、选题方面的思考以及写作上的大体思路，以听取教师、同学的意见或建议，与大家平等交流，相互借鉴和启迪。一般来说，采用的是自由、自主参与，相互讨论的形式，即学生不需要举手等老师点名就能够发言。但如果是刚开始进行这样的讨论，学生还不习惯或不适应，就要求按座位号1、2、3、4那样依次发言。在进行的过程中，要促使学生一个个地发言且避免打断他人的发言。课堂上，更多的是学生自己组织、主动参与、控制问题(论题)、相互评价观点等。

第四，明确教师的角色定位。教师要位于学生小组讨论之外，其功能主要是侧面式地辅佐、支持或帮助。其教学行为包括：(1)帮助学生理清思路、思想，澄清问题、观点(这是最重要的)；(2)促使学生说明原因或举出例证；(3)示范如何清晰地提出问题、明确观点以及进行有效地阐述或证明；(4)对明显存在的、严重阻碍论文(习作)写作顺利完成的问题(如多位同学选择同样一个内容的问题，就有可能意味着“同题撞车”)，要及时给出意见或建议。教师的教学时机一般发生在讨论中和讨论后的总结。

第五，采取问题澄清的、有效的论证策略。论证策略是一种在生生、师生之间反复发生的对话模式，在讨论过程中具有发展社会性和开发智慧的功能。论证策略所采用的语言形式，在教师方面常常表现如：“某某同学，你的观点表述不太清晰，能不能重新组织语言，准确地表达自己的观点？”“某某同学，你的观点的主要依据是……”“除了支持观点的这两条证据，还有没有别的证据来支撑你的观点呢？”“你觉得与你相反的观点的存在，会不会对你观点的确立构成冲突或者颠覆你提出的观点呢？”等等。

讨论过程中，师生之间有效的论证策略如果在课堂里得到正向的良性的传递，那么，师生之间的对话模式就会成为示范，就会在生生之间发生积极的影响和作用，即这样的对话，在以后的专题学习中，其使用频率会越来越高。

第六，我常常在“定向、选题”课的最后让学生记下这四句话：

(1)集中。学习别人是怎么“集中”的，你要学会突破一点。即口子小，挖掘深。

(2)有据。学习别人是怎么“有据”的，你要学会用事实说话，用事例来证明。

(3)讲理。学习别人是怎么“讲理”的，你要学会分析，并层层剥绎；不要不分析就发感慨。

(4)深入浅出。学习别人是怎么“深入浅出”的，你要学会内容深刻，在这个基础上说“自己的话”，让人爱看或者爱听、易懂。

总之，开设这样的课主要还是为了“课后”。学生依次说出自己在定向、选题方面的思考以及写作上的大体思路之后，要完成一篇2000多字的专题习作，还得有一段极其“漫长”、极其艰苦的路要走。

60. 教师怎样开设写作指导课?

写作指导课一般分两类：一类是教师主导型的指导课，另一类是学生主体型的讨论课。

教师主导型的指导课主要是讲习作“结构赋形”的方法、知识等。

所谓“结构赋形”，就是给自己写作的文章赋予一个结构形式。浅层次来说，是给自己的文章寻找到一个外在的“躯壳”；深层次来说，是理清自己发现问题、提出问题、分析问题(什么问题先谈、什么问题后谈，分而析之)、得出结论的内在的逻辑顺序。怎样帮助学生完成专题写作，“结构赋形”可谓至关重要，特别是对第一次做专题学习的学生而言，如在《诗经》专题学习的第三课段，有学生提出：“我有了一个问题和想法，我要用一个什么样的形式来写呢?”针对学生问题，我选择一两篇名家的文本作示范，专门开设一节这样的课。当然，第一次专题习作要求也不要太高，长得有点像“思辨性”的论文亦可。

这里，主要说说以学生为主体的讨论课。以“中国当代诗歌”专题为例。

师生共同讨论王家新写的《海子与“幸福的闪电”》一文。该文属于创造式“诗评”。创造式“诗评”，除了针对诗歌的一些现象或“事件”，即从外部事物去发现问题、进行探究论证之外，还有一种就是从诗歌、诗人本身，即内部的意象和诗人的人生际遇去挖掘隐喻在诗歌当中的思想内涵，王家新的这篇文章就属后一种形式，也是高一学生比较容易掌握的一种表现形式。课堂上部分讨论如下：

吴丹柔：我认为，在评价一首诗时要准确抓住它内在的意象及核心词语，并对其进行剖析。“幸福的闪电”这个意象，很多读者忽视了，但作者却很准确地抓住它并由此展开分析。

庄　扬：作者先提出问题，再从“闪电”这个事物的本质和形象说明“闪电”这个意象的合理性，并通过引用其他著名诗人的诗和神话来证明作者的说法。最后联系作者，对“闪电”这个意象的含义进行总结。这需要对作者诗歌和生平的更多了解，需要大量阅读。

吴敏玲：我主要分析了文章的结构。首先，文章先从表层的理解入手，引导读者从现象到本质的探索，然后提出问题，接着对其中的一个意象从实到虚地进行挖掘，并回答问题，找到“幸福的闪电”这个突破点，由此转入全诗的分析，是经典的圆环型结构，值得借鉴。

李友林：我认为这篇文章最大的特点是作者抓住了温暖的诗句进行了广度和深度上的挖掘。深度上的挖掘主要体现在作者对海子生平的叙述，如描述海子精神生活和现实生活的矛盾，从这个方面表现海子为什么能写出这么好的诗。广度上的挖掘是，作者引用了大量古今中外的名人的诗句，寻找它们的共性来对海子的诗歌进行解读，促进读者更深刻的了解。

陈柏全：我觉得这篇文章给我最深刻的印象是，作者很会抓住诗歌中的细节，比如“幸福的闪电”、“我只愿”、“从明天起”。甚至对失踪的某些词语进行琢磨，而领悟出这些特殊的意象所表达出来的深刻含义，如“房子”意味着灵魂的居所，“大海”则是陆地的结束，这些体会必须是在阅读了大量有关海子的诗、文章后才能表达出来的。文章的标题是《海子与“幸福的闪电”》，纵观全文，我们不难发现文章的每一段都没有离开“幸福”这个核心。

王仙意：我认为文章有以下特点：(1)口子小挖掘深；(2)结构新颖。其整体布局为：分析闪电——分析全诗——分析“幸福”，由局部到整体，很有味道；(3)其观点有力，每一个观点都有一个论据支撑，如“闪电”这个意象，便有法国著名诗人勒内·夏尔的诗句来支撑；(4)对文章的重点词语，作者抓得极准确。如文章对“大海”、“房子”、“从明天起”、“只愿”等词的分析，十分细致。且与“幸福的闪电”有密切的关系。

……

讨论名家文章的写作思路，有利于提高学生谋篇布局的能力。

尽管在这一课段开设了写作指导课或者讨论课，可写作毕竟是一件最私人化的事情。虽然在这个过程中我会给学生做更细致的、个别化的指导，但更多的还是要求学生的自我习得。我曾这样告诉过学生，鲁迅先生的小说形式多种多样，但没有语文老师向他传授什么写作之类的知识。他在《不应该那么写》的短文里说：“凡是已有定评的大作家，他的作品，全部就说明着‘应该怎样写’……应该这么写，必须从大作家们的完成了的作品去领会。”

61. 怎样帮助学生选择适合自己写作水平及能力的写作题目？

到了“写作”环节的时候，教师如果观察到某些学生迟迟没有“动笔”，如没有做围绕着某个方向收集、整理材料，也没有确定具体的某个“选题”并且有开始写作的意向。那么，教师就得及时介入——观察学生一直在阅读哪些资料，询问学生是否对某些资料的指向感兴趣，等等。这里举2012届李海波同学的例子。

在“定向、选题、写作”课段，他一直在网上或者指定的网络学习平台上阅读，但明显感觉还没有目标，满面愁容的样子。于是我就观察他阅读的资料，并且问他：看来你对李白诗中的人物典故感兴趣？他点点头，但似乎很为难的样子——怎么下手啊？首先我肯定他的定向：李白诗中运用人物典故来表达自己的思想的例子很多很多，选择这样的论题来做文章很有意义和价值，值得去做。接着我对他说得想想办法，看从什么地方入手——首先做哪方面的工作？接着做什么工作？等等。通过与之交流，李海波同学首先收集自己阅读过的李白诗中的人物典故；接着通过网络查阅这些人物的生平事迹、思想倾向等；再接下来给这些人物进行“分类”，看李白在诗中运用这些人物典故要表达什么思想；最后才动笔写作。因为第一次做专题学习，这样的习作很不简单，很不容易，而帮助每一位学生过这“最后一关”也特别重要。专题学习就是这样——成功+成功+成功，才有持续的动力和发展。

【附】

从李白诗中人物典故看他的思想

李海波

李白，字太白，号青莲居士，唐朝伟大的浪漫主义诗人。他留下了九百多首诗歌，其中很多诗歌中大量引用了人物典故，这其中一定表达了某些特别的意义，如思想、心情、抱负等。下面，就这一点我来简单地研究一下。

根据我的统计，李白诗中大约出现了五类人物，分析如下：

一、贤臣良将

李白诗中引用了大量此类人物，反映了他对仕途的渴望或失意。其中《行路难》就直接反映了这一点："金樽清酒斗十千，玉盘珍羞直万钱。停杯投箸不能食，拔剑四顾心茫然。欲渡黄河冰塞川，将登太行雪满山。闲来垂钓碧溪上，忽复乘舟梦日边。行路难！行路难！多歧路，今安在？长风破浪会有时，直挂云帆济沧海。"(《行路难》)这首诗创作于"赐金还山"以后。从"仰天大笑出门去，我辈岂是蓬蒿人"的豪言壮语到"大道如青天，我独不得出"的苦闷抑郁，诗人从"草芥平民"一跃成为"翰林学士"、而后又被"赐金还山"的遭遇，不免想起了吕尚垂钓于磻溪而遇文王终成霸业，伊尹五次到商汤那里，终于帮助商汤平定天下。这就表达了他对明君知己的渴望与仕途失意的堪忧。看似苦恼的情绪，最后却又发出了"长风破浪会有时，直挂云帆济沧海"的呐喊。这都体现了诗人在政治道路上遭遇艰难时产生的不可抑制的激愤情绪；但他并未因此而放弃远大的政治理想，仍盼着总有一天也会像吕尚、伊尹一样施展自己的抱负，表现了他对人生前途乐观豪迈的气概，充满了积极浪漫主义的情调。

二、贞隐之士

李白一生受到多种思想影响，其中最为明显的是儒家和道家。在仕途失意时，诗人通过贞隐之士的事迹来不断鼓励自己。

李白很崇尚严光的"志意修则骄富贵，道义重则轻王公"这种精神。"松柏本孤直，难为桃李颜。昭昭严子陵，垂钓沧波间。身将客星隐，心与浮云闲。长揖万乘君，还归富春山。清风洒六合，邈然不可攀。使我长叹息，冥栖岩石间。"(《古风五十九首其十二》)这首诗抒发对严光的仰慕之情，中间六句称赞严子陵虽然得遇而依然坚持归隐富春山，垂钓沧波之间的高风亮节。最后两句则表达李白愿意追随严光，归隐山林的愿望。这都表达了李白渴望摆脱世俗的牵绊，隐居山林的愿望。

李白还写了谢安、陶渊明。谢安在仕途取得一定成就后功成身退隐居山林中，陶渊明则不满官场中的勾心斗角而隐居。李白以谢安功业自期，仿效其高卧东山、悠游山林的生活方式。“安石泛溟渤，独啸长风还。逸韵动海上，高情出人间。灵异可并迹，澹然与世闲。我来五松下，置酒穷跻攀。征古绝遗老，因名五松山。五松何清幽，胜境美沃洲。萧飒鸣洞壑，终年风雨秋。响入百泉去，听如三峡流。剪竹扫天花，且从傲吏游。龙堂若可憩，吾欲归精修。”(《与南陵常赞府游五松山》)诗中开篇运用了谢安泛海的典故，表现了李白清心寡欲和与世无争。而陶渊明“不为五斗米折腰”的精神则被李白极赏，“安能摧眉折腰事权贵，使我不得开心颜！”(《梦游天姥吟留别》)表现了诗人的傲气和不屈，其中当然也流露着对权贵的蔑视，他和陶潜不为五斗米折腰的操守是一脉相承的，表明了不事权贵、追求自由的傲岸精神。

三、游侠群体

李白诗中出现的侠客有鲁仲连、荆轲、剧孟、朱家、朱亥等，这几乎形成了一个群体。其中李白写鲁仲连、荆轲、剧孟最为频繁。“谁道泰山高，下却鲁连节。谁云秦军众，摧却鲁连舌。独立天地间，清风洒兰雪。”(《别鲁颂》)以鲁仲连功成不受奖赏自比，是李白诗中常有的格调。

李白推崇鲁仲连不仅因为他有济世的才能，还在于他不为权贵低头，保持了人格的独立。其实他也是希望自己能保持人格的独立。

荆轲刺杀秦王失败后，他杀生成仁、舍生取义的精神让李白极为钦佩。“袖中赵匕首，买自徐夫人。玉匣闭霜雪，经燕复历秦。其事竟不捷，沦落归沙尘。持此愿投赠，与君同急难。荆卿一去后，壮士多摧残。长号易水上，为我扬波澜。凿井当及泉，张帆当济川。廉夫唯重义，骏马不劳鞭。人生贵相知，何必金与钱？”(《赠友人·其二》)这首诗作于“安史之乱”期间，李白希望志同道合的友人能一起抗敌。这也是诗人爱国精神的完美体现。

剧孟，洛阳人，西汉著名游侠，誉满诸侯。吴楚叛乱时，周亚夫由京城去河南，得剧孟，十分喜悦，认为剧孟的能力可顶一个侯国。李白经常自诩剧孟，抒发自己“心雄万夫”的气概。如“托交从剧孟，买醉入新丰。笑尽一杯酒，杀人都市中。”(《结客少年场行》)“酒后竞风采，三杯弄宝刀。杀人如剪草，剧孟同游遨。发愤去函谷，从军向临洮。叱咤经百战，匈奴尽奔逃。”(《白马篇》)

李白不仅羡慕以上三人的一生轰轰烈烈，干出一番惊天动地的大事，更为赞赏三人洒脱不羁的气质与举重若轻的风范。其实这也是李白理想中的自我形象。

四、道教仙人

道教以“道”为最高信仰，以神仙信仰为核心内容，以丹道法术为修炼途径，以得道成仙为终极目标，追求自然和谐、国家太平、社会安定、家庭和睦，相信修道积德者能够幸福快乐，长生久视。李白很早就承认了信仰道教，并受其影响。“十五游神仙，仙游未曾歇。吹笙坐松风，泛瑟窥海月。西山玉童子，使我炼金骨。欲逐黄鹤飞，相呼向蓬阙。”(《感兴八首·其五》)

诗人儿时在蜀中生活。道教创于蜀中，蜀中属于四川盆地，四川除盆地以外四周全是高山，北、西、南三面分别有秦岭、巴山、青藏高原，在地形上可视为全封闭地区，交通极为不便，同时与外界的思想文化交流也极少。“噫吁嚱，危乎高哉！蜀道之难，难于上青天。蚕丛及鱼凫，开国何茫然。尔来四万八千岁，不与秦塞通人烟。”《蜀道难》这首诗中就直接体现了这种状况。诗人一生中也周游四处，拜访道士，修炼丹药。《访戴天山道士不遇》中的“无人知所去，愁倚两三松”就写出了年少求道不遇的经历。

李白诗中出现的仙人主要有西王母、麻姑、赤练仙子、安期生等。李白有感于人生苦短，羡慕仙家的自由与永恒，常作诗表达对神仙仙界的向往，并且在想象之中与仙人遨游，或期望仙人下凡点化。如“松子栖金华，安期入蓬海。此人古之仙，羽化竟何在？浮生速流电，倏忽变光彩。天地无凋换，容颜有迁改。对酒不肯饮，含情欲谁待？”(《对酒行》)

在诗人年事已高后，这种得道成仙的愿望也就变得更加迫切了，他还在行动中表现出来。如“二室凌青天，三花含紫烟。中有蓬海客，宛疑麻姑仙。道在喧莫染，迹高想已绵。时餐金鹅蕊，屡读青苔篇。八极恣游憩，九垓长周旋。下瓢酌颍水，舞鹤来伊川。还归空山上，独拂秋霞眠。萝月挂朝镜，松风鸣夜弦。潜光隐嵩岳，炼魄栖云幄。霓裳何飘飖，凤吹转绵邈。愿同西王母，下顾东方朔。紫书倘可传，铭骨誓相学。”(《赠嵩山焦炼师》)李白听说嵩山有位女道士访道后室山，不远万里寻仙。诗中把焦炼师比作麻姑，想象她饥时就餐桂花的金鹅蕊，闲暇时每每精读青苔纸写的道书。宇宙八极恣意游憩，长在天宫九垓交际周旋。最后一句“紫书倘可传，铭骨誓相学”则表达李白学仙的坚定决心。

五、儒家圣人

孔子，名丘，字仲尼，春秋时期鲁国陬邑人，先祖为宋国贵族，春秋末期的思想家和教育家、政治家，儒家思想的创始人。他的儒家思想对后世影响极大，李白便是其中之一。“君看我才能，何似鲁仲尼。大圣犹不遇，小儒安足悲。”(《书怀赠南陵常赞府》)这首诗中，李白感慨自己对于时事国事的担忧，以及怀才不遇的苦闷。

《淮南子·秦族训》：“孔子欲行王道，东西南北，七十说而无所偶。”孔子为了天下而四处奔走，过着颠沛流离的生活。衣食居住也得不到保障。《庄子·让王》：“孔子穷于陈蔡之间，七日不火食，藜羹不糁，颜色甚惫。”《庄子·盗跖》：“再逐于鲁，削迹于卫，穷于齐，围于陈蔡，不容身于天下。”李白多次引用孔子生不逢时、不为所用的典故，如“大鹏飞兮振八裔，中天摧兮力不济。馀风激兮万世，游扶桑兮挂石袂。后人得之传此，仲尼亡兮谁为出涕?”(《临路歌》)大鹏的老去说明诗人年事已高即将归去，李白为实现政治抱负，追求一生却无果，感到悲哀。李白将孔子当作知己，认为只有他才能理解自己。但知己不在，世上还有谁像孔子痛哭麒麟那样为大鹏的夭折而流泪呢?其实这也直接体现了李白感叹难觅知音而痛苦绝望。

这五类人物在不同时段里都对李白产生了影响。失意时，以他们为目标激励自己；得意时，便积极仿效他们实现自己“安社稷，济苍生”的理想和抱负。从引用人物里可以看出李白思想在“百家”思想中杂糅穿梭——儒家、道教、游侠、纵横等。这也许是其奋其一生实现理想，却落得“大鹏飞兮振八裔，中天摧兮力不济”的结果吧。诗仙的陨落也许与这有着重大的关系吧!

(参考资料略)

62. 怎样帮助学生选题、选材，克服写作上的畏难情绪？

尽管在这个课段开设有写作指导课，但真正要学生写出一篇 2000 字以上，具有“思辨性”特征的专题习作，难度还是很大的，特别是对第一次做专题学习的学生来说。那么，怎样帮助学生选题、选材，克服写作上的畏难情绪呢？

首先，还是做思想工作。

我常和学生讲起两位名人。

一位是贾樟柯。山西汾阳人，著名导演，中国第六代导演代表人物之一。毕业于北京电影学院文学系。1995 年拍摄第一部 57 分钟的短片《小山回家》得了香港映像节的大奖。其后的电影故乡三部曲《小武》《站台》《任逍遥》非常出色。2006 年凭借《三峡好人》荣获威尼斯国际电影节金狮奖及洛杉矶影评人协会奖最佳外语片奖，2010 年，洛迦诺国际电影节授予他终身成就金豹奖，成为有史以来获此殊荣最年轻的电影人。

另一位是陈丹青。当代最具影响力的艺术家、作家、文艺评论家、学者。1970 年至 1977 年辗转赣南、苏北农村插队落户，其间自习绘画，是当时颇有名气的“知青画家”。1978 年考入中央美术学院。1980 年轰动艺术界的《西藏组画》，被公认为具有划时代意义的经典之作。绘画之余，出版文学著作十余部。2004 年被评为“影响中国的五十位公共知识分子”。

陈丹青在一篇文章里写到过他们都曾有“沦丧”的可能，但他们最终都自己拯救了自己。陈丹青这样说道：“我记得贾樟柯在一部电影的花絮中接受采访，他说，他在荒败的小县城混时，有很多机会沦落，变成坏孩子，毁了自己。这是诚实的自白。我在知青岁月中也有太多机会沦丧，破罐子破摔。刚才有年轻人问：‘谁能救救我们？’我的回答可能会让年轻人不舒服：这是奴才的思维。永远不要等着谁来救我们。每个人应该自己救自己，从小救起来。什么叫做救自己呢？以我的理解，就是忠实自己的感觉，认真做每一件事，不要烦，不要放弃，不要敷衍。哪怕写文章时标点符号弄清楚，不要有错别字……这就是我所谓的自己救自己。我们都得一步一步救自己，我靠的是一笔一笔地画画，贾樟柯靠的是一寸一寸的胶片。”①

“一笔一笔地画画”、“一寸一寸的胶片”，什么意思？就是说人是一点一点地进步的，一步一个脚印。所以我们做专题学习，也是一步一个脚印，一点一点地进步的。学生要背下当中的一句话：“不要烦，不要放弃，不要敷衍。哪怕写文章时标点符号弄清楚，不要有错别字——这就是我所谓的自己救自己。”并时常提醒自己。

其次，用前几届学生的习作做示范。

如新一届学生做《诗经》专题时，就用上一届或上几届学生写的这一专题学习的优秀习作做示范。新一届学生做鲁迅专题，就用上一届或上几届学生写的这一专题学习的优秀习作做示范。因为这些习作是同龄人写的，是熟悉的人写的，就更容易激发起学生的写作热情，克服写作上的畏难情绪，消除写作上的畏惧心理。

我还会重复孟子的一句话：“彼人也，吾人也，彼能为之，吾胡不能为之？”以激励他们战胜自我的雄心。

63. 怎样帮助学生集中突破一点，找到小而好的“口子”？

这可从标题拟定和开头点题两方面分别举例来谈。（注：例子均来自于学生习作）

一、从标题拟定看

好题文一半。标题要直接锁定“写谁”或“写什么”，你就不会“旁逸斜出”或“东一榔头西一棍子”。换言之，标题直接呈现出你要论述的对象，这样最

① 陈丹青．贾樟柯，和他们不一样的动物．见贾樟柯．贾想1996—2008：贾樟柯电影手记·序言．北京：北京大学出版社，2009：14.

直截了当。

如张翼同学的标题为《由狗看社会——我看鲁迅笔下的狗》，其习作开头如下：

巴金先生在他的《永远不能忘记的事情》中对鲁迅这样评价："他的垂老不变的青年的热情，到死不屈的战士的精神，将和他的深湛的著作永留人间。"确实如此，鲁迅，他不仅是20世纪初伟大的思想家，就站在新世纪的前沿，他仍然无法逾越。在此，我谈也谈不好鲁迅的伟大之处，**我只浅谈我所认识到的鲁迅笔下的狗，以及由狗看当时的社会。**

王仙意同学的标题《鲁贵——欢喜的奴才》，其习作开头如下：

在《雷雨》中，**鲁贵是周公馆的仆人**。对于他的形象，曹禺先生这样写道："他的身体较胖，面部肌肉宽驰地不肯动，但是总能很卑贱的谄笑着。他很懂事，尤其是很懂礼节。他的背略微有点驼，似乎永远欠着身子向他的主人答应着'是'。"

"卑贱"、"懂事"、"懂礼节"，这就是鲁贵的仆人形象。考虑到在当时那个依然充斥着封建伦理纲常思想的时代，仆人只是奴才的另一个表达形式，我把鲁贵归为奴才一类，而这就成为了我对鲁贵的第一印象——"奴才形象"。

在接下来的思考和再次阅读中，**我对鲁贵的"奴才形象"有了新的补充。我以为鲁贵不仅仅是奴才，而且还是"欢喜的奴才"，这是我对他的第二印象。下面就由我来对我的第二印象进行阐述。**

二、从开头点题看

白居易说："首句标其目。"李涂在《文章精义》里也说："文字起句发意最好。"好的开头，要一下子让读者了解你的论题或论点，以及论题或论点的由来。因为是研究性习作，下面两例在文章开头都呈现出同学们较为详尽的思考过程。

朱珠同学的《真爱，不应该被怀疑——谈周萍与四凤之感情》开头部分：

《雷雨》中的三段感情是这场戏剧中最揪人心的，分别是周朴园与梅侍萍之感情、周萍与蘩漪之感情、周萍与四凤之感情。这三段感情扑朔迷离，却又因果相连。先是周朴园与梅侍萍的爱情，才会有周萍这个爱的结晶；正是梅侍萍的被迫离开，蘩漪嫁入周家，才会有周萍与蘩漪这违反伦理的爱；而又正是周萍这违反伦理的爱，才会促使周萍与四凤相识、相知、相恋。

周朴园与梅侍萍确实存在过爱情，这个我不多说。也许有人会问，周萍与蘩漪存在过爱情吗？我认为是存在过的，即使这段感情的保鲜期很短。那么也许又有人问，周冲与四凤有爱情吗？不，他们没有爱情，一直以来都是周冲一厢情愿。那么，在这里我最想谈的，就是周萍与四凤的爱情。

我翻阅了很多关于周萍与四凤的文章，发现大多数的都认为，周萍对四凤的感情，只是一种能让他饮鸩止渴的方式。而四凤，就是周萍在他的萎靡生活中，用来麻醉意识，带来短暂快乐的“酒”。她于周萍就像是一种精神上的支柱，一根用来解脱自己的稻草。但是，我却认为，**周萍对四凤的爱，是实实在在、全心全意对待的。**

荣文亿同学的《孔子在李白思想中的地位是至高无上吗》开头部分：

根据陈贻焮《唐代某些知识分子隐逸求仙的政治目的——兼论李白的从政思想和从政途径》、罗宗强《李杜论略——李白与杜甫政治思想之比较》、袁立权《有诗才未必有治才》、葛景春《李白思想艺术探骊·李白与儒家思想》等研究成果表明，儒家思想在李白的各类思想中，始终占据着主导地位。以葛景春为代表的更多的研究者对此进行具体论证时，又得出了四个方面的研究成果：(一)孔子在李白思想中的地位是至高无上的；(二)儒家积极进取的用世精神与安邦定国的理想主义——即入世思想，一以贯之地在李白思想中占有非常重要的地位；(三)李白对儒家思想的继承有着鲜明的选择性；(四)李白的崇儒与大唐王朝“骨子里还是以儒学为主”的时代文化精神密切相关。

陈贻焮，北京大学中国语言文学系教授，中国古代文学博士生导师，中国作家协会会员，中国唐代文学学会理事，中国韵文学会副秘书长、常务理事，中国诗学研究会副理事长、常务理事，王维研究会名誉会长。曾任《文学遗产》编委，《文学评论》编委，《中华诗词》顾问等。陈贻焮先生是一位在海内外具有广泛影响的著名文学史家，他长期从事魏晋南北朝隋唐五代文学史的研究和教学工作，在这个领域做出了重大的贡献。

罗宗强，兼任中国唐代文学学会顾问，《文学遗产》编委，中国古代文论学会顾问，新加坡国立大学中文系客座教授，云南大学、河北大学、广西师范大学兼职教授。罗宗强先生致力于研究中国文学批评史和中国古代士人心态史。1980年以来，著有《李杜论略》《隋唐五代文学思想史》《唐诗小史》《玄学与魏晋士人心态》《道家道教古文论谈片》《魏晋南北朝文学思想史》《唐诗小史》《明代后期士人心态研究》。主编《古代文学理论研究概述》、《隋唐五代文学史》(与郝世峰合作)；并在《中国社会科学》《文学评论》《文学遗产》《南开学报》等刊物发表多篇论文。可见，两位学者都是在古代文学上造诣非常高的，那么他们对李白思想的研究定是仔细周密的了。

但，孔子在李白思想中的地位真的是至高无上的吗?

总之，开篇要点题，要让人知其旨意。

64. 怎样帮助学生寻找写作的兴奋点?

进入"写作"环节，一些学生写出来的习作平淡无奇，没有吸引力。出现这种情况的主要原因，我认为是没有做好拟题的工作。题目是习作的"眼睛"，是习作者或习作本身的"兴奋点"，它能决定习作写作的角度、走向和成功概率。而拟题的关键就在于角度的"新颖"和解读的"新颖"。专题习作要借鉴、参考的资料很多，但只有"新颖"的角度和解读才能唤起读者兴奋、激动、惊诧的情感，才能满足读者追求新奇的心理，产生"我要读"的积极愿望，才能保证习作者习作的成功。

那么，怎样帮助学生寻找写作的兴奋点?这里以张琼丹同学李白专题习作的第一稿为例作说明。

评李白的《月下独酌》

花间一壶酒，独酌无相亲。
举杯邀明月，对影成三人。
月既不解饮，影徒随我身。
暂伴月将影，行乐须及春。
我歌月徘徊，我舞影零乱。
醒时同交欢，醉后各分散。
永结无情游，相期邈云汉。

这首诗是李白于天宝三年在长安写的。当年春天，贺知章请度为道士，玄宗许其还乡。李白送贺知章归越。三月，自知不为朝廷所用，上书请还山，赐金，离长安而去。此诗取名于"月下独酌"，包含李白最喜爱的两个意象，即月和酒。而二者均有孤独、不得志、愁闷之意蕴。如唐代王昌龄《送人归江夏》诗："晓夕双帆归鄂渚，愁将孤月梦中寻。"宋代苏轼《送小本禅师赴法云》诗："孤月挂空碧，是身如浮云。"可见，"月"在中国文人心中一般来说让人产生一种孤寂之感，正如神话传说中那清冷的广寒宫只能存于月亮之上。而酒，众人都知它是孤独苦闷时的慰藉之物，同时也知"举杯消愁愁更愁"的结果。李白爱"月"爱"酒"，足以看出他在尘世生活的孤寂与无可奈何。同时，在他郁郁不得志的一生中，又存在着极大的向往，这一向往同样寄寓到"月"和"酒"之中。如"俱怀逸兴壮思飞，欲上青天揽日月"。于是在这深层痛苦的推动下，产生了李白的浪漫情怀，这首《月下独酌》正是这一情怀的真实映照。

此诗的开篇"花间一壶酒"，描写的是一个十分舒适宜人的环境。在花、月、美酒的作伴下，对于李白来说，这无疑是最能把酒言欢的时刻。但是，他的笔锋一转，反使得这美酒、花丛令其心情不畅。我们都知道，爱喝酒的人一般都是不喜欢独自一人喝闷酒的。他们都愿有一两个知己陪同，边饮边聊，把自己内心堆积已久的话畅快地吐露出来。尤其在这如此美好而惬意的花间月下，更希望有亲近自己的伴侣和自己分享风景的优美和美酒的甘醇。李白在《山中与幽人对酌》中提到"两人对酌山花开，一杯一杯复一杯。"正是表达这种有志同道合的"幽人"相伴、在花间共赴醉乡的美好意愿。

"举杯邀明月，对影成三人。"邀请明月和自己的影子来与他作伴，这两句诗从陶渊明的杂诗"欲言无予和，挥杯劝孤影"中化出，都是表达孤独之人只有挥杯劝饮，自劝进酒。李白则多邀请了明月，它是李白诗歌中的常客。"小时不识月，呼作白玉盘"是李白儿童时期对月亮稚气的认识；"却下水晶帘，玲珑望秋月"则以月的玲珑衬托人之幽怨；"明月出天山，苍茫云海间"则是歌咏征人思妇的两地相思；"床前明月光，疑是地上霜"则是表达浓浓的思乡之情；"又闻子规啼月夜，愁空山"，"月衔天门晓，霜落牛渚清"则是写出月亮的超逸柔美。不难看出李白已将月当成自己的精神寄托，是自己的挚友。也就有了李白为了救起"落水"的月亮，"奉献"自己生命这样(醉后入水中捉月而死)的传说。

"月既不解饮，影徒随我身。暂伴月将影，行乐须及春。"李白虽然请出了月亮与身影作伴，可惜，月亮却远在天边，它只能挂在高高的苍穹，不能和李白同酌共饮；影子虽然近在咫尺，但也只会默默地跟随，无法进行真正的交流。此时此刻，此情此景，李白内心仍然是孤独寂寞的。虽然金门传诏，但是李白担任供奉翰林后，他与李林甫针锋相对，毫不相让：“戏万乘若僚友，视俦列如草芥”(苏轼《李太白碑阴记》)。他深深憎恶“群沙秽明珠，众草凌芳孤”的黑暗现实，“奸臣欲窃位，树党自相群”，对横行跋扈的权贵和趋炎附势的小人表示出强烈愤慨。“殷后乱天纪，楚怀亦已昏”，把批判的矛头直指天子。他决心披肝沥胆，直谏天子，横批逆鳞，提出十条勤政务本的建议，李隆基不悦，李白被“出宫思过”。他悲愤彷徨，过分高估天子的爱才之心，低估奸臣的诽谤中伤。这条理想道路竟然如此泥泞难行，“停杯投箸不能食，拔剑四顾心茫然。欲渡黄河冰塞川，将登太行雪满山……行路难！行路难！多歧路，今安在？”(《行路难》之一)。结构的巨大跳跃，突兀奇来、不可端倪的诗句间激荡着李白矛盾的内心，他靠诗歌排解郁结胸中的不平之气。他日渐消极，“且乐生前一杯酒，何须身后千载名”(《行路难》之三)，怀着无限惆怅失落和郁闷难抑的苦楚，经历了一个漫长的冬天的等待，天宝三年春，李白傲然离开长安。“赐金放返”后的李白，悲愤不平，“我本不弃世，世人自弃我”(《赠蔡山人》)。他借酒消愁，“人生得意须尽欢，莫使金樽空对月！……烹羊宰牛且为乐，会须一饮三百杯”，他一直相信，“天生我材必有用，千金散尽还复来”。在永王再三恭请下，李白从军李璘幕府。他以为自己从此走上从军报国之路，踌躇满志地为李璘出谋划策。“三川北虏乱如麻，四海南奔似永嘉。但用东山谢安石，为君谈笑静胡沙”(《永王东巡歌》其二)。以至于后来他落得个“长流夜郎”的下场。与李白有一面之交的大诗人杜甫曾经多次写诗表达他对李白的钦佩与担忧：“冠盖满京华，斯人独憔悴”(《梦李白二首》)。不过，李白即便落到了“斯人独憔悴”的地步，也是绝不会后悔、绝不向世俗低头的，他有一首《独坐敬亭山》诗这样写到：“众鸟高飞尽，孤云独去闲。相看两不厌，只有敬亭山。”即使万物都离李白而去，李白还是能够心安理得地安坐山中，修身养性，自得其趣，不肯与世俗同流合污。所以，李白劝月亮饮酒未果、与身影交流不成的时候，转念一想，能够在花间月下，饮酒作诗，远离世俗的杂念干扰，这不正是他当年醉卧长安时的梦想吗？那么就在这美好的春夜里，和天上的明月与地下的身影一起，及时行乐，不醉不休吧。但是一个“暂”，说明李白也清醒地知道，这种解脱不过是暂时的，不过，大概也许正是因为其短暂，所以更显得珍贵，不能轻易放下。

“我歌月徘徊，我舞影零乱。醒时同交欢，醉后各分散。永结无情游，相期邈云汉。”我唱歌的时候月亮在我身边徘徊，我跳舞时影子随着我一起跳舞。清醒之时，咱们尽管作乐寻欢，醉了之后，免不了要各自离散。月，我愿与你结下永远忘却世情的交游，相会在遥远的银河！“交欢”一词，显示出诗人对此的知足。的确，美酒使李白忘却人间的烦恼，明月给李白带来心灵的安慰。在这种无人相伴的“交欢”中，诗人终于沉醉了，而在沉醉之前的最后时刻，李白还意识到，只要他一醉倒，什么月亮、什么身影也都将回复到它们原先的形态，这个以他为中心的临时组合将不复存在了。不过，他并没有丝毫的灰心丧气，因为他与月亮和身影这种关系是长期稳定的。由此我们可以知道，这并不是李白第一次的月下独酌，更不会是最后一次。因为李白所选定的人生道路，在当时的情况下，是注定要与寂寞与潦倒为伴的，所以除了自己，他是没有人可以依靠的。这也是他之所以在一生中最崇拜鲁仲连这种独往独来的英雄的原因所在吧。因此他要说“月下沉吟久不归，古来相接眼中稀”，所以他只能引天上的月亮和地上的身影这些“无情”之物为一生的知己。与“无情之物”交欢，自然而然地显示出当时的世态炎凉与人情冷暖，可以想象李白当初在长安待诏翰林任上，他人对其如此恭敬；可是离开京城、身陷囹圄之际，却饱尝了世态炎凉。但是，透过这番在花间月下的独酌与独白，人们可以清楚地感到，李白仍然是历尽挫折，初衷不改。李白作为盛唐诗人的代表，所以为后人推崇备至，正是因为他诗歌中表现出来的那种与生俱来的旷达与出神入化的浪漫。乾隆皇帝也是从这一角度对《月下独酌》加以肯定的——“千古奇趣，从眼前得之。尔时情景虽复潦倒，终不胜其旷达。”

本文可能摘集各位名家作品较多，但因文学需要和自身水平问题，请见谅。

（参考资料略）

这是一篇参考了很多网上资料，然后拼凑出来的习作。平淡无奇，没有吸引力自不必说。但习作者为什么要写这样一篇习作呢？肯定有一定的原因，简单否定习作者的劳动，自不足取。于是我就问：当初为什么选定这样一首诗作为你研究写作的对象？在整个资料收集、整理乃至写作的过程中，最让你有感觉、能引发你写作欲望的“点”(兴奋点)是什么？习作者觉得这首诗写李白的“孤独感”写得最好，情感起伏跌宕，而乾隆皇帝评价这首诗也评价得特别到位。通过与学生交流，最后，把习作正标题定为“我眼中的《月下独酌》”，副标题定为“从乾隆皇帝的评价说起”。写作思路以乾隆皇帝评价这首诗的“评语”顺序来谈自己眼中的《月下独酌》。这样，第一稿中的很多资料仍然可以保留，但又有所生发，有自己独到的见解。

很多时候，习作者并不是没有“兴奋点”，而是不知道自己的“兴奋点”在哪里，教师的职能或者作用就是帮助学生去找到这个“兴奋点”，以保证学生习作的顺利完成。

65. 怎样尊重学生个性化的理解和表达？

专题学习要求学生写出具有“思辨性”思维特点的习作，其文本表达形式基本上是发现问题、提出问题、分析问题(什么问题先谈、什么问题后谈，分而析之)、得出结论这样一个逻辑顺序。但如果没有按照这种要求或者超出了这种要求，也应该得到教师的尊重甚至赞许。如《诗经》专题，有学生通过想象，采用第一人称“我”(指作者)穿越时空的形式，写出了《对氓先生的专访》一文。也有学生以第一人称“我”(指作者)和第二人称“你”(作品中女主人翁)进行对话的形式，写出了《孤独而坚强的舞步——〈氓〉中女主人公的评析》一文。

同样，学生在专题习作里的个性化理解，也应该得到教师的尊重和赞许。如做李白专题，在第二课段“深解”环节教师提问时，和学生一起讨论李白究竟有没有政治才能和政治远见，我提出的是“没有”的观点。林家豪同学在上交的习作中就不点名地反驳了我这一观点，而且这篇习作也没有严格按照“思辨性”习作表现形式来完成，而是以论述性散文的笔调来呈现，对此我不仅给予尊重，而且还大加赞许，给出了最高的评价(五颗星：★★★★★)。林家豪同学的习作见附录。

【附】

诗仙的执着：李白的政治人生

——关于李白与政治的一些论述

林家豪

众所周知，李白是中国古代诗坛的一个传奇，更是唐诗的标志性人物。可以毫不夸张地说，唐诗如果没有李白的存在，唐诗依旧是唐诗，但绝不会是如今被世界所赞叹、为之折服的唐诗。李白对唐诗乃至中华几千年文化的影响是难以估计的，也正是如此，李白当之无愧这"诗仙"的称号。令人叹息的是，李白在诗的方面取得了无与伦比的成就，而被他一生所追逐的仕途，却了无所成，更成了他无尽的痛苦与折磨。所以，在今天，我以为，我们有必要对伟大诗人李白的政治人生进行更精细的探究，力所能及地还原一个真实的李白，让更多的人了解一个传奇诗人的风雨人生。

首先，我们十分有必要谈谈李白极力追求的仕途，而且是为"帝王师"般宏远的仕途。关于追求仕途的原因，各位教授专家也是有过论述的，最为大家普遍所知的便是李白的儒家思想。在中国几千年的传统文化中，儒家思想一直居于正统地位，对社会以及文化的影响是难以估量的，而李白身处的唐朝开元盛世年间，更是中国古代极其繁荣的时期之一。当时唐朝国力雄厚，经济发达，精神与思想高度发展，身处其中的李白所受到儒家思想的影响之深，更是不言而喻了。儒家"修身齐家治国平天下"的思想主张更是深深在李白内心深处扎下了根。"济苍生，安社稷"的宏大理想更是让才能满怀、心有壮志的李白踏上了一生为追逐仕途而奔波的道路。早在青年时期，李白就已怀有"申管晏之谈，谋帝王之术"的雄才伟略和"大鹏一日同风起，抟摇直上九万里"的宏壮气魄。即使是临终之前，依旧有"大鹏飞兮振八裔，中天摧兮力不济"的豪言壮语。这些，都是与儒家所带给李白的思想是密切相关的。

除儒家思想对李白的影响外，我以为，李白对政治的执着是与中国几千年的社会传统风气分不开的。"学而优则仕"是中国古代才子的普遍想法以及实际行动，而且更是才子们实现自身理想抱负的唯一途径，像柳永、杜甫、苏轼等人也是如此(柳永是追求过仕途，参加过科举的)。深受儒家思想影响的李白，也不能免俗。甚至李白因为自身性格以及对自己才能的肯定，对于仕途道路的追求，比其他才子的目标更远大、宏伟。

说到中国传统风气，有一点对李白渴望仕途的影响是不得不提的，那就是商人在古代的地位。据众多学者探究及证明，目前我们已经基本认可了李白的商人家庭背景。也就是说，李白的家族是从商的。在古代，商人的地位与现代商人的地位是没法比的，古人给各行业排的位是“仕农工商”，由此可见当时商人地位之低。而且由于儒家思想的影响，统治者对于商人也是极其不待见的，甚至在法律上也对商人进行了诸多限制。如秦朝商人不能穿丝绸衣物；汉代商人财产申报不实，没收家产；唐朝商人不能入朝为官等。而李白，出生于商人家庭，社会地位低下，即使有钱也没用，买不回地位。受到这种观念影响的李白，渴望追求仕途，也就不难理解了。从李白的“散金三十万”便可看出李白对于金钱的不屑，视金钱如粪土。当然，李白的豪迈大方的性格也是重要原因之一。

说完了李白对于仕途追逐的原因，接下来，我和大家谈谈李白的政治才能。关于李白的政治才能，在我听到过的诸多言论中，多数专家教授基本上都认为李白是没有政治才能、没有政治远见的。我对此观点并不是十分赞同，接下来，我便和大家谈谈我的愚见。各位研究人员认为李白没有政治远见的一个重要依据，便是李白在“安史之乱”期间，接受了永王李璘的邀请，成为了永王的幕僚，卷入了皇位争夺之中，就是所谓的“站错了队”。对此，我想说的是，“站错队”不等于没有政治远见。当时社会动荡不安，一片混乱，永王的行为先不说他有没有夺位的目的，就算有，那也是很正常的。历史上，在乱世中崛起的各路英雄好汉、帝皇明君也实在不少。唐太宗李世民这样一个开启了“贞观之治”盛世王朝的皇帝亦是通过弑兄而坐上皇位的。而为我们所知的唐太宗的得力助手魏征，在皇位争夺时期他亦是在玄武门之变中被杀的皇太子李建成的幕僚。那么我们能说魏征没有政治远见吗？很明显，不能。因为在皇位的争夺中，不是说有政治远见就能看清形势的，就连胜利者也未必在当初就能肯定自己会成功吧。那我们又有什么理由因为李白做了永王的幕僚就说他没政治远见呢？

也许大家还可以说，那李白在他做翰林侍奉的时候为什么没有表现出他的政治才能呢？反而是“天子呼来不上船，自称臣是酒中仙”的狂傲之态，做出“力士脱靴”、“贵妃捧砚”这些自断后路的事呢？对于这些问题，我有一些个人观点。

首先，我认为“力士脱靴”、“贵妃捧砚”这些是纯属虚构。第一，这两件事的出处是小说家的小说和民间的野史，并不足信。第二，康震先生在《百家讲坛》就曾对这两件事的真伪进行了判断与叙述，认为是虚构的，我对此观点十分赞同。第三，史上是有高力士扶醉后的李白上船之类和谐相处的事情的（详情见范传正的《唐左拾遗翰林学士李公新墓碑》）。第四，从实际情况出发，只要不是智力低下的人士，否则是不会有人做出这些愚蠢的事，李白的性格的确豪放洒脱，但大家请注意，洒脱不代表愚蠢，就像一个有勇气的人不代表他会从 20 楼跳下。所以，我认为这两件事为虚构的。至于“天子呼来不上船”我以为此举虽有不尊之嫌，但并无大碍。为什么这么说呢？首先，李白当时做的是“翰林侍奉”，这并不是一个官职，而是类似于专门为皇帝提供娱乐的艺人，加上皇上对他欣赏，所以此举并不会导致皇上的怪罪，反而更能使皇上不禁莞尔一笑。其次，我认为李白对于这个“翰林侍奉”的职位是不满意的，而此举也是他发泄不满的途径之一。李白当时可能想，既然你只让我做一个艺人，那我就娱乐到底吧。这与宋代才子柳永的“奉旨填词”有着异曲同工之妙。最后，我更认为此举是李白的一个政治手段。唐朝以前，就有着数个宦官乱政的实例，像秦朝的赵高更是典型。而李白，连宦官也算不上，又有什么道理与资格去主动为皇上出谋划策呢？何况李白当时是皇帝面前的大红人，进出后宫面见皇上的次数估计也没哪个大臣能比。这样一个位置，就已经能让很多人嫉妒以及不放心了。要是李白真被提到了一个高位，后果可想而知，恐怕会有大量的陷害污蔑吧，而且是那种可以让他无法翻身的陷害。当时李白没有政治根基，赏识他的贺知章也没什么说话权了，导致了李白没有坚定的政治盟友。就像李白在《蜀道难》里写道：“所守或匪亲，化为狼与豺。”“如果盟友不是坚定可靠的，就有可能变为狼与豺一样凶横的敌人。”如此之下，李白做出这样一个姿态也就可以理解了，毕竟“赐金放还”比永不翻身还是好很多的。从这些分析看来，李白还是具有政治才能的。

其实，能侧面折射出李白有政治才能的例子还有很多，例如我们都知道李白向《长短经》的作者赵蕤学习过纵横术，而且时间还不短。纵横家的诸多思想就是教人为人处事之谋略的。而李白，学了那么久的纵横术，会一点东西也学不到吗？很显然，以李白的天赋绝不会如此，就算不能成为赵蕤那样的大师，但要小有成就，还是没问题的。再如，李白的夜郎流放也是十分让人不得其解的。当时的李白已经被解救出来，照理说应该不至于会被再判流放夜郎这种重罚。说有人陷害李白或皇上对李白有成见，那是不现实的，不然李白估计放都放不出来。再者，夜郎流放对于李白来说，真的是重罚吗？古代经常可以看到这样的事——大赦天下。是的，在古代，皇帝登基或有什么喜庆之事时，常会以大赦天下来提升朝廷的威望。李白熟读诗书，会不知道这种历史现象吗？当时是知道的。所以，我们有理由认为甚至相信，李白是故意找关系让自己得到这个罪名的。为什么要这么干？很简单，罚才能抵过，否则难免以后会有人借此生事。其实李白的很多诗歌都对当时形势有所描述，像“朝避猛虎，夕避长蛇。磨牙吮血，杀人如麻。”不就是对当时官场的描绘吗？“总为浮云能蔽日”不也把当时天下的大势一语总括了吗？甚至于李白连安禄山谋反都有早于常人的察觉，这些难道是巧合？都不能说明什么吗？

李白的仕途是失败的，其中的诸多原因我们不得而知。但他的仕途失败却为我们中华文化造就了无与伦比的成功，成就了中华历史上的“诗仙”。这是我们为之感叹与崇尚的。

最后，也许有人会不同意我的观点，但其实也没什么，毕竟谁也无法知道当时的详细，我们错过了一个与伟大诗人同行的时代。所以我们只好也只能通过自己的推测判断去尽可能地还原一个真实的李白。这实在很重要。

此文仅为个人观点，请勿吐槽，谢谢。

（参考资料略）

66. 怎样帮助学生走出思想认识的泥沼或者误区？

很多学生在“定向、选题”环节，对自己研究的方向都会有一个大体的确定，但具体选择一个什么论题，推断出一个什么结论，是非常不明确或者不清晰的。如高一学生倪松圳做李白专题，进入到学习的后半阶段，发现王安石对李白诗歌创作有一句非常著名的评价，同时也发现两人都是自己时代伟大的诗人，都有着远大的政治理想和抱负，为此，锁定李白和王安石作为自己的研究方向，但从其选择的论题和结论来看，就显得非常混乱。

首先，以“两代伟人的命运交错”为正标题，“两代伟人”的论断没有问题，从虚实两方来说，都不存在“命运交错”的问题。

其次，以“王安石和李白相似人生的部分论述与王安石对李白的评价”为副标题，王安石与李白的人生确实有“相似”处，但以此为“论题”这相似部分可以得出怎样的结论呢？是浪漫主义李白和现实主义王安石，都有着远大的政治抱负和理想，但结局很不一样，还是他们都是当时最伟大的诗人？这样的结论价值何在？新意何在？

第三，这副标题中还有另一个“论题”，那就是“王安石对李白的评价”。这样的多重论题，作者有可能论述时顾此失彼，或彼此纠结，从习作中可以看到，作者对这另一“论题”显然没有论述。总之是论题交错，思想混乱，以作者当时的文字驾驭能力及理解水平是无法得出自己的正确结论的。请看倪松圳同学的第一稿。

两代伟人的命运交错

——王安石和李白相似人生的部分论述与王安石对李白的评价

倪松圳

李白，盛唐时期伟大的浪漫主义诗人。王安石，北宋时期著名诗人。虽然是两个不同时代的人，但无论是“诗仙”李白，还是“文公”王安石，都是华夏文学史上的巨人，都是时代的精英，都是中华的伟人，我不禁想到一句诗——“江山代有才人出，各领风骚数百年”，这句并不华丽的诗句却可以说是概括了这两代伟人的华丽人生。

李白是哪里人姑且不谈，他少有逸才，志气宏放，飘然有超世之心却是不可争论的事实。父亲李客，据说是任城尉，不论官职的大小，也是朝廷的官员了。李白年轻的时候与鲁中诸生孔巢父、韩沔、裴政、张叔明、陶沔等隐居在徂徕山，酣歌纵酒，过着陶渊明那样逃离世俗的神仙生活，时号“竹溪六逸”。而王安石出生于临江郡(今江西樟树)，巧的是他也生活在地方官家庭，也自幼聪颖，读书过目不忘。不同的是他没有选择像李白年轻时期那样“晋陶渊明独爱菊”的隐世生活，而是从小随父官游南北各地，增加社会阅历，开阔眼界，他目睹了人民生活的艰辛，对宋王朝“积贫”、“积弱”的局面有了一定的感性认识，青年时期便立下了“矫世变俗”之志。

李白生在开元盛世的唐朝，这是一个好时代，这是一个英才辈出的时代，也是科举考试刚刚完善的时代，唐太宗就曾说“有了科举考试，天下英雄就尽在我掌握之中了”。

玄宗的开元盛世，更盛于太宗的贞观之治，这是中国唐朝，不，应该说是历代王朝中极其少见的鼎盛时期。

李隆基呢，之前刚刚与太平公主联手发动“唐隆政变”，把想要成为第二个武则天的韦后赐了死，之后被其父李旦禅位成为名符其实的“天子”。手握乾坤，掌控天地，赐死太平公主，亲贤远佞，大力改革，这才使社会一片安定，思想开放，人民幸福。李白正出生于那个时代，也有着“济世为民”的豪情，李白自称“凉武昭王”“九世孙”，如果按照这个说法，李白与李唐诸王实际上同宗，应是唐太宗李世民的同辈族弟，辈分还远远高于李隆基。

我不知道李白他是否真的是皇朝宗室，我也不知道李白是否继承了李氏家族的优良血统，我只知道李白也想为李氏天下出一份力。也许是他灵魂深处的豪情，所以他不愿意就这么隐居一辈子，他不用三顾茅庐，他主动不再隐居，他开始了仕途的追求，开始了他充满悲情色彩的人生。

而王安石生在“三冗”时期的北宋，当时三足鼎立，西有西夏，北有契丹，宋王朝随时处于危险之中。而北宋皇帝宋神宗，算是宋朝为数不多的明君之一了，有抱负，有作为，也懂得赏识人才，力排众议任用王安石为相。虽然王安石受到司马光、苏轼等人的排挤，后来甚至被下放。但从某种意义来说，他成功了，他的变法为北宋后来的强盛奠定了基础。他也是悲剧的，他的变法失败成为后来某些人诋毁他“乱国”的最好证据。

李白一辈子没当上官，除了那个不算官的“翰林待诏”，到“大鹏落海”也没有实现他的宏图壮志，而王安石受到神宗重用，变法图强，收复五州，拓地二千余。李白一辈子没当什么官，但王安石却基本实现了他的志向，总不能说是玄宗昏庸无能吧。这么看来，李白确是政治才能远远不如王安石，或者说他可能没什么政治之才，也许玄宗就是看出了这一点吧，不过，这也为后来李白诗文境界的再升华提供了条件。塞翁失马，焉知非福，凡事都具有两面性，也是玄宗的不用李白，让文学史上有了一个神奇的蝴蝶效应。

在诗歌方面，李白承上启下，将唐代诗歌推到顶峰，对唐代诗歌以及后代影响深远。王安石诗歌则重炼意，又重修辞，在用事、造语、炼字等方面煞费苦心，既新奇工巧又含蓄深婉，主要载体是其晚期雅丽精绝的绝句。其长处是下字工，用事切，对偶精；其短处在于作诗主意求工，主意之过流为议论，好求工而伤于巧，故“王荆公体”有深婉不迫处，也有生硬奇崛处。这既体现了宋诗风貌的部分特征，又有向唐诗复归的倾向，可谓既有唐音，又有宋调，对宋诗的发展影响较大。这么看来，李白在诗歌文学方面的影响是大于王安石了。不过总的来说，两人都是对中国诗歌有着重大影响的，无论是李白的“飞流直下三千尺，疑是银河落九天”，还是王安石的“春风又绿江南岸，明月何时照我还”，都被世人传颂至今，可说是脍炙人口的。

两人都是不畏权贵的人，这一点倒是完完全全的一样，李白因此被“赐金放还”，王安石则是新法改革后被贬。

李白生在王安石之前，自然不可能知道王安石后来给他的过激评论：“太白词语迅快，无疏脱处，然其识污下，诗词十句九句言妇人、酒耳。”

王安石为什么会对同样有着“济世为民”壮志的李白有着如此偏激的看法呢？总不可能是王安石哪天喝醉了酒，拿他的诗文前辈，也是中国历史上许多诗人的前辈，李白来开涮吧！何况，两人是那么的相像，为国为民为世。

如果单单只是酒的话，王安石估计也不能多说他什么，毕竟就连郦食其也是“高阳酒徒”，但是妇人的地位在中国古代可以说是极其卑贱的。古时的文人有时不好直白抒发心里的想法，只好喻物借人抒情，所以，自然常常用女子来作题材，比如用美丽的女人明喻心中的理想，更常常用怨妇表达怀才不遇的烦恼。王安石的诗风如上所说，强调文章的现实功能和社会效果，笔者认为如此，故他不喜欢李白老用妇女自比。王安石前期的诗歌，长于说理，倾向性十分鲜明，涉及许多重大而尖锐的社会问题，注意到下层人民的痛苦，替他们发出了不平之声。后期的隐居生活，带来了他诗歌创作上的变化，他流连、陶醉于山水田园中，题材内容比较狭窄，大量的写景诗、咏物诗取代了前期政治诗的位置，抒发一种闲恬的情趣。而李白的诗风洒脱，豪放激昂，又有浓重的幻想主义色彩，与王安石的注重的现实主义大相庭径。

所以总的来说，两人的经历不同，政治生涯不同，思想认识不同，才导致了王安石对李白有着“其识污下”的偏激看法。

过去的终将过去，这两代伟人都如滔滔江水一去不复返。光阴如梭，岁月蹉跎，但我依旧可惜，可惜李白，可惜他落得个“后人得之传此，仲尼亡兮谁为出涕”的结局；我也可惜王安石，可惜他为北宋鞠躬尽瘁死而后已，却也落得个“奸邪乱国，祸国殃民”的千古骂名。

（参考资料略）

怎样帮助倪松圳同学走出思想认识的泥沼或者误区呢？首先得避免论题交错，就是说，不要同时论及“命运交错”、“相似人生”和“王对李诗歌的评价”三个题目，而是收小“口子”，三选其一。其次，唐代的李白与宋代的王安石之所以“发生关系”，是因为王对李的诗歌有一句著名的评价，如果没有这句评价，我们几乎也不会把他们扯到一块“说事”，因为性情、志趣、创作、风格、人生道路等很难进行比照并从中能有所发现（当然，从性格决定命运这一点还有可比性，但意义不大）。为此，和学生商量，能不能锁定“王对李诗歌的评价”一点来做文章，谈谈自己对这样评价的看法？如果以此为论题，应怎样安排文章的写作思路，等等。请看他的第二稿。

时代不同的两位诗文巨匠

——谈谈我对王安石评价李白的看法

倪松圳

“古来圣贤皆寂寞，唯有饮者留其名。”

正如李白自己的这句诗所说，历史的长河为他这个“饮者”腾出了一席之地。可他却不知道，隔了三百年后，同是诗文天才的王安石，却在诗文上否定了他。那么，王安石究竟说了些什么呢？他又为什么这样说呢？对此，我进行了一些考察和探究。

一、王安石评价李白的内容

说到对李白的评价，自古以来大多都是赞许的，比如大诗人杜甫就给予了他极高的评价：“笔落惊风雨，诗成泣鬼神。”元代的刘埙也说：“太白以天分驱学力。”

但是，王安石却偏偏不认同这点，他在《四家诗》排名是“杜韩欧李”，把李白排在了最后，并且不给这位唐朝大诗人任何一点面子，直接指出：“太白词语迅快，无疏脱处，然其识污下，诗词十句九句言妇人、酒耳。”

说到这里，可能某些李白的粉丝要强烈抗议了：“王安石他算老几啊，他凭什么这么说李白啊？他是不是自己品行有问题啊？”

姑且不论这个评价对不对，让我们来看看王安石他是个怎样的人。

二、王安石是怎样的人

根据史料记载，王安石出生在临江郡（今江西樟树），生活在地方官家庭，按我们今天的话来说，可就是一个“官二代”。

说到“官二代”，估计许多人就会立马想到一个富家公子哥吊儿郎当，整天游手好闲，开着辆跑车四处乱窜，拼命违法，把国家当自家的样子。

但我可以肯定地告诉你，王安石不是！

王安石虽然是个“官二代”，但他并不吊儿郎当胡作非为，他从小随着父亲宦游南北各地，见识了各地百姓的疾苦之后，立下了“矫世变俗”的宏图壮志。从此他更加发奋苦读，终于考中进士，紧接着连连升官，直到“一人之下万人之上”的丞相。

当上了丞相之后，他没有被眼前暂时的安宁富贵剥夺掉自己的壮志，他进行了一场改革，震动北宋、大大影响后世的改革，也就是著名的“熙宁变法”。

他一生为国为民，世人提到他，大都会尊敬地称作“王荆公”。

这么看来，王安石不仅是个忠臣，还是个良臣，品行是不可能有问题了，所以王安石这么评价李白，绝不是因为他自己品行不端。

那么，难道李白真如他所说，就是“词语迅快，无疏脱处，然其识污下，诗词十句九句言妇人、酒耳”的这样一个人吗？

且慢，现在下结论还为时过早，让我更深一步地进行分析。

难道只有王安石一人认为李白是这样的一个人吗？

三、其他前人对李白有着相似的评价

之前我们已经说到对李白的评价，自古大多是赞许的，但是和王安石有着相同看法的还真不少！

王安石的政敌，北宋大词人苏轼的弟弟苏辙也觉得“李白诗类其人：骏发豪放，华而不实，好事喜名，而不知义理之所在”。

作了《韵语阳秋》的葛立方也在他的这本书里面写道：“杜甫诗唐朝以来一人而已，岂白所能望耶！”把李白的地位远远地抛在了杜甫之后。

这样看来，对李白持有这种看法的不只是王安石一人，而是还有不少。

接下来说说我对这句话的看法。

四、笔者对这句评价的看法

闲话不谈，以下是笔者我的分析。

1. 赞同点：“太白词语迅快，无疏脱处”

根据字典的解释，“迅快”是指“敏捷，明快”，“疏脱处”是指“疏漏，不精细的地方”，所以这句话的意思大概就是说：李白言语诗作敏捷明快，没有疏漏、不精细的地方。

对此，我进行了一点探究。

李白有一首千古名诗《将进酒》：“君不见黄河之水天上来，奔流到海不复还；君不见高堂明镜悲白发，朝如青丝暮成雪……”提笔命意，一气呵成，毫不疏漏。这首诗篇幅不算长，却五音繁会，气象不凡。它笔酣墨饱，情极悲愤而作狂放，语极豪纵而又沉着。诗篇具有震动古今的气势与力量，诗中屡用巨额数目字(“千金”、“三百杯”、“斗酒十千”、“千金裘”、“万古愁”等等)表现豪迈诗情，同时，又不给人空洞浮夸之感，其根源就在于它那充实深厚的内在感情，那潜在酒话底下、如波涛汹涌的郁怒情绪一下子敏捷明快地爆发开来，不得不说的确是“词语迅快，无疏脱处”。

能证明这一点的还有名篇《蜀道难》，全诗二百九十四字，以山川之险言蜀道之难，给人以回肠荡气之感，特别是“连峰去天不盈尺，枯松倒挂倚绝壁。飞湍瀑流争喧豗，砯崖转石万壑雷”这句话，景色急速转变，确确实实是词句时如急流迅快，时如激流凶猛。诗中诸多的画面此隐彼现，无论是山之高，水之急，河山之改观，林木之荒寂，连峰绝壁之险，皆有逼人之势，其气象之宏伟，其境界之阔大，确非他人可及，这么看来，王荆公的评价“词语迅快，无疏脱处”可以说是正确的。

再看《梦游天姥吟留别》。这是一首记梦诗，也是游仙诗。诗写梦游仙府名山，着意奇特，构思精密，意境雄伟。感慨深沉激烈，变化惝恍莫测于虚无飘渺的描述中，寄寓着生活现实。虽离奇，但不做作。内容丰富曲折，形象辉煌流丽，富有浪漫主义色彩。形式上杂言相间，兼用骚体，不受律束，体制解放。信手写来，笔随兴至，诗才横溢，堪称绝世名作。“海客谈瀛洲，烟涛微茫信难求，越人语天姥，云霞明灭或可睹。天姥连天向天横，势拔五岳掩赤城。天台四万八千丈，对此欲倒东南倾。我欲因之梦吴越，一夜飞度镜湖月。”这些诗句朗朗上口，却又带给人梦幻般的意境，难道还不足以证明太白诗作的迅快汹涌，毫无疏漏吗？

综上所述，我对王安石评“太白词语迅快，无疏脱处”是十分赞同的。

2. 不赞同点：“其识污下，诗词十句九句言妇人、酒耳”

根据笔者查译，“污下”在这里指的是“卑下，鄙陋”，这句话就是“他的思想却是鄙陋下流的，十句诗有九句不是在说妇人就是在说酒”，也就是说，王安石虽在之前夸赞李白“词语迅快”，但却是为了先扬后抑，夸完他再骂他一顿，好让他跌得更低更惨。

这话可就是非常过激了，我并不赞同。我认为李白的思想一直是高尚的，虽然太白不能免世俗之风，一生追求仕途，但这和“污下”根本扯不上一点关系，更何况，写妇人和酒就是“污下”了吗？

对此，我从两个方面进行分析。

(1)“污下——言妇人”

要说李白写的妇女诗，的确是不少。最脍炙人口的应该就是《长门怨》了，诗云：“天回北斗挂西楼，金屋无人萤火流。月光欲到长门殿，别作深宫一段愁。桂殿长愁不记春，黄金四屋起秋尘。夜悬明镜青天上，独照长门宫里人。”诗中表面上是说失宠宫妃的哀怨之情，但其实展现的，是在人间地狱的深宫中过着孤寂凄凉生活的广大宫人的悲惨景况，揭开的是冷酷的封建制度的一角，类似的诗还有《长相思》《玉阶怨》等，如此的诗，这样寓意深刻的诗，能说是“其识污下”吗？

古时的文人，他们有时不好直白抒发心里的想法，只好借物抒情，所以，常常用女子来作题材，比如用美丽的女人喻心中的理想，更常常用怨妇表达怀才不遇的烦恼，不只是李白如此，元稹在《行宫》中有：“寥落古行宫，宫花寂寞红。白头宫女在，闲坐说玄宗。”杜牧的《秋夕》、王昌龄的《闺怨》、白居易的《琵琶行》《长恨歌》，都是如此，王安石如果以此为据，说李白“思想污下”，难道那么多的大诗人全是思想下流之辈吗？这也太过荒谬了吧！

所以，我是反对这点的。

(2)“污下——言酒”

太白诗云：“举杯邀明月，对影成三人。”“兰陵美酒郁金香，玉碗盛来琥珀光。但使主人能醉客，不知何处是他乡。”“金樽清酒斗十千，玉盘珍羞直万钱。”……

王安石还总算说对了一点，大诗人李白的确特别喜好写酒。

但是，写酒就是“污下”？酒怎么了？酒有什么不好？

白居易的《问刘十九》，岑参的《戏问花门酒家翁》，值得一提的还有王维的《渭城曲》："劝君更尽一杯酒，西出阳关无故人。"王翰的《凉州词》："醉卧沙场君莫笑，古来征战几人回。"这两首诗以酒写愁，第一首是友人离别之愁，第二首是哀愁无休无止的边庭争战，况且，这两首诗都是经久不断，为世人传颂的，难道说那么多的后人，都因为"传颂'污下'酒诗"，所以其识皆为污下乎？

故笔者认为，"其识污下，诗词十句九句言妇人、酒耳"的评价是极大的错误，因为写妇人和酒就给了李白一个莫须有的罪名，真是"愈加其罪何患无辞"了。

以上是我的个人观点，如有疏漏错误之处，敬请见谅！

（倪松圳同学的第二稿共列出13条参考资料，此略）

67. 怎样帮助学生明晰自己的思考、思想和思维路径？

仍以李白专题为例。进入"选题、写作"环节，一位同学告诉我她打算写李白的"跳跃性思维"。我马上就意识到这是一个很有价值的研究方向，因为很多专家就在文章中提到过这个问题，但没有详尽论述或者论述角度不一样。于是我就问：写"李白诗歌中跳跃性思维"打算怎么写呢？她回答我：写"跳跃性思维"是怎么来的。我再问：怎么来的呢？她说：一是喝酒起的作用，二是思想矛盾冲突。我首先肯定她的思考：喝酒的人很多，李白喝酒确实与众不同，酒对李白的思维确实起到重要作用；思想是入世和出世的矛盾冲突，入世艰难又不甘出世，情感就激越动荡，变化无端。但仅仅是这两个原因吗？我让习作者继续思考。不久，我再次提问：从人生经历上看，李白与其他的诗人有什么不同？于是我上传了毛晓红《巴蜀文化对李白诗歌艺术风格的浸润》一文，并告诉学生：李白出生西域，生长巴蜀，或许对他的思想、思维会有影响吧？最后习作者确定"跳跃性思维的由来"为三个方面：(1)西域文化与巴蜀文化的影响；(2)醉态文学思维的助推；(3)出世与入世思想矛盾的带动。可谓完美。

接下来，就要和习作者聊一聊习作的思维路径了。我问：研究李白诗歌跳跃性思维的由来恐怕还得涉及到他的一些具体作品吧？习作者反应很快：写在作品中的具体表现。我再问：准备选李白的哪几首诗歌呢？习作应该赋予一个怎样的结构形式呢？一周以后，习作者上交了习作，完成了写作任务。请看谢雅淇同学的一次性成稿。

试论李白诗歌中跳跃性思维的表现及由来

谢雅淇

【引入】

有人评价他："笔落惊风雨，诗成泣鬼神。"(杜甫《寄·李十二白二十韵》)

有人评价他："诗总不离乎才也，有天才，有地才，有人才。吾于天才得李太白，于地才得杜子美，于人才得王摩诘。太白以气韵胜，子美以格律胜，摩诘以理趣胜。太白千秋逸调，子美一代规模，摩诘精大雄氏之学，句句皆合圣教。"(明·徐增)

更有人评价他："酒入豪肠，七分酿成了月光，剩下的三分啸成剑气，绣口一吐就半个盛唐。"(著名诗人、学者余光中)

他是李白，他的一生积极奋发却又潦倒坎坷。他少有大志，理想高于天。他身后留下不足千首诗歌，却是世界文学中一块璀璨的瑰宝。他的作品富有浪漫主义色彩，有强烈的不规则与跳跃性。李白的跳跃式思维，在他的诗中，流转出一缕绚烂的光辉，才更让后人理解司马承祯初遇他时的评价：有仙根，乃不凡人也。

一、李白诗歌中跳跃性思维的表现

李白的跳跃性思维，在他仅留于现世的九百多首作品中贯彻极深，最突出的便是李白离开长安，在对官场黑暗失望愤懑、抱着玄宗再次征召的希望下挥笔写下的《行路难》了。

"金樽清酒斗十千，玉盘珍馐直万钱。停杯投箸不能食，拔剑四顾心茫然。"金杯中的美酒一斗价高十千，玉盘里的佳肴则值万钱。刚刚还在饮酒行乐，品尝美味佳肴，恍然间心便茫然无序，仿佛看见了自己前路犹如"欲渡黄河冰塞川，将登太行雪满山"一般艰险，充满了崎岖阻碍。想起赐金放还，李白愤于自己满腹才华却得不到赏识，又悲于人生前路一片茫然，怎能去实现自己安社稷、济苍生的理想？李白的情感如波涛般汹涌，苦于自己一身才华却无处挥发。但李白始终是李白，他骨子里的傲气与自信让他在下一句又燃起了希望："闲来垂钓碧溪上，忽复乘舟梦日边。"瞬间又恍然穿越千年看见了吕尚、伊尹由微贱忽然得到君主重用的场景。却又在下一句发出了"行路难，行路难，多歧路，今安在"的疑问，在现实与自己积极入世的思想矛盾中，李白的情感又开始模糊，前路茫然。最后却笔锋一转，书下"长风破浪会有时，直挂云帆济沧海"的慷慨淋漓之句，从歧路彷徨的苦闷中摆脱出来。短短一首诗，李白的情感便在苦闷、开朗、对前路的茫然与摆脱歧路彷徨中激荡变化。

再看《梁甫吟》。这首诗更是布局奇特，变幻莫测："长啸梁甫吟，何时见阳春？"诗人开篇便以长啸开头，奠定了全诗的情感基调。"君不见朝歌屠叟辞棘津，八十西来钓渭滨。""君不见高阳酒徒起草中，长揖山东隆准公。"想起姜太公与郦食其的遭际，更是寄予自己的理想与抱负，坚信自己不会长期沦落，毫无作为。此诗看似扑朔迷离，上句还在回忆姜太公、郦食其的典故，下句便直奔天宫，发出"我欲攀龙见明主，雷公砰訇震天鼓"的感叹，更是有"白日不照吾精诚，杞国无事忧天倾……吴楚弄兵无剧孟，亚夫哈尔为徒劳。"十二句极尽变化之能事，忽而自负，忽而自伤，忽而自慰，诗人情感一波三折，恣肆奇横，愤懑之情在此处攀升到了极致。但李白的自信与积极乐观主义却又让他的情感再次转折，坚信阻隔只是一时，自己如干将、莫邪二剑必定不会被尘土埋没，以"张公两龙剑，神物合有时。风云感会起屠钓，大人峴屼当安之。"回应了开头"何时见阳春"这一设问。

全诗意境奇幻多姿，错落有致，看似叙述全凭情感走向，时间空间失去限制，天上人间、过去未来自由穿越，实则意脉一贯，衔接活脱，章法有序。李白的跳跃性思维，在他的诗作中成了不可缺少的一道风景线。前人评价亦颇多歧异，如"辞意错乱而无序，用事或涉妖妄"（明人朱谏《李诗辨疑》）；"此诗虽雄豪而不佳"（吴昌祺《删定唐诗解》）；"气魄驰骤，如风雨凭陵，惊起四座"（陆时雍《唐诗镜》）。可见，并非所有人都欣赏李白跳跃式的诗作风格的。更大的原由是因他们不能理解李白的个人魅力——那种极度自信又有着自卑的人格对立——便不能真正懂得。那么这种颇有歧异的跳跃性思维又是怎样形成的呢？

二、李白诗歌中跳跃性思维的由来

1．西域文化与巴蜀文化的影响

李白祖籍陇西成纪，隋末多难，华民多奔突厥，而见过李白的人形容他

“眸子炯然，哆如饿虎”，“双眸光照人”，可见李白很有可能拥有西域血统。“仰天大笑出门去，我辈岂是蓬蒿人?”(李白《南陵别儿童入京》)“天生我材必有用，千金散尽还复来。”(李白《将进酒》)相比起中原人，李白的性格则更像西域人的豪放不羁，崇尚自由。而在李白的诗中，也不乏受西域文化影响的踪迹。在脍炙人口的《关山月》中便以“明月出天山，苍茫云海间。长风几万里，吹度玉门关”来描写雄伟壮阔的西域风光；在《上云乐》中以“碧玉炅炅双目瞳，黄金拳拳两鬓红”来描述西域人奇特的外貌；在《东山吟》中，李白是“酣来自作青海舞，秋风吹落紫绮冠”。在《客中作》中，李白是“兰陵美酒郁金香，玉碗盛来琥珀光”。不仅如此，李白给儿子取名为明月奴，抛却汉人的顾忌，不在乎平阳公主是个寡妇而为女儿取名平阳，为小儿子取名颇黎。可见，李白受西域文化之影响是毋庸置疑且影响极深的。

西域人性格的豪放爽朗，西域山河的雄奇壮阔，西域文化的异域风情，都对李白的跳跃性思维产生了一定影响，构成了他思想上的不羁、精神的爽朗与思维的跳跃。

相比李白出生于碎叶城的假设，更多证据则显示李白出生于四川绵阳昌隆。作为历史上连接我国西北和西南民族迁移的大走廊，在当时也是一个各民族的聚居地，文化交融的色彩丰富多姿，也就是古人口中的巴蜀之地。巴蜀文化尤以神秘、神圣、智慧、浪漫、和谐五大特点为代表，三星堆便是巴蜀文化神秘奇幻的最典型代表。有评价“巴蜀文化绵长久远、神秘而灿烂，可坐享天成，亦可以行卒而生；可无为逍遥，更因刀剑而存。文化上兼容儒释道，以道，注川人风骨；以儒，举川人仕进；以释，去川人彷徨；进退之间，死生契阔。”可见巴蜀文化的影响深远而流长。“我欲攀龙见明主，雷公砰訇震天鼓。”(李白《梁甫吟》)“列缺霹雳，丘峦崩摧。洞天石扉，訇然中开。青冥浩荡不见底，日月照耀金银台。”(李白《梦游天姥吟留别》)“君不见黄河之水天上来，奔流到海不复回。君不见高堂明镜悲白发，朝如青丝暮成雪。”(李白《将进酒》)李白丰富的想象力与思维的跳跃力，与巴蜀文化的神秘莫测、极尽神仙鬼怪之说是分不开的。以《山海经》和古蜀历史传说为代表，便可以得知巴蜀文化的奇幻色彩。更有人评蜀人：“巴人明快，失之浅薄；蜀人从容，却含惰性；瑰宝陆离，多附鬼气；人文荟萃，最是诗人。”

由此可见，李白的思维跳跃性，与西域的豪放不羁，与巴蜀的神秘莫测，有着密不可分的关系。加之“齐有倜傥生，鲁连特高妙。”(李白《古风(其十)》)李白崇拜纵横家鲁仲连，十八岁随赵蕤学习纵横之术。纵横术，也名钩距之术，又名长短术。李白少年曾干谒游说，也是这种纵横术的体现。在今天，纵横术，是一种思维术，也就是纵向思维和横向思维的立体思维。纵向思维也就是辩证法的发展观，横向思维也就是辩证法的联系观。纵横术的运用，也在一定程度上锻炼了李白的空间思维能力，对于诗中丰富的想象力也有着推动的因素。

2. 醉态文学思维的助推

“李白斗酒诗百篇，长安市上酒家眠。天子呼来不上船，自称臣是酒中仙。”(杜甫《饮中八仙歌》)从杜甫的视角中我们可以看到，李白自诩“酒中仙”，可以说与酒结下不解之缘。

历史上也颇有实例证明酒是历代文人生活中不可缺少的一部分。如杜甫的“醉里从为客，诗成觉有神。”(《独酌成诗》)苏轼的“俯仰各有志，得酒诗自成。”(《和陶渊明〈饮酒〉》)杨万里的“一杯未尽诗已成，涌诗向天天亦惊。”(《重九后二月登万花川谷月下传觞》)李白留诗不足千首，却有四分之一的诗作涉酒，更曾以“三百六十日，日日醉如泥”(李白《赠内》)来形容自己不可一日无酒。

无论是年少游历山川的自由，还是被召入京时的得意，抑或是赐金放还时的不忿，酒始终陪伴在他身边，成就他文学上的辉煌。

“欲渡黄河冰塞川，将登太行雪满山。闲来垂钓碧溪上，忽复乘舟梦日边。”(李白《行路难》)诗人饮酒作乐，思绪一片茫然，仿佛看见了前路的阻碍重重，于是悲从中来。但刚感叹完前路迷茫，又仿佛看见了吕尚、伊尹遇得明主，从而由悲转喜，坚信自己必定不会被埋没。“行路难，行路难，多歧路，今安在?”在鄙弃官场与积极入世的思想矛盾中，李白的思绪又开始彷徨，最后却笔锋一折写下“长风破浪会有时，直挂云帆济沧海”之句。情感大起大落，意象跳跃迭出，醉态思维表现得尤为突出和深刻。

更有《将进酒》。“君不见黄河之水天上来，奔流到海不复回。君不见高堂明镜悲白发，朝如青丝暮成雪。人生得意须尽欢，莫使金樽空对月。”(李白《将进酒》)上一句还在感叹时间流逝，以河水一去不返喻生命流逝，用黄河的伟大永恒体现生命的微弱渺小，下一句便由悲转喜，嘱咐人们须及时行乐，将自己极度自信的人格与乐观主义的精神发挥得淋漓尽致。黄河奔注，大江东去，一夜白头。这空间与时间的跨度，想象的张力，思维情感的跳跃，让许多读者百思不得其解，通篇醉语，意思重叠。

这看似情感矛盾的不断重复在李白的很多名篇中，都可找到酒的身影。

也许酒是李白创作的动力源泉，饮酒催诗意，才让李白的才气情感如火山般喷发，才让他的诗作似醉非醉，才更成就了他的仙气。同时也让李白形成了一种醉态的文学思维，让他的情感达到了巅峰，在极悲与狂喜的大起大落中激烈回荡。让他如梦游在酒中仙境般，亦真亦假，让他的想象力极富浪漫主义色彩，思维随着情感的变化而变换跳跃，形成了叙述上的不规则与非逻辑性。但这正是李白诗作中的一大亮点。

李白爱酒，酒影响了他不寻常人的跳跃性思维，更影响了对他诗作评价颇多的歧异。

3. 出世与入世思想矛盾的带动

在我的眼中，李白是一个有着极度自信与极度自卑人格对立的人。他才高八斗，风姿绰约，这是他自信的由来。而他身世扑朔迷离，不得赏识，却又是他自卑的源头。他的诗作中，总是在狂喜与狂悲的情感中跌宕，从而带动了思绪的不规则与跳跃性，但也体现了他极强的自我解脱能力，能够在逆境中自我抒发，自我救赎。

唐朝是一个极其开明的时代，胡汉文化交融，宗教信仰自由。生活在这样一个时代，李白的思想也是由多方面组成的，最突出的便是他出世与入世的思想矛盾，较为明显的便是道、儒两家。

儒家思想自汉朝汉武帝刘彻“罢黜百家，独尊儒术”后，便在我国古代社会一直处于正统思想地位，对历代王朝都有着极深的影响。李白生活在这样一个社会中，自然多少也受到了儒家思想的影响。儒家思想淡薄富贵，而李白游东陵时“不逾一年，散金三十万。”(李白《长安州裴长史书》)儒家思想“事君，尽忠”，而李白一生奔波，渴望“安社稷，济苍生”。儒家有“荣亲”思想，而李白一生追求功名，更是在《赠张相镐》中写下“一生欲报主，百代期荣亲”之句。可见，儒家思想是贯彻李白一生的。

道家是春秋战国时期诸子百家中最重要的思想学派之一。汉武帝刘彻提出“罢黜百家，独尊儒术”的思想后，也提出了遵循道家的思想。道家在古代社会虽不为正统思想，但影响也是不可忽视的，而唐朝更是道教风靡的朝代，唐朝王室曾自称为太上老君后裔，自开国后即尊崇道教，规定道教为三教之首。“晓峰如画碧参差，藤影摇风拂槛垂。野径来多将犬伴，人间归晚带樵随。看云客倚啼猿树，洗钵僧临失鹤池。莫怪无心恋清境，已将书剑许明时。”(李白《别匡山》)“犬吠水声中，桃花带露浓。树深时见鹿，溪午不闻钟。野竹分青霭，飞泉挂碧峰。无人知所去，愁倚两三松。”(李白《访戴天山道士不遇》)李白一生写下了许多描绘大自然壮美的诗篇，年少时便游历山川，契合了道家崇尚自然的思想。如少年诵读道家作品：“五岁诵六甲，十岁观百家。”(李白《上安州裴长史书》)“仙人十五爱吹笙，学得崑丘彩凤鸣。”(李白《凤笙篇》)“十五游神仙，仙游未曾歇。”(李白《感兴八首之五》)“家本紫云山，道风未沦落。”(李白《题嵩山逸人元丹丘山居》)从他的诗篇中我们可以得知，李白的一生受道家影响是毋庸置疑的。

可李白这一生所信仰的两大宗教在思想上却有着互相对立的一面，这也便形成了李白复杂的思想。儒家的刚健、有为、进取、入世的精神表现得比较突出，道家则偏重于柔顺、无为、退守、潜隐的精神。李白便在这入世与出世间挣扎，一方面追求功名，渴望安社稷济苍生；一方面却厌恨官场黑暗，渴望追求自由，游历山川。这种两个极端的思想，正如他人格上自信与自卑的对立面一样，本不该相交，却以极高的频率出现在李白的诗中，而让李白的思想不断挣扎，情感大起大落不断地在入世与出世中跳跃，形成了他别具一格的、看似杂乱无章却结构严密的诗作。

李白，他有着极度自信与自卑的人格对立，他有着入世与出世的矛盾思想，他有着极富跳跃性、不被人理解的叙事逻辑。也许正是他这种狂放，正是他这种不拘一格的独特的人格魅力，才更吸引着我们对他的一生进行无尽的探索。

(参考资料略)

68. 学生习作只达到“感悟性”思维水平怎么办?

虽然我提出高中阶段学生思维、语言的发展变化是“由‘感悟’上升到‘思辨’，由‘思辨’上升到‘研究’”的这样一条上升曲线，但在做专题学习的时候，一些学生的“感悟性”思维能力比较强，在“感悟性”表达上比较娴熟，比较得心应手。特别是做第一个专题学习，想要学生马上从“感悟”思维上升到“思辨”思维有一定的困难。怎么办？先是接纳，再是赞许，然后分析其习作中带有“思辨”“研究”的要素，鼓励并要求学生在下一次专题学习中努力朝“思辨”“研究”方向发展。如《诗经》专题金智娟(韩国)同学的习作。

桃花依旧笑春风

——试论《桃夭》首创的以花喻人

金智娟

这一年春天，我漫步在田野间，阳光明媚，鸟语花香。咦，从哪里传来这么一阵甜丝丝的花香味？那么清新又温软，我不由得顺着这隐隐的花香快步找寻过去。几个回转，眼前豁然开朗——

好灿烂的一片桃花林！春日的阳光下，放眼望去，一片怡人的粉红花海，那么鲜嫩又娇艳，深深一口呼吸，我不由得恍惚了起来。我仿佛听到远处不时传来的笑声，银铃般的笑声。寻着笑声，朦胧间，我看见一个女子，身着喜气洋洋的新娘装，站在桃花下。哦，是她——《桃夭》里的那个女子。

“桃之夭夭，灼灼其华。”这美丽的女子就像那盛放的桃花，娇艳而纯洁。粉红色的花瓣就像她那粉红的脸庞，充满了健康的红润和青春的生命力。她穿着新嫁衣，哦，原来今天她是要出嫁了。她的身边围着许多人，都在兴高采烈地说着什么：“之子于归，宜其家室”，“之子于归，宜其家人”……

美丽的春天，娇艳的桃花，幸福的新娘，善良的人们，这三千多年前的一幕，时光流转中，今天在这片桃花林前，仿佛回到过去，置身其中。

一阵微风让我回过身来，眼前依旧是满园桃花笑春风。这才想起，原来《桃夭》是中国历史上第一次以花来比喻美女的。三千年前，唱出“桃之夭夭，灼灼其华”的这个人一定是个天才——鲁迅说过：“第一个把花比作女人的是天才。”当年的那个人，看着那美丽的新娘，可能是灵光乍现，想到了人美如花，却不知他这一句“桃之夭夭”对中国后来的文学起了怎样的作用？

自《桃夭》开了以花比喻人这一先河后，几千年来无数的文人墨客纷纷效仿。

曹植：“含词未吐，气若幽兰。”这是说女子呼吸如兰花一样幽香。

白居易：“梨花一枝春带雨。”这写出了女子哭泣时的楚楚可怜，而“芙蓉如面柳如眉”，又写出了女子精致绝伦的姣好面容。

韦庄：“暗想玉容何所似，一枝春雪冻梅花。”这里的女子高雅似梅。

李清照：“人比黄花瘦。”写出了女子的如花憔悴。

戴望舒心中的姑娘也“有着丁香一样颜色，丁香一样的芬芳，丁香一样的忧愁”。

崔护：“人面桃花相映红。”这不就是《桃夭》里的那女子吗？

平日所说的：花容月貌、闭月羞花、豆蔻年华、铿锵玫瑰……无一不是以花来比喻女子。

后世这种种源源不断的奇思妙想，都源自三千年那光芒四射的一句——“桃之夭夭，灼灼其华”。它的美、它的生命力、它的影响力如每年春日的桃花灿烂绽放。

我的点评是：习作者能转换千年时空，既是那个“美丽春天”的旁观者，又是后来的一个研究者，处理得非常自然、妥帖。文章构思新奇，材料丰富，语言优美，极具向“思辨”和“研究”发展的潜质。

在专题学习过程中，有的学生习作就只达到“感悟性”的思维水平，有的学生习作处于“感悟性”与“思辨性”之间，有的学生习作达到“思辨性”甚至“研究性”的思维水平。教师的态度应该是“各美其美”。

69. 怎样看待和处理学生习作借鉴过多的现象？

首先，我会围绕这个话题，从网络上查找一些资料，组织成文，告诉学生专题学习，特别是专题习作的写作，是离不开模仿、借鉴的。当代欧洲最核心的文学家之一、土耳其文坛巨擘费利特·奥尔罕·帕慕克说过这样一句话：“寻找自我认同，唯一的方法是通过他人的风格。”所以，从理论上讲，并不存在绝对的原创，模仿是一种起步，借鉴更是一种进步。

大家都熟悉鲁迅的《狂人日记》和《阿Q正传》，其实，这两部作品都有借鉴。鲁迅曾经说过：“旧文学衰颓时，因摄取民间文学或外国文学而起一个新的转变，这例子是常见于文学史上的。”他自己开始创作时“所仰仗的全在先前看过的百来篇外国作品”，而其中波兰作家显克微支的作品占着一席重要地位。他说："记得当时最爱看的作者，是俄国的果戈里和波兰的显克微支。"他的《狂人日记》就借鉴果戈里的《狂人日记》；我们从《胜利者巴尔代克》的主人公巴尔代克·史洛维克的精神世界的变化中，也能看到阿Q的影子。可以这样说，在中国，最早接受并学习借鉴西方现代派文学的，不是上世纪改革开放之初的王蒙、刘索拉，而是我们的文学先驱鲁迅，当然，还有郭沫若、徐志摩，等等。而有意识地学习借鉴别人，在创作上取得成功甚至一举成名的当代作家就更多，著名作家王蒙、张贤亮、韩少功、张承志、莫言、阿城、马原、王安忆，等等，他们的处女作、成名作或全国获奖之作，大都能找出借鉴模仿的痕迹。

我们喜欢纪德，但他借鉴了陀思妥耶夫斯基；我们喜欢耶利内克，但她借鉴了伯恩哈德；我们喜欢纳博科夫，但他借鉴了契诃夫；我们喜欢卡夫卡，但他借鉴了克莱斯特。牛顿说："我之所以比别人站得高，因为我站在巨人的肩膀上。"

所以，在刚刚开始起步的阶段，模仿和借鉴可能是我们现在只能面对的一个现象。

其次，我会告诉学生借鉴、模仿和剽窃(抄袭)的定义和区别，以及什么是合理的模仿和借鉴。

借鉴是对他人作品的优点或长处给予关注，仔细揣摩原作者的思维方式、创作理念和用心创意，然后撇开而不是照着原作品、去努力使自己的作品通过自己的方式达到同样、或类似的甚至更好的效果。模仿则基本不会去揣摩原作者的思维方式、创作理念和用心创意，只是希望在不侵权的情况下单纯地实现被模仿作品的主要形态和功能。创作出来的作品跟原作品雷同或大部分雷同。

剽窃(抄袭)则是完全或大部分照抄有版权保护的原作品的全部或局部内容，不以自己的方式创作，创作出来的作品跟原作品雷同(几乎没有修改)或构架形式雷同(经过修改)。如观点抄袭，即不引用别人的文献好像观点是自己的为严重抄袭；如句子抄袭，即不重新组织别人的观点，照抄原话，不加引号，即使加了参考文献也是抄袭；如过多引用别人原话，即使加了引号，三句以上也算抄袭；如句子重新组织，但是整个段落和别人的非常相似，尤其关键动词几乎一样，句子结构也一样，也算抄袭；再如除了整段照抄，以下处理后仍然属于剽窃：(1)剪除其中几句，(2)把句子顺序颠倒，(3)增加几句，(4)只改变一些动词和少量的词，但是整体结构一样。

剽窃(抄袭)是我们要明确反对的，但合理地模仿和借鉴则是我们应该理性看待的。中学生做专题学习，进行专题写作，刚开始只能是模仿，进一步才能是借鉴，最后才能够创新。

什么是合理地模仿和借鉴呢？我以为，学生觉得别人的开头或者结尾等好的部分，可以重新组合，改造；觉得别人的论述部分好，可以直接引用或间接引用并注明出处；觉得别人分析好的部分，可以模仿、借鉴、学习。可以记住一句话：重新组合就是创造。①

再次，我还会在学生每一篇上传的习作后面加上一句“说明”。即专题学习中提供的学生习作及写后反思，是学生学习期间即时上传到网上的，除了订正错别字外，编者未作其他修改，保留习作原貌。学生文章，语言稚嫩，甚至可能有些文章，借鉴太多，少年错误，在所难免，各位大家，如涉及您的文章，务请不要生气。

因为每一个人的成长和进步都会有一个学习的过程，所以对待学生习作的模仿和借鉴，我们要有一颗包容的心，心里要充满着对未来的期待。

70. 怎样帮助学生修改或重写？

必须承认，很多学生的习作并不能够一次性完成，这样，修改或重写就成了不少学生重新认识、重新发现、重新创造(包括思想、思路、文体、样式、遣词、造句等)的一个绝好的机会。要告诉学生，好文章是改出来的。要帮助学生学一个专题就写一篇习作，写一篇就得像样一篇。以王安石专题学习为例，胡彩婷同学三易其稿。下面是她的第一稿。

王安石的“狠”

胡彩婷

王安石变法(熙宁变法)，是指北宋时期，大臣王安石发动的旨在改变北

① 孤绝星辰．借鉴、模仿和剽窃(抄袭)的定义和区别[EL/OB]．天涯博客异域守护者，[2013-4-10]，http：//blog. tianya. cn/post-1445298-50342287-1. shtml，整理。

宋建国以来积弊的一场改革。在这场变法中，让我感触最深的就是王安石的“狠”，对于这一点我认为有两方面可以谈谈。

【第一个方面就是王安石在文学上的成就。】对于文学上的成就，我想是最能反映一个人的各方面。出生在一个小官吏家庭的他，少好读书，记忆力强，受到良好的教育他为了实现自己的政治理想，把文学创作和政治活动密切地联系起来，强调文学的作用首先在于为社会服务。【也因为王安石以“务为有补于世”的“适用”观点视为文学创作的根本，他的作品多揭露时弊、反映社会矛盾，具有较浓厚的政治色彩。】在解读《答司马谏议书》时，更让我深深体会到了这点。原本王安石和司马光是一对非常好的朋友，二人身上也有很多相似之处，如品德、学识、性格等，但治国理念却截然相反，耐人寻味。就因为治国理念出现不同，王安石主张走的是强势的改革，司马光主张的是渐进的改革，为此他们还争辩过多次，王安石曾说：“善理财的人，可以使民不加赋而国用足。”司马光说：“天地间物产总有一个定数，不在民便在官，你所谓的善理财只不过是盘剥百姓罢了。”最后闹到不可开交的局面，王安石与司马光分道扬镳，各自朝自己的政治抱负进发。王安石在回司马光的谏议书中，首段就说明自己的观点，将会坚决进行改革，因各种原因只能简单地回一封信，不再为自己辩解，后面还加了一句“您或许能够宽恕我吧”。【这几句话足以反映出王安石的过度自信，没有把司马光放在眼里，】更重要的是，他的“狠”话，若不仔细回味并分析这篇文章，我想是很难想到王安石的“狠”，他的文章没有一句话是多余的，不仅层次分明，还有一种递进的感觉，随即用几句客套的话结束全文。他的见识高超、论辩犀利的话语，我只能感觉到司马光读到回信时是多么激动不满。他狠狠地放下言简意赅、气势磅礴的语言，表明自己变法势在必行，没有人能够阻挡的了。【这就是王安石在文学上的“狠”，不过多地考虑别人的感受，也不听从别人的意见，不留下任何余地，也让自己没有回头路可走。】

【第二个方面就是王安石在政治上的成就。】我想很多人都赞同干大事就要狠下心，不然就干不成。【但我觉得这个“狠”是有局限性的“狠”，即在某种程度上的“狠”。首先我要肯定的是王安石的决心，他变法的目的就是在于富国强兵，借以扭转北宋积贫积弱的局势，巩固地主阶级的统治。】在王安石上述思想的指导下，变法派制订和实施了诸如农田水利、青苗、免役、均输、市易、免行钱、矿税抽分制等一系列的新法，从农业到手工业、商业，从乡村到城市，展开了广泛的社会改革。起初也得到了一定的成效。在此期间，每项新法在推行后，基本上收到了预期的效果，使豪强兼并和高利贷者的活动受到了一些限制，使中、上级官员，皇室减少了一些特权，而乡村上户地主和下户自耕农则减轻了部分差役和赋税负担，封建国家也加强了对直接生产者的统治，增加了财政收入，颇像现代的改革制度。历史上影响比较大的改革，曾有秦国的商鞅变法和北魏孝文帝改革。商鞅变法，商鞅自魏国入秦，提出了废井田、重农桑、奖军工、实行统一度量和郡县制等一整套变法求新的发展策略。经过商鞅变法，秦国的经济得到发展，军队战斗力不断加强，发展成为战国后期最富强的封建国家。北魏孝文帝改革，涉及政治、经济、文化等各个领域，范围极其广泛，内容也极为丰富，推行均田制之后，又颁布了与之相联系的三长制和租调制，还整顿吏治、迁都洛阳和实行汉制与移风易俗等。都是因为改革家在决心上的“狠”，才能够获得成功，更何况王安石的变法。著名学者梁启超曾肯定了变法，对变法的结论是“实国史上，世界史上最有名誉之社会革命”。王安石还被列宁称为11世纪中国最伟大的改革家。这些肯定，大多也得益于他的“狠”吧，从新法实施，到守旧派废罢新法，前后将近15年时间。没有这个“狠”，我想这变法早就给反动派阻止了，也没有我们后世对他如此多的舆论声。只有“狠”，才能有成功的可能性。试问，如果是一位柔弱而且意志易变的人，怎么能成功变法呢？【另一方面我就是要说他的“狠”太过了，在一个如此庞大的官僚体系下，我觉得王安石犯了一个极大的错误，那就是没有和达官贵人搞好关系，虽说作为一名宰相不应该这样做，但是从古至今，我想还是没有一个案例可以说明不用这种关系就能达到成功的目的吧？】他的傲慢与过度的自信，让他沉溺于自己的观点中，任用了一些奸臣，致使奸臣当道，却没有听到其他臣子的忠言。王安石曾坦然回答宋神宗说：“陛下认真处理政事，这就可说是防止天变了。陛下征询下面的意见，这就是照顾到舆论了；再说，人们的话也有错误的，只要我们做得合乎道理，又何必怕人议论。至于祖宗老规矩，本来就不是固定不变的。”一个变法关乎到国家的生计与存亡，外面的舆论声怎么也能反映出其中的问题，他却狠下心非按他的意愿走不可，就连他的亲朋好友也闹翻脸了，这难道不是他的“狠”过度了吗？一件事情适度的话，往往就会达到最好的目的，一旦小于或者超过的话，只能适得其反。

商鞅变法和北魏孝文帝改革也触及了阶级利益，为什么能成功，得益于他们的处理方式上较为缓和，让改革与利益相适应。王安石的变法，错误就在于过“狠”了。“狠”在于适度。

王安石在文学和政治上的“狠”，就是我对王安石的最深感触。

从第一稿括号【 】内的文字来看，习作者存在的问题是：

(1)围绕王安石的“狠”，从文学和政治两方面的“成就”来阐述，“口子”过大，而且会偏离方向；

(2)论述过程中分论点之间很“纠结”。如文学方面的例子《答司马谏议书》，实质是政治方面的。

为此，与学生交流，首先肯定其标题指向很好，很“集中”。其次要学生搞清楚：要写王安石的“狠”，想写王安石哪方面的“狠”呢？学生想了一下，说，一是王说话很“狠”的；二是王对人很“狠”的。我说，那你觉得你对王安石的这两方面是肯定的还是否定的？学生回答，既有肯定也有否定的。我继续追问，哪方面更多？学生说，否定更多一些。我说，那你就从你刚才说的两方面再写。几日之后，学生把修改稿发到我邮箱，并附上如下留言：“老师，我主要修改了第一段，而且我认为万事万物都是两方面的，只是哪方面占主要地位，所以我的第二段并没有按照老师您给我的建议修改，我还是认为改革做事上是要有度才能做好的。不过我觉得我的文章还是有很大的问题，希望老师能够指出。”

我看了学生的文稿，感觉第一个问题解决了，即围绕“狠”从两方面入手来论述。但怎么论述，学生的留言中反映出来的问题是什么？引发了我的思考。其实，对于一位政治家而言，无论是在语言上还是在对人的行为上，都是要有一股“狠”劲，按学生说的“都是两方面的”。对于原则性的、大是大非的问题，当然要用非常明确的语言表达自己的观点和立场；而在对人的行为上也是如此，但都不能过头，过犹不及。于是，我把学生改稿的第一部分的论述修改了一下，如剔除论题之外的内容，并略加分段。随后约学生再次交流。

首先，我肯定学生留言中的意见，意见中反映出学生能多方面、多角度地看问题。其次，我说，我帮你稍稍改了第一部分的内容，调整了一下段落。

为什么要这样做呢？一是这样读者阅读会更加清晰、明了。不然文章“一桶子”下来，看时很是吃力，也缺乏美感。学生同意。二是围绕观点，剔除论题之外的内容。学生应允。我说，第一部分还有缺陷，如否定的成分过多，没有反映出“想要变法成功的关键所在”，更多反映的是“变法失败的致命所在”。能不能回去再思考一下，看怎么阐述一下。至于第二部分，你参考我修改的第一部分去写。学生颇有为难。

事后我在想，每个学生的具体状况很不一样，有的学生遇到困难是愈战愈勇，有的学生是“一鼓作气，再而衰，三而竭”。像这位同学，我看出她有些气馁。我不能说重话，只是轻轻地说，再改一次，不行找同学求助。暗地里，我找了班上习作完成得比较好的同学帮助她。下面是她的第二稿。

说说王安石的“狠”

胡彩婷

王安石变法，是指北宋时期大臣王安石发动的、旨在改革北宋建国以来积弊的一场改革。在这场变法中，王安石占了重要的地位，而让我感触最深的就是王安石的“狠”。下面，我将从两方面来说说王安石的“狠”

第一，王安石在语言表达上的“狠”

我很感慨王安石在语言上的杀伤力，《答司马谏议书》是一篇书信体的驳论文。在驳论文中，王安石用言简意赅、气势磅礴的语言对以司马光为代表的保守派进行驳斥，表明了自己坚定的不可改变的变法立场，文中“不复一一自辩”，“今日当一切不事事，守前所为而已”，“不任区区向往之至”等就足以体现。

在北宋神宗时期，王安石力主变法，提出了著名的“三不足”——“天变不足畏，祖宗不足法，人言不足恤”的论断。天变、祖宗、人言都不用去理会，就这么十五个字，就可以看出犀利语言的背后的不容让步。

在一段与皇帝的对话中，我们也能够看到王安石的“狠”。“帝曰：‘闻民间殊苦新法。’安石曰：‘祈寒暑雨，民犹怨咨，此无庸恤。’帝曰：‘岂若并祈寒暑雨之怨亦无邪。’安石不悦。”就这么简短的一句“此无庸恤”和“安石不悦”，足见王安石说话没留下任何余地，也就是说，他很坚定他自己的变法，为了能成大事，“民犹怨咨”是不在话下的。

是啊，说话不“狠”的话，怎能压倒别人呢？决心不“狠”的话，也不会有宋神宗选择他的变法。所以，王安石语言上的“狠”也是他内心里“狠”，是他想要变法成功的关键所在，也是他变法失败的致命所在。

第二，王安石对“人”的“狠”

在王安石的改革上，我想很多人都赞同干大事就要狠下心，不然就干不成，但我觉得这个“狠”是有局限性的“狠”，即在某种程度上的“狠”。一方面我首先要肯定的就是王安石的决心，变法起初也得到了一定的成效，封建国家也加强了对直接生产者的统治，增加了财政收入，颇像现代的改革制度。历史上影响比较大的改革有秦国的商鞅变法和北魏孝文帝改革。商鞅自魏国入秦，经过变法，秦国的经济得到发展，发展成为战国后期最富强的封建国家。北魏孝文帝改革涉及到政治、经济、文化等各个领域，范围极其广泛，内容也极为丰富。都是因为改革家在决心上的“狠”，才能够获得成功，更何况王安石的变法。著名学者梁启超也曾肯定了王安石变法，对变法的结论是“实国史上，世界史上最有名誉之社会革命”。王安石还被列宁称为11世纪中国最伟大的改革家。这些肯定，我想大多也得益于他的“狠”吧，从新法实施，到守旧派废罢新法，前后将近15年时间，没有这个“狠”，我想这变法早就给反动派阻止，也没有我们后世对他如此多的舆论之声了。只有“狠”，才能有成功的可能性。试问，如果是一位柔弱而且意志易变的人，怎么能成功变法呢？另一方面我就是要说他的“狠”太过了。在一个如此庞大的官僚体系下，我觉得王安石犯了一个极大的错误，那就是没有和达官贵人搞好关系。虽说作为一名宰相不应该这样做，但是从古乃至今，即使在民主背景下，我想还是没有一个案例可以说明不用这种关系就能达到成功的目的吧？他的傲慢与过度的自信，让他沉溺于自己的观点中，任用了一些奸臣，致使奸臣当道，却没有听到其他臣子的忠言。王安石曾坦然回答宋神宗说：“陛下认真处理政事，这就可说是防止天变了。陛下征询下面的意见，这就是照顾到舆论了；再说，人们的话也有错误的，只要我们做的合乎道理，又何必怕人议论。至于祖宗老规矩，本来就不是固定不变的。”一个变法关乎到国家的生计与存亡，外面的舆论声怎么也能反映出其中的一些问题，他却狠下心非按他的意愿走不可，就连他的亲朋好友也闹翻脸了，这难道不是他的“狠”过度了吗？一件事情适度的话，往往就会达到最好的目的，一旦小于或者超过的话，只能适得其反。商鞅变法和北魏孝文帝改革也触及了阶级利益，为什么能成功，得益于他们的处理方式上较为缓和，让改革与利益相适应。王安石的变法，错误就在于过“狠”了。“狠”在于适度。

以上就是我对于王安石的“狠”的看法，也只有王安石才能如此的成功吧？

说话上的“狠”和做事上的“狠”，成就了独一无二的王安石。

一星期过后，学生的第三稿终于交上来了，虽说文章还存在一些不足，但已经有很大的突破。这当中，我也与学生有所交流，如询问修改进度、向其他同学求助等情况，以及这之前有同学习作写到这方面的内容可供参考，等等。习作上交上传后，胡彩婷同学如释负重，而我也和她谈到修改的必要和重要。下面看她的第三稿。

说说王安石的“狠”

胡彩婷

王安石变法，是指北宋时期大臣王安石发动的旨在改革北宋建国以来积弊的一场改革。在这场变法中，王安石占据重要的地位，而让我感触最深的就是王安石的“狠”。下面，我将从两方面来说说王安石的“狠”。

第一，王安石语言表达上的“狠”

我很感慨王安石在语言上的杀伤力。《答司马谏议书》是一篇书信体的驳论文。在驳论文中，王安石用言简意赅、气势磅礴的语言对以司马光为代表的保守派进行驳斥，表明了自己坚定的不可改变的变法立场，文中“不复一一自辩”，“今日当一切不事事，守前所为而已”，“不任区区向往之至”等就足以体现。

在北宋神宗时期，王安石力主变法，提出了著名的“三不足”——“天变不足畏，祖宗不足法，人言不足恤”的论断。天变、祖宗、人言都不用去理会，就这么十五个字里就可以看出犀利语言的背后的不容让步。

在一段与皇帝的对话中，我们也能够看到王安石的“狠”。“帝曰：‘闻民间殊苦新法。’王安石曰：‘祈寒暑雨，民犹怨咨，此无庸恤。’帝曰：‘岂若并祈寒暑雨之怨亦无邪。’安石不悦。”就这么简短的一句“此无庸恤”和“安石不悦”，足见王安石说话没留下任何余地，也就是说他很坚定他自己的变法，为了能成大事“民犹怨咨”是不在话下的。

是啊，说话不“狠”的话，怎能压倒别人呢？决心不“狠”的话，也不会有宋神宗选择他的变法。所以，王安石语言上的“狠”从某种角度看是应该的。

对于一位政治家而言，在原则性的、大是大非的问题上，一定要用非常明确的语言表达自己的观点和立场，要有一股“狠”劲，当然“狠”过头作用会适得其反。而这是他想要变法成功的其中的一个因素，也是他变法失败的原因之一。

第二，王安石对“人”的“狠”

王安石未当政前，已在《材论》中指出人材的重要性，如“夫材之用，国之栋梁也，得之则安以荣，失之则亡以辱。”然而，王安石在变法过程中，并没有完全实现自己的这种人材观。

变法之初，王安石就遭到了很多人的反对。朝廷里名义上有四名宰相，病的病了，老的老了，有的虽然不病不老，但是一听见改革就叫苦连天。王安石知道，跟这批人在一起办不了大事。经过宋神宗批准，任用了一批年轻的官员，并且设立了一个专门制定新法的机构，通过此方法就把反对他的重量级别的元老宰相赶下台。

原本“以新换旧”是一种很正常的情况，此举可以保持改革中的创新意识，是有利于改革的推进的。但问题是，王安石用人的基本标准是，同意我的就用，反对我的走人。德高望重的文彦博、欧阳修、司马光因为对变法有不同意见，都遭到了排斥，心怀叵测的吕惠卿等人极力附和变法，便成为他的亲信。这无疑是一种错误的用人标准。意见不一是改革中肯定会存在的，但是，出现这种情况未必是坏事，我们可以通过对不同意见的分析来不断改进自己的改革措施。然而，王安石似乎没有意识到这一点，他只是一味地、狠狠地将反对自己的人赶走，以这种消极的方法去减少自己改革的阻力，从长远来说，这是行不通的。因此，从这一方面来说，王安石对“人”可谓够“狠”，但却是“狠”错了。

虽然说，王安石对“人”的“狠”是“狠”错了，但为什么他的变法还是持续了15年呢？原因是，王安石对人的“狠”实际上是他做事上的“狠”的一种表现。

由于王安石对“人”的“狠”，使他的变法持续了15年；又因为他对人的“狠”出现了错误，为他15年后变法被废除埋下了一颗定时炸弹。

对于这个“狠”，我想很多人都赞同，干大事就要狠下心，不然就干不成，但我觉得这个“狠”是有度的“狠”，即在某种程度上的“狠”。

首先，我要肯定的是王安石的决心，使得北宋经济有所恢复。如同秦国的商鞅变法和北魏孝文帝改革，都是因为改革家的决心上的“狠”，才能够获得成功。作为一位政治家、改革家，只有在说话和行为上同时“狠”下去，才能有成功的机会，才不容易被外在的力量压倒。试问，如果是一位柔弱且意志易变的人，怎么能成功变法呢？“狠”下决心才能成功。

其次，我要否定的就是他的“狠”过头了，才会导致变法的最终失败。在语言上攻击别人，让他人没有退路；在做事上的独断，也让他失去了许多成功的机会。王安石能够受皇帝的重用，怎么也会想到“人”的作用有多重要吧？但他并没有任用贤人，反倒被很多奸臣蒙蔽。这样又怎能成功呢？

用政治上的语言来说，一件事情适度的话，往往就会达到最好的目的；一旦小于或者超过的话，只能适得其反。王安石的变法，错误就在于过“狠”，“狠”过了头。

好习作是改出来的。教师要帮助每一位学生的习作过关，这不仅仅是过关的问题，更是学生信心不断积累的问题。为达成此目的，教师需“一对一”反复多次地帮助学生，也可以让学力水平高的学生帮助写作有困难的学生。总之，要帮助这批学生迈过这个“坎”，给他们以成功感。

71. 专题习作批改，我为什么会采取“面谈”的形式？

传统习作批改的模式是这样的：学生上交习作，教师在学生习作边上或者后面写下红色的评语。这些评语有表扬，也指出问题或不足。待学生习作改完之后，教师会再找一节课进行讲评。然而，这种“评语＋讲评”模式是不太适合专题习作的批改的。专题习作批改所面临的问题，比起传统只写记叙文或议论文批改所面临的问题要复杂得多。

比如说标点符号的使用问题。传统习作中标点符号的使用并不复杂，逗号、句号大行其道，最多加上人物对话的冒号、引号等。专题习作写作的标点符号使用就比较复杂，单是引号就有很多讲究。如：

爱因斯坦说：“想象力比知识更重要，因为知识是有限的，而想象力概括着世界上的一切，推动着进步，并且是知识进化的源泉。”

这是完整地引用别人的话语，这些话语大多能够独立运用时，句子最后的点号应放置在引号之内。

又如：

(1)现代画家徐悲鸿笔下的马，正如有的评论家所说的那样，“神形兼备，充满生机”。

(2)“满招损，谦受益”这句格言，流传至今至少有两千年了。

这是引文只是引用部分语句，这部分语句大多不能独立运用时，会有两种情况，一种是引文最后的点号放在引号之外；另一种是引文后面不放点号。

例句(1)引文出现在语句的最后，它的末尾有点号，所以引文的最后要放点号。又由于引文是部分引用，引文不能独立运用，所以点号要放在引号之外。

例句(2)引文和它后面的词语是一个句子，中间没有停顿的必要，所以不能放任何点号。

再比如说语段语序的问题。以李白专题学生习作的一段文字为例：

有人说李白鄙弃名利，追求的是自由，寻仙访道才是他一生的理想。而有人说李白与历史上大多数文人一样，毕生所求并不是当一个诗人，是当政治家。众说纷纭，他的大量诗篇，有的表达他的寻仙访道、鄙弃名利，他在《庐山谣寄卢侍御虚舟》中说：“早服还丹无世情，琴心三叠道初成”；在《梦游天姥吟留别》中感叹：“安能摧眉折腰事权贵，使我不得开心颜”！也有的表达他的政治抱负，他多次以大鹏自比，如“大鹏一日同风起，扶摇直上九万里”(《上李邕》)；在《行路难》(其一)中：“长风破浪会有时，直挂云帆济沧海”。然而，自由还是当官，寻仙还是从政，两者只能择其一。

这段文字从李白的两个方面论述：一是求自由，二是求功名。按正常的逻辑是先出观点，再举例证。但习作者不仅语序不合逻辑，而且标点符号也存在较大的问题。修改后的文段如下：

有人说李白鄙弃名利，追求自由，寻仙访道才是他一生的理想。这有他的大量诗篇为证，在《庐山谣寄卢侍御虚舟》中他说：“早服还丹无世情，琴心三叠道初成。”在《梦游天姥吟留别》中他感叹：“安能摧眉折腰事权贵，使我不得开心颜!”然而，还有人说李白与历史上大多数文人一样，毕生所求并不是当一个诗人，而是当一个政治家。这也有他的大量诗篇为证，在《上李邕》中他以大鹏自比："大鹏一日同风起，扶摇直上九万里。"在《行路难》（其一）中他坚信："长风破浪会有时，直挂云帆济沧海。"那么，李白这一生是选择自由还是做官，是寻仙还是从政呢？

又比如说习作出现的逻辑顺序问题，那更是非得针对"这一个人"的具体习作来进行"面谈"。所谓逻辑顺序，就是按照事物或事理的内部联系或人们认识事物的过程来安排论述顺序。事物或事理的内部联系包括因果关系、层递关系、主次关系、总分关系、并列关系等；认识事物或事理的过程则是指由浅入深、由具体到抽象，由现象到本质，等等。而这些都涉及到整篇习作，而且每一位学生还会不一样，是非常私人化、个性化的事情，单靠几句"评语"和一两节课"讲评"，根本无济于事。

此外，习作中引用原文的正误、出处等问题，采取"面谈"的形式也要优于传统的批改模式。

总之，我的专题习作批改主要采取"面谈"的形式，至于说学生共同存在的问题，我偶尔也会开设一两节课来说明或者强调一下，但"面谈"还是最主要的。而在这个时候，被"面谈"的学生的心里也是最纠结的。我常常会要求他们记诵"不要烦，不要放弃，不要敷衍。哪怕写文章时标点符号弄清楚，不要有错别字"这句话。由此也可以想见，学生一篇习作的完成会有多么的不容易！

72. 怎样上习作点评课？

习作上传到指定的网络学习平台后，我会开设习作点评课。一般用一课时。

我的习作点评不是传统课堂一两篇学生"好习作"的教师讲评，而是二三十篇习作集中在一个页面，点击"链接"可以进入单篇习作页面的学生点评。点评分两种。

一、自由式点评

自由式点评是指，不指定习作的具体篇目，不规定点评的具体时间，不对点评作具体的规定或要求。从反馈的情况来看，习作能得到较多评价的，多半是学生相互之间的好友相邀。

以王安石专题为例，朱珠同学的习作及同学们点评如下。

说说王安石的宰相性格

——读王安石书信

朱　珠

自古以来，书信是最能表达、交流情感的一种文书。有些难以启齿的事情，面对面交流也许会说不出口，但在书信里却可以畅所欲言。没有人愿意把自己的书信公诸于世，因为书信中所隐藏的性格、情感是一个人最真实的性格态度。

想要了解一个人，最好的方式就是读他的书信。因此，想要探索王安石，书信(包括疏、札子)是必不可少的材料。王安石的性格、情感就浮动在文字里，如今要做的，就是捉住这些文字，把隐藏在文字中的性格“揪”出来。

都说“熙宁变法”使王安石失去了朋友与民心，其实不是变法，而是态度。范仲淹与王安石一样，变法受到保守派的层层阻碍从而导致最终失败。但是，范仲淹变法失败了，属于他的名誉还是他的，他从前的朋友都还是他的朋友，失败就失败，该怎样过日子还是怎样过日子。王安石就不同了，变法失败，他失去了名誉、民心、朋友。

王安石私下朋友不少，如司马光、苏轼，但是在朝廷上却难有真心助他之人，为何？在私下，他是一个很随便的人，只爱读书，不拘小节，这样的人自然朋友是不少。但说到在朝廷上，恐怕只有不拘小节是远远不够的，变通与圆滑是必要的。王安石有没有圆滑？有。他对皇上就是毕恭毕敬，《本朝百年无事札子》就是很好的例证，起头便是“臣以浅陋，误承圣问，迫于日晷，不敢久留，语不及悉，遂辞而退。窃惟念圣问及此，天下之福，而臣遂无一言之献，非近臣所以事君之义，故敢昧冒而粗有所陈。”结尾是“伏惟陛下幸赦而留神，则天下之福也。”说得要多谦卑就有多谦卑。这不是在贬低王安石，毕竟皇帝是皇帝，王安石是臣子，不是所有人都有李白的狂放的。

但在处理与同僚之间的关系上，王安石就失了谦卑了。《答司马谏议书》是王安石针对司马光提出的“侵官、生事、征利、拒谏、怨谤”五个罪名的逐一反驳，并批评士大夫阶层的因循守旧，表明自己坚持变法的决心。王安石与司马光原本就是好朋友，后因王安石主张改革，他们俩就渐渐谈不到一块去。且不说司马光写给王安石的书信是如何责备的，但却始终是以一个老朋友的身份去说。王安石的信的开头还是彬彬有礼的——“昨日蒙教，窃以为与君实游处相好之日久。”点明了王安石与司马光是老朋友的关系，可接下来王安石笔锋一转，态度却强硬起来：“虽欲强聒，终必不蒙见察，故略上报，不复一一自辨”，一句“终必不蒙见察”就表明了我说什么你都不会同意，那就不如不说吧！别说是老朋友，就算是萍水相逢的人，看到这一句心里也会不舒服，而当司马光读到这一句话时会作何感想也就可想而知了。就这样一句不如不说，就完全把王安石与司马光隔开了一条银河的距离。

信中，王安石针对司马光的“侵官、生事、征利、拒谏、怨谤”，一开始也不直接反驳，而是在反驳前加了一句“某则以为受命于人主”，王安石说他变法改革是皇上受命的，受皇帝之托，为皇帝效劳，其实就是谁说变法不好都不算数，只要皇帝说可以，变法就是好的。这恐怕是同僚之间最忌讳的说法，只要此话一出，对方的脸十有八九就会立即拉下来。而后的几个不为：“不为侵官”、“不为生事”、“不为征利”、“不为拒谏”，说得俱头头是道，但却锋芒过露，处处逼人。

若说王安石对支持自己的人，却也是好言相对——“同朝纷纷，公独助我，则我何憾于公。”(《答吕吉甫书》)这“爱恨”分明可以让人佩服，但是过于分明却是十分可怕。就如王安石对于政敌的“赶尽杀绝”，把与自己政见对立的人都赶出了朝廷，留下的都是自己的“心腹”。可是最后的结果就是被这心腹反咬了一口。

王安石的宰相性格如何？失之谦卑，锋芒过露，处处逼人，爱恨过于分明。这都一一体现在他的书信中。这种宰相性格是导致王安石与司马光由朋友变成政敌、在朝廷上少政友的重要原因。要知道，即使是一人之下万人之上的宰相，若得罪的人多，受这“万人”的共同排挤，这布衣丞相最终也只能变回一介布衣了。

（参考资料略）

表 5-2 对朱珠习作的自由式点评

网名	评 论	发表时间
六影	文字严谨，论点明确，例证丰富。	2010-6-17 9：42
inside	文章语言通俗易懂，从王安石的书信出发，使得文章说服力增加，行文流水般通畅，最后的结尾总结了王安石的性格，紧扣主题。	2010-6-17 9：40
huang _	文章用王安石的《答司马谏议书》，层层分析递推。然后得出王安石的个性特点，很不错！	2010-6-17 9：25
泽彬	文章主题很明确，就是研究王安石的书信，从中来看他的性格和情感；结构也很清晰，从给皇上的书信和与同僚的书信中来看王安石的态度。最后由这些挖掘出来的信息，推断他的性格特征，得出因为得罪人而受万人排挤的结论。 文章层层深入，结构清晰，值得我们学习，且通过书信来了解王安石也是个不错的创意。	2010-6-17 9：21
yh. yva	以事实说话，从第一手资料出发是本文的最大亮点，很好。从《本朝百年无事札子》和《答司马谏议书》中寻找细节，论证王安石因态度而失去一切的观点。 是的，能成为当朝宰相，除了能力之外，变通圆滑是肯定要具备的。然而当王安石掌权后，却由于他偏执的性格，而抛开一切只对皇帝一人圆滑，这是其很大的一处败笔。 想必这也是多数高官在当权后的共同的弊病吧。这也验证了那句"处得越高，摔得越重"吧。	2010-6-17 9：20
流水不腐	本文说理圆通，结尾有力，佳作！	2010-6-17 9：09

二、规定点评

教师认为某篇习作值得全体学生学习并借鉴的，要求学生在规定时间段同时阅读并作点评。以《边城》专题为例，同学们点评曾娟同学优秀习作《似水边城》，节选点评见表 5-3。

表 5-3 对曾娟习作的规定点评

网名	评论	发表时间
沉默三人组——小白	用水来贯穿全文的手段实在高明，优美灵动的语言让人耳目一新，已经达到了一定的文学火候，本人100分的佩服！	2004-3-19 13：59
哈哈恋々西瓜	从未受过高等教育的沈从文，却写出了《边城》这一伟大著作，这与他的生活是分不开的——而他的生活却是滋润在水中的——水，给了他环境，给了他灵感，给了他思想。文章也正抓住了这一奥妙之处，用水统领全文，妙！	2004-3-19 10：51
YEAR	用了三个小标题，无论从内容还是标题上都紧扣题目。以“水”来贯穿全文，语言极其简洁、准确地描绘出《边城》里的意境及其淳朴民风；后又与《边城》的作者沈从文先生联系起来，内容一环扣一环。	2004-3-19 10：50
灌水无敌组——小泓	“水和我的生命不可分，教育不可分，作品的倾向不可分。”沈从文的这个题记用得好，和后文扣得很紧！	2004-3-19 10：43
水中月	这篇文章总体读起来给人一种美感，到处渗透着一种水的灵气。语言的优美是这篇作文的一大优点，例如：“湿漉漉的小城，湿漉漉的心。这样的山温水软，养育出心如止水的人们。”“月下，草木仍然温润，某种细腻如丝的东西在夜中轻摇，吊脚楼下，波心荡漾。夜凉似水，荡漾的是小城的静谧平和。无大开大阖，无大起大落，无大喜大悲，永远含着如水的清透。”此外，每一个小标题与每一个小节的内容联系得十分紧密，扣题很好。最重要的一点就是文章有自己的思想，例如：“一翻开《边城》，我就无法不被沈从文所描绘的那幅宁静、朴素的画面吸引。一切都活在水的灵性之中。温柔的水把一切都包围住了。水就像成了这座小城的标志，至少我是这样认为的。”就好比人有灵魂，才是活的！	2004-3-19 10：28
YEAR	三段描写水的片段，紧扣着三个小标题，层层递进。	2004-3-19 10：28
灌水无敌组——FM	从实的“水”写到虚的“水”，文中的小标题应该有递进和并列的作用。	2004-3-19 10：22

【附】

似水边城

曾 娟

水和我的生命不可分，教育不可分，作品的倾向不可分。

——沈从文

一、烟波小城

一翻开《边城》，我就无法不被沈从文所描绘的那幅宁静、朴素的画面吸引。一切都活在水的灵性之中。温柔的水把一切都包围住了。水就像成了这座小城的标志，至少我是这样认为的。正如那条靠在河岸的渡船，有了这水才可以漂航；一座座吊脚楼，虽然古老破旧，但有了这水，却显得格外的柔情；溪边耸立着的白塔，在水的衬托下，显得如此高大；就连两岸的青山绿树，在水的陪伴下，更显得有生命力……

月下，草木仍然温润，某种细腻如丝的东西在夜中轻摇，吊脚楼下，波心荡漾。夜凉似水，荡漾的是小城的静谧平和。无大开大阖，无大起大落，无大喜大悲，永远含着如水的清透。它不需要城市的喧哗，不需要城市的匆忙，一切是那么的宁静，那么的悠闲。

水正像母亲的乳汁，哺育着小城的一切。不可以没有水。因为小城是水做的。

二、纯静人心

湿漉漉的小城，湿漉漉的心。这样的山温水软，养育出心如止水的人们。《边城》中充分地展示了湘西的古老民俗与人们的善良心地。“爷爷”甘于贫苦而生性达观，从不抱怨一切，只把自己大半生的精力置于“为人民服务”之上，却从不收取蝇头小利，信守天命的善良；“翠翠”与这青山绿水做伴，心灵没有一丝尘埃，乖巧伶俐，天真而不骄傲，就如湛蓝的天空下刚长出青枝翠叶的嫩竹；“两兄弟”对爱情忠诚、坚贞，在他们的心目中，爱与世俗的钱财、地位、权力毫无相干。知道自己的爱情与别人发生矛盾时，又能忍痛割爱，成人之美……

在小城中的人们之间不存在压迫，人与人之间平等、自由、各得其乐。与在繁华喧嚣的城市中的人们相比，小城人们的心灵更淳朴、善良、真实，如小城中的水一样一尘不染。

沈从文对勇敢、天真、淳朴、善良等人性的讴歌，无不像一条清澈见底的小溪从他文字的海洋中汩汩涌出。他的《边城》是对于人类智慧与美丽永远的倾心，康健诚实的赞颂。他正是通过老船夫对孙女的挚爱亲情、兄弟间的手足情，等等，去和当时社会的你争我夺、弱肉强食形成对照，去呼唤那久已失去“善浪人性”，去追求那“无悔无忧”的远古社会，去保存那“遵从古礼”的美德。

三、如水生涯

是水激发了沈从文，无论是他的作品，还是他个人。

他曾经说过：“水教给我黏合人生的平凡哀乐，并作横海扬帆的美梦，刺激我对于工作永远的渴望，以及超越普通个人功利得知，追求理想的热情洋溢。”他用自己的人生方式，去描述清新如水的小城，塑造与自然同生，心如止水的人们，意在让世人在急促的生活调子中，感受水的平静，学会如水般真诚。

但他的做法却得不到人们的认可，一把“否认”的利刀从他身上划过，让他穿透迷雾和烟云，穿透苦难和幸福。可他却说着：“我深爱这个世界，包括他的悲苦。”水滴石穿，无坚不催。水给了你执着柔韧的性格。

沈从文曾说过：“值得回忆的哀乐人事常是湿的。”或许沈从文把自己心中的哀乐人事寄托在《边城》之上，在比生活更艺术的文学上表达出来。《边城》的结尾，是悲剧，表达出他心中是隐藏的对现实社会的失望与无奈，他不能从这世界上得到什么，只有在他的作品中，才可以找到自己追求的“优美、健康、自然，而又不悖乎人性的人生形式”。他离开了家乡，离开了与他成长的沅水，无法回到从前，他只能用回忆的方式，找回他所追求的一切。

总论

无论是《边城》还是沈从文，都可以给我找到水的感觉。水给沈从文带来的影响是极大的。我深爱沈从文笔下的水，也敬佩沈从文的似水人生。善良的人们在青山绿水相伴的小城中生活着。我仿佛看到一潭清澈见底的小溪，为我倒影出自然、淳朴的世界。

73. 怎样写专题学习的反思？

上交习作后，有时还要求学生上交专题学习反思。反思分两种形式：一是对比式，一是回顾式。一般会以“回顾与感念”为题，具体要求如下：

(1)网络是如何促进我们的专题学习，改变我们的学习方式的？

(2)通过网络这样一个虚拟的环境下的专题学习，你在知识、能力、思维、思想等方面有哪些提高？

(3)要有一些自己的或者老师要求的具体的做法，要有过程性的描述。(注意：“过程性的描述”非常重要，一定要有，“回望”的内容要重过“感念”)

(4)要写自己最真实、最深切的感受，可以是收获，也可以是教训，也可以对老师提出意见或建议。

(5)字数不限，最好在400字以上，1000字以内。

一、对比式反思

对比式反思往往是在做第一个专题学习之后。如学生马勤悦就李白专题写下下面的文字。

千年的灵魂

——关于“李白专题”的反思

马勤悦

他比我老许多，多达千年。而我跨越了这样久的过去，闯进他的世界。

他是李白。在开始研究他以前，或者说，在开始专题学习之前，我一直不太明白学习语文的意义。我们被教育着，将每一篇文章分解得支离破碎，来不断研究那些破碎的部分。我将他们记忆下来，只需要在考试时，如同打印资料般，将脑海里不属于我的一切用笔水吐出，换取一个证明我记忆力强弱的分数。

后来，我进入新的学习模式。刚开始，是觉得新奇，难得有摆脱掉枯燥课堂的机会。况且，无论用电脑干什么，都能是乐此不疲的事。老师说，开始李白专题，首先是赏析。刚开始吧，我也挺认真。准备一个大本子，写了满满几页纸。虽然这和在传统课堂上差不多，但阅读量明显增加不少，多到我看不下去了。所以到后来，就不行了。玩玩电脑聊聊天，老师看不下去，偶尔点拨几句“专题学习吧，可以毁了你，也可以让你有极大收获，这完全靠自觉。有的同学啊，迟早完蛋的”。我就像犯罪时被当场抓住的小偷，被抓到也就算了，还要游街示众那种，情何以堪啊。的确，面对电脑，自制力必不可少。这不仅仅是学习，更是考验。然而，直到真正开始深层次的阅读，他才吊足了我的胃口。老师带着我们，找李白漂泊了千年的灵魂。不过了解一个人，不是容易的事。更何况，这人还活在了那么久远的过去。不仅如此，他的身体里还隐藏着无数的人格。

我们不断阅读，带着批判性的思维，不断筛选学者们的观点。当然，这比赏析要好玩得多。有些问题，诸如“纵横术”这样的新鲜词，即使文章中一语带过，我还是可以很方便地到百度一搜，懂的东西也就多了一点。由别人的文字所组成的他的世界里，我和他经过了几个月的相处，也仅仅只能探寻到他的冰山一角。你说他这人怎么那么难捉摸呢？

复杂的灵魂，包裹着正义与邪气。你说他好吧，他的确非凡。他是个天才，拥有着不需要过多解释的才能，早在幼年时就“作赋凌相如”，长大了还跑去供奉翰林三年之久。你说他坏，也说不上来，即使骨子里透着对侠士杀人豪举的崇拜。他自小就仗剑行天下，恨不得遇上自己能拔刀相助、一人扫全敌的威风事儿。不过，其实他挺弱的。在官场上遭坏人陷害了，就自个儿郁闷，郁闷了也不见有行动，最后决定还是不跟他们计较了。反正他觉得，“直挂云帆济沧海”嘛，需要他的地方多的是，不识货的就一边去。有时候，他就是个孩子。高兴时就喝酒舞剑，醉得一塌糊涂，舞得天昏地暗。不高兴了，他就举笔蘸墨，挥洒一番。是纸也好，是墙也罢，无论何处都能是他落笔之处，只要灵感突发。偏偏他还是个幸运儿。随随便便在墙上写几句诗，就遇到了美貌女子为他痴，为他千金买墙啊。还有皇帝的宠臣高力士为他脱靴等，诸如此类美事，都给他享受了。

对他而言，无论是官场的污浊，还是江湖的险恶，是自然的美好，还是人间的纠缠，所有的一切都像是一场电影。而他可以跑进去客串一番，也能跳出来观看这部电影。怎么跳出来呢？他法子多的是。他可以化作大鹏，乌瞰着“黄河之水天上来”，也可以跑出这个地球，从宇宙观望着三千尺的瀑布从银河落下。他的视野，是足以俯观天下的。

这样的灵魂，即使过了千年，依旧魅力不减当年。

二、回顾式反思

回顾式反思要求学生回顾专题学习的各个环节，写出自己在过程中的体验和感受。当然，每一次回顾要有所侧重。如中国当代诗歌专题，林琳同学是这样回顾自己这一段专题学习的(习作见附)。

决定要写王小妮后，首先，我是在网上收集了许多她的资料及她的诗歌，我希望从所找到的资料中，发现她的经历、她的性格、她的思想……进而了解她的诗歌，探索一下她写诗歌的目的及所想要表达的东西。

但这并不是一个简单的过程。关于王小妮的评论及其经历的文章并不好找，并且很杂。有网友评论的文章，也有专业人士评论的，读起来就混乱了，有一种找不着北的感觉。而我所希望找到的对于王小妮诗歌的评价就更少了，这让我读起她的诗来就显得十分艰涩。我不禁想我是不是选错了诗人。在这一段时间里基本就没什么进展，甚至对诗歌产生了排斥心理。

接下来，我把收集到的资料整理了一遍，所有的诗编在了一个文档里，评论性的文字编在了另一个文档里，打印了出来细读。

基于高一上学期跟着老师学到的作文需“切口要小，挖掘要深”，我打算从一首诗着手，把诗的文字分散排列开去，探索王小妮的思想及其写作风格。于是，这段时间我就一面在读着王小妮的诗，一面在读一些评论家评论王小妮的文字。

从几篇评论性文章中，我先提取了一些词语：“自然”、“平凡”、“朴素”、“深刻”……然后我又在她的诗中提取了一些意象：“白纸”、“布”、“水莲”、“月光”、“阳光”……逐渐，我就有了这样一种认识：在王小妮的诗歌中出现的都是生活中平凡的东西，但她却在平凡的事物中看到了深刻的含义。于是乎，我就开始寻找一首适合的诗歌来展开我的议论，找合适的材料支持我这个观点。

刚开始我是选择了《悬空而挂》这首诗。这首诗给我感觉很舒服，我很喜欢。于是我便根据这首诗列了个提纲，思考着怎样从这首诗展开去。写好这个提纲后，我便将它给了我同桌看，并请她提些意见。她告诉我，这首诗似乎和生活这个主题不是很贴切。真可谓一语惊醒梦中人，我这才意识到个中的不足，但同时却有些懊恼，这就意味着我要重新找一首诗及资料来构思一篇新文章。

再次选择诗歌，我选择的是《白纸的内部》。这是首贴近生活的诗，更贴合王小妮诗歌一贯的作风，也能更好地写出王小妮诗歌的特色及思想。

平凡和深刻，是我希望从《白纸的内部》中找到的东西，我便分别从诗歌中提取出体现平凡和深刻的诗句，分别展开论述，再将两部分联系起来，组成第三个部分，即王小妮诗中平凡与深刻的联系：平凡中见证深刻。于是我大量地从许多篇文章中，特别是徐敬亚对其妻子的评述中，找出我所需要的部分，支撑起我的观点，并将这些材料结合诗句，写出了这篇评论王小妮诗作的文章。

从这次的习作过程中，我认识到了阅读资料的重要性。广泛地阅读资料，才能对研究对象有更切实的体会。但是在阅读的过程中，要有明确的思路，不能人云亦云，总结不同人从不同角度的分析，做到全方位地了解研究对象，这很重要。这一点在往后的学习中也是重要的。广泛的阅读还可以培养出对研究对象的兴趣，就像高一上学期的孔子、孟子。这次的诗歌专题，老实说，一开始都不甚了解，更别提感兴趣了。但是经过阅读后，自然而然地就会想深入，有了兴趣，也就有了写的念头，便也更容易地完成作品。

【附】

平凡而深刻

——读王小妮诗作《白纸的内部》

林　琳

平凡、朴素、深刻、纯净……当这些词语被同时安放在一个诗人及其诗作上时，我看见的是一个平易近人、充满生活化且不再遥不可及的诗人——王小妮。

在王小妮许多的诗中，让我感觉到很舒服的一首，就是《白纸的内部》。

初读这首诗时，多少有点不明不白，不明白一个诗人，怎么会写起了生活中的琐事，不明白诗要说的是白纸的内部抑或是白纸之外，不明白这首诗要表达的是什么……但，或许，这就是王小妮——

一日三餐
理着温顺的菜心
我的手
飘浮在半透明的白瓷盆里。
在我的气息悠远之际
白色的米
被煮成了白色的饭。
……
房子的四周
是危险转弯的管道。
分别注入了水和电流
它们把我亲密无间地围绕。
随手扭动一只开关
我的前后
扑动起恰到好处的
火和水。

诗中的这两段，呈现在人眼前的是一幅生活的场景，不是诗人，而纯粹是一个家庭主妇形象的王小妮印入眼帘，一幅平凡的景象。不难看出，这就是王小妮的写作，平凡、生活化。就像王小妮自己说的那样："不体会平凡，就不可能是个好诗人。"王小妮用着她的双眼细心地看着这个世界，将所看到的生活中最平凡的事与物，带进了她的诗中。

而王小妮所看见的，却不仅仅是表面的东西：

不为了什么
只是活着。
像随手打开一缕自来水。

米饭的香气走在家里
只有我试到了
那香里面的险峻不定。
有哪一把刀
正划开这世界的表层。

一呼一吸地活着
在我的纸里
永远包着我的火。

“只有我试到了”，可以看出王小妮对事物深刻的认识，她看见的，是普通人看不见的东西，事物的深刻内涵，“一呼一吸地活着/在我的纸里/永远包着我的火。”可以看出王小妮诗歌中的语句是她对生活的深刻体验。她曾在一次采访中说过：“我的穿透，同时也是我对活着的态度，即打通诗、写作和活着之间的人为界限，俗话叫融会贯通。”王小妮写出的诗，穿透生活，看清事物的本质，她的诗，不再是用“神”的眼睛旁观这个世界，而是用一个“人”——平凡人的眼睛来看这个世界，看见的，是平凡中的深刻。

平凡而又深刻。这就是王小妮诗歌所给人的感觉。而王小妮的平凡，王小妮的深刻，却又是从何而来？

在我看来，王小妮诗句的平凡，大概就是因为，她是一个丈夫的妻子，一个儿子的母亲。不像其他诗人选择远离喧嚣、尘世。她会到菜市场，从菜市场把菜买回，“一日三餐/理着温顺的菜心”、“白色的米/被煮成了白色的饭。”看着丈夫和儿子吃下去，便感到很满足。徐敬亚曾那么写到：“她，是这个家庭24小时的钟点工。一个全天候的母亲。一位全日制的妻子。”有了如此平凡的生活，作为一个妻子、一个母亲，她有着生活的体验、细致的观察。写出的诗也才会处处流露出生活的气息。

徐敬亚说：“她像一位上帝派来的一流的保姆，兢兢业业地看守着无数个电、水、气的开关，管理着五六个不容窥视的房门。一日三餐，她和顺地从她的天空之梯上按时走下来，在菜市场、洗衣机和煤气炉之间，她带着溶化了的由衷母性，为她的丈夫与儿子烧煮另一种温暖的作品。在这一切之后，她才是一个世界上‘全职’的诗人。”王小妮的身份，除了是母亲、妻子以外，还是一位诗人。她曾说：“诗人与路人也有不同，他们的内心总是多起波折的。真的圆满了，就做不成诗人了，写作恰恰是因为我们感觉到了什么。”“诗人有更敏感的特质。别人想到一，诗人想到了三或五或七，他们是不安不平静的少数人。”因为有了诗人这一身份，所以她有着诗人的敏感，用诗人的眼睛与心看着这个世界。从而看到了事物最本真的一面，给最普通的事物赋予了最深刻的含义。从这平凡而又深刻的语句中，渗透着诗人王小妮的思想。

诗歌对于王小妮而言，很自然，如生活一般。她的诗便是生活。也就因为这样，王小妮的诗歌不用宣传、没有流派、不怕被遗忘、不担心落后。生活是人类永恒的话题，生活不会被遗忘、落后。自然，王小妮的诗，便也不会被忘记、落后于潮流。

阳光走在家以外
家里只有我
一个心平气坦的闲人。

我看见王小妮，这个“心平气坦的闲人”——普通人，用她最平凡的语言，剖析着这个时空，以诗为媒介，展现给世人她的思想与视野。在这个“派别林立”的诗坛里，她，独自飞翔……

参考资料

1. 燕窝，王小妮．质朴如刀——王小妮访谈．文学界·专辑版，2009，(3)。

2. 向卫国．诗就是生活——王小妮简论．诗歌月刊，2006，(3)。

3. 向卫国．我看见……——论王小妮的诗歌．云南社会科学，2005，(6)。

4. 张立群．自然与超然的光芒——论王小妮90年代以来的诗歌．新诗代，2008，(8)。

5. 徐敬亚．我的诗人妻子王小妮．中国诗歌，2010，(7)。

74. 怎样办好第四课段“深度体验”的活动?

要办好第四课段“深度体验”的活动，第一，以前三个阶段圆满完成为前提，即奠基、拓展的第一课段，再读、深解的第二课段和定向、选题、写作的第三课段的学习任务全部完成。

第二，师生共同商量：有没有必要在这之后开展一次“深度体验”活动？如果要开展，将以一个什么样的主题形式呈现？这个主题适不适合活动开展等。如《论语》专题，确定开展“辩论会”的活动，“辩题”是：“孔子的思想在现代中国有没有学习的必要？”

第三，学生自行组织。如《论语》专题“辩论会”，学生自行组成正方和反方，选出各自的组长及“辩论会”主持人。自行准备“辩论会”的一切事宜。

第四，设置一个负责机构，由班长负责协调各方的工作。如《论语》专题“辩论会”的人员调配(指接待、指引等)，关系协调(指与学校、班级关系等)，辩论规则和辩论程序的文案出台，“邀请函”的撰写，邀请评委、嘉宾的选定，辩论场地的布置(背景图案设计等)以及辩论时间的安排，等等。

下面以节录我记录《论语》专题“辩论会”前后的一些“镜头”予以说明。

镜头一：2006 年 3 月 31 日下午 16 时 15 分

新安中学科学楼七楼电子阅览室，高一(5)班全体同学正在热烈讨论。一轮扎实有序的读写训练完成之后，是缩小范围，研究孔子教育思想的现实意义，还是另辟蹊径，尝试一种全新的学习方式？同学们七嘴八舌，议论纷纷。

师生讨论的最后结果是：举办一次大型的辩论会。看着同学们兴奋跃动的模样，我及时提醒：要么不做，要做就做到最好，而且是自己做。于是，大家出谋划策，各抒己见。首先，确定辩论主题。经过集体讨论，多数同意以“孔子(儒家)思想对现代中国有没有积极意义”为本次辩论会的主题。接着，选出正反两方的组长，并由组长负责“招兵买马”，组员网上自愿报名。从网上统计，正方组长及组员共 27 人，反方组长及组员共 31 人，余下 3 人集体商定成立“辩论会筹备工作小组”，负责拟定辩论程序，跟踪采访报道，记录赛事全程。最后，讨论并制定出辩论规则：自主，自信，自强；公平，公正，公开。两节课下来，师生民主讨论、评议，逐渐形成了辩论会组织的基本架构，明确了各小组的任务与目标。

镜头二：接下来，二十多天

同学们观看了“国际华语大专辩论会”三场录像，网上收集、编辑资料二十多本，整理、积累卡片400余张，召开各种类型小组会十多次，一些同学还自己买来《孔子：即凡而圣》《通过孔子而思》等著作潜心钻研……

镜头三：2006年4月21日晚7点

高一(5)班的同学们身着学校礼服，文质彬彬，神采奕奕，在学校的大门口、迎宾大厅、科学楼一楼电梯入口、八楼演播厅入场处，迎接着评委老师、家长嘉宾、校内外老师和同学们的到来。学校还请来宝安电视台记者、宝安教育局电教中心老师为辩论会做全程录像。一时间，能容纳两百多人的演播大厅，人头攒动，座无虚席。

主席台的正中央，“辩论会”三个大字格外醒目，与之相辉映的是两边那副“弘扬国学精粹，光大华夏文明”的工整的对联。应邀出席的老师、家长、嘉宾和同学们，此时正在座位上认真地翻阅着我们的班刊《家园》；而左右“八”字排开、手持卡片、端坐于台上的正反两方六位辩手也已做好准备。当主持人袁曼同学宣读论题“孔子的思想在现代中国有没有学习的必要”、并宣布辩论会开始时，准备了近一个月的“《论语》专题辩论会”终于拉开了帷幕。

整个“陈述立论”的第一阶段，正方辩手从逻辑、理论、知识、价值四个方面阐述孔子思想有学习的必要，反方辩手却以子之矛攻子之盾，从礼教、思想、自由以及现代社会的要求来反击对方。此时此刻，你可以感觉到，初次登台的他们掩饰不住那种紧张、激动、亢奋与拘谨，一些同学连嗓子眼都在打颤。观众席里，人们也屏住呼吸，在替他们悬一颗心，捏一把汗；而准备参与自由辩论的同学也早已是摩拳擦掌，跃跃欲试。

当进行到双方大展才艺的自由辩论环节时，台上，辩手们旁征博引，慷慨陈词；台下，同学们针锋相对，斗志高昂；双方唇枪舌剑，你来我往，互不相让。而整个会场，情绪高涨，笑声、掌声不断响起，互动气氛非常热烈。

据统计，从开始“陈述立论”到结束时“总结陈词”，同学们总共发言106人次，而直接引用《论语》原文达70多处，涉及到的历史事件40多例，著名人物20多位。整个过程，同学们所呈现出的那种勇敢、执着、自信、协作，那种自我个性张扬和主动积极参与，让人感慨，其意义也远远超出了语文教育的范畴。

辩论会结束了，老师和学生激动不已。那一夜，内心的冲击和震撼难以描述……

75. “深度体验”活动有着怎样的作用和影响力？

这样的学习过程充满了教育契机。这里有竞争与协作、规划与组织、真情与关爱、信任与照料，这里有吸纳与积淀、理解与领悟、掌握与建构、生成与发表，这里有自由意志与人格尊严、自我价值与团队精神、内心敞亮与个性彰显，这里有持久深入的用心和思索、废寝忘食的投入和倾注、刻骨铭心的经历和体验……如果说人生就是去赴一个约定，那么，这样的一次体验不就是去赴一场生命的盛宴？

以《论语》专题“辩论会”为例。“辩论会”后同学们有如下的感言，从中可窥“深度体验”活动对他们的影响之一斑。

陈冰鸿　对辩论会印象最深的是台下的准备工作。记得那时一下课，就到处都是关于《论语》的争吵，有时就连上课也在暗地里争，真是争得不亦乐乎！

邹伟珍　让我印象最深的是大家都非常积极。无论是下课、放学、下晚修，我们组都会很认真地讨论有关的话题。那时，似乎我们天天都围绕着孔子转，转得不亦悦乎。总之，就是很怀念那种氛围。

李怡娴　我想说的是同学们为此次活动而作的准备，是那样的仔细，那样的认真。每次下课，每次晚修后，同学们都围在一起讨论、研究，整个课室都笼罩着孔子的气氛。还记得那段时间正好要考地理，某同学跟我说，地理？不管了，先搞定孔子再说。哈，好潇洒！不置身其中的人是不知道当时的感觉的。

黄家敏　为了辩论会，我们放学后还在看录影带；晚修下课后在操场集合，互相间鼓劲打气……这次辩论会，我看到一个不一样的集体，原来大家努力起来真的好吸引人！说真的，如果不是这次活动，大概过不了多久，孔子就会被抛诸脑后了。有了它，大家努力认识孔子，在辩论中，也认识彼此，认识自己。

刘天珍　辩论会让我感受最深的还是准备过程。其实，要把收集来的资料整理好，以便在辩论会时随时都能拿出来反驳对方是挺难的。我是反方的，在这次辩论会中感觉到反孔真的很不容易，但重要的是我们反方有那种挑战精神，那种团结合作的精神。我们收获的不仅是合作，还有感动，那好似一辈子都会难以忘怀的！

梁冠华　想起当时，大家踌躇满志，收集准备资料，连晚饭都不吃，观看大学生辩论会录像，一下课就开“秘密会议”，有时还整个晚修讨论辩论会问题。虽然最终还是败阵，不过，重要的是过程，而不仅仅是结果。一位孔子，一部《论语》，收获到的，一次难忘的经历，一个思想的新高度。

何　珅　那时，我们都浸在一种很美好的境界中。我们不断地翻读《论语》，切磋琢磨，深究《论语》中的思想，从人格的形成到天下大同，我们时时欣喜于孔子哲学对人的群体思考的深入，兴奋于一次次对他精神主旨的感悟……同时明白了，我们的社会，在现代化发展的进程中缺失了一种美好的东西。

李桃欣　从来没看到过高一(5)班的同学那么认真去做好一件事，那样地团结在一起。从来没有想过自己能有这样一个机会去了解孔子，不仅仅只是为了学会写那篇习作而去学习。

陈贵生　我坐在台下无声地听着他们辩论，但台下谁的心不是和我一样的激动？这是我第一次亲眼看着辩手在台上辩论，而且这还是未成年的高一新生，从未特殊训练过，真让我惊讶！

张智明　想到辩论会，当时感觉就紧张，万幸的是我不用面对全体人。能坐在台下看着那些人唇枪舌剑的对战，我感到原来自己班的同学是那么能说会道。其实胜负在那时已经不重要了，重要的是大家得到一次很宝贵的经验。

汤玉婷　当我看到反方的队友们毫无畏惧的勇气和锲而不舍的精神时，我的信心就被激起了。我第一次如此强烈地感受到团结的力量。也正是因为团结，我们反方才顶住如此的压力而取得了最终的胜利。那一刻，喜悦难以言表！

肖　微　“反方赢了！”当主持人郑重地宣布，我们几乎感动得哭了，因为，在那一刻我懂了——那就是感动！结果并不算什么，最重要的是过程。

杨俊雄　这样的历练，我受益匪浅。首先，为了当好正方辩手，我对《论语》作了更深入的研读，对其中的每一句话都进行了批判性的解读，然后探求其目的。我发现自己学会了批判性思考，对国学也产生了兴趣，暗自萌发了探究古代典籍的念头。其次，我学会了读书，知道了自己的不足，更重要的是学习态度也随之改变。初中时，学习目标是为了应付考试；现在已深刻意识到读书的首要目的是充实自己。辩论会我方虽然输了，却刷新了我的思想，在我心中种下了破土而出的幼苗……

张智明　其实胜负在那时已经不重要了，重要的是大家得到一次很宝贵的经验，对大家踏入大学，甚至进入社会都有很大的帮助。

郭巧婕　这是一次不平凡的经历，我好像突然从默默无闻的小妖精变成了成熟的女孩。回想起那一天晚上，当我拿起资料要发言时，我全身的血仿佛都凝固似的，但我还是站了起来，那是一个突破性的成就。我从中学会了勇敢，学会了与人相处，学会了思维严密，我们组员更建立起深厚的友谊，还有那种至今不忘的甜蜜的矛盾。当时，给我记忆最深的是傅嵘同学，她毅然地站出来平息矛盾，让我们最后团结在一起，不然，我们输掉的不仅是比赛，还有尊严！还有何珅、梁冠华、珍珍、吖骆、周焕彬、班长等，我永远忘不了你们！一次难忘的经历，一次美妙的回忆！这是我高一乃至整个高中阶段最昂贵的礼物！

邓晓燕　辩论会给了一个锻炼自己的胆量的机会，从这以后，我上台讲话、发言再也没有害怕过。这，对我的人生有很大影响。

庄胜科　语文原来可以这样学！既学得开心又挺实用，何乐而不为呢！

陈贵生　这还多亏我们的语文老师，给我一个难忘的非凡的高一语文学习。

可以说，这样的作用和影响力是让人震撼的！一如另一届学生举办完中国当代诗歌朗诵会后写道的：

四季里，还有没有人聆听这歌声？

这歌声纷纷散落如白羽，在漆黑的空间缓缓飘转，洒落到连思维也无法触及的距离；朝暮间，还会不会再想起这情景？

在月光如水的夜里，于平静中依然藏有一种无法熄灭的渴望，想以透明的语言再一次翻飞搏击…… 今天，我们奉献的诗篇，只是霓裳羽衣上一片小小的羽毛。

我们是传统文化的后来人，我们又是文化香火的传递者。这些诗句，将从我们的少年时代开始，伴随我们人生的全过程。当我们为生活而奔波流浪，当我们饱经沧桑而不再信仰什么，那么就让我们在诗人之光的带领下，以纯真的赤子之心去感受生活吧！在这山重水复、莽莽苍苍的中华大地上，我们每一个人，都能够描写最精彩的诗篇！

76. 如何打通专题写作和高考写作的通道?

这里的“打通”，一是指专题材料的“打通”，二是指思维品质的“打通”。

专题材料的“打通”，主要是指学生要从专题学习的“思想”和“人格”这两个目标去回顾、梳理在专题学习过程中所接触到、并深刻领悟或理解的专题材料，从而找到专题材料与高考写作所运用到的材料二者之间的相同、相似或相异点，随后进行“立意、找米、破题”的写作训练。

以“中国当代诗歌”专题为例。从雷平阳、于坚、韩东等的诗歌及评价，我们可以找到“亲情”、“乡愁”、“地方性”、“非城市化”、“普通”、“回到平常生活”等立意。从食指、北岛、多多等的诗歌及评价，我们可以找到“相信”、“未来”、“崇高”、“卑鄙”、“热爱生命”、“寻找梦想”等立意。从舒婷、王小妮、翟永明等的诗歌及评价，我们可以找到“爱情”、“生命”、“渴望”、“人格平等”、“平常心态”、“日常生活”等立意。

在高考写作训练之前，学生应该对自己两年专题学习的材料进行一个全面的回顾、梳理，以便于学以致用。下面举例说明(括号内为教师点评)。

匆　忙*

蔡燕虹

现代诗人雷平阳在他的《高速公路》一诗中写到：“我想找一个地方，建一座房子/东边最好有山，南边最好有水/北边，应该有可以耕种的几亩地/至于

* 本文是作者的第三稿。作者当时为高三学生。

西边，必须有一条高速公路……”

诗人为什么要建一所房子在“高速公路”旁呢？那“东边有山，南边有水……”想告诉我们什么呢？（以上用中国当代诗歌专题材料）

或许是想在告诉我们，我们需要匆忙，但不能只有匆忙，匆忙中有闲适，忙中也有不忙吧！

北宋政治家王安石在多年的为官经历中，认识到宋朝积贫积弱困境的根源。他感慨道：“内则不能无以社稷为忧，外则不能无惧于夷狄。”然而，熙宁变法刚刚推行，朝野之中反对声音迭起，这不禁让王安石更为焦虑。于是，他迫切地希望看到变法的成效，盲目将变法实施到底。如此匆忙的“一揽子买卖”，安有不败之理。变法在匆忙中推行，最终也在匆忙中结束了。（以上用王安石专题材料）

纵观历史，匆忙误事、误国的例子绝不罕见。中国近代百年的探索史，如此匆忙地进行，也注定它必将屡次碰壁，在曲折中艰难前行；新中国成立后，也由于“只争朝夕”的太匆忙，犯下“大跃进”、“人民公社化运动”等错误，使国民经济不进反退……

如此不好的匆忙，是不是说我们就不要匆忙了呢？

不！

随着经济高速发展，世界各国综合国力也在不断增强。为了不落后于别国，为了能立足于世界民族之林，我们不得不匆忙。此时，匆忙则是前进的动力。

使匆忙成为动力，推动社会前进固然是好，但如果生活只剩下匆忙，那人岂不是成了一架“机器”？没有感情，没有灵魂。所以我们要学会在匆忙之中寻找宁静，寻找那份能使人心灵有所依托的回归。“少无适俗韵，性本爱丘山。误落尘网中，一去三十年。羁鸟恋旧林，池鱼思故渊……”这并不是说我们要效仿陶渊明退隐山林，不思作为，而是要有“恋旧林”与“思故渊”的回归，要知道，回归是一种蓄势待发，是前进之前的休整……

匆忙容易让人迷失，然而生活却不能没有匆忙，人们真正需要的不是摒弃它，而是要学会忙里“偷闲”，像雷平阳那样，在高速公路边有一个宁静闲适的“家”。这，才是生活之道。

思维品质的“打通”，主要是指学生要把从专题学习中学到的思维方法、形成的思维能力等迁移到高考写作训练中来。按照事物或事理的内部联系来安排论述顺序，如因果关系、层递关系、主次关系、总分关系、并列关系等；按照人们认识事物的过程来安排论述顺序，如由浅入深、由具体到抽象，由现象到本质等。

以李白专题为例，学生在进行专题习作写作时，就有从“现象到本质”的分析：李白第一次入长安失意而归，李白第二次入长安“赐金放还”。这是为何？为何“大道如青天，我独不得出”？为何如此盛唐就容纳不下一个李白呢？透过如此盛唐两入长安的“现象”，学生们能追寻出一个什么样的“本质”呢？主要是社会问题，还是诗人的个人问题呢？有学生从唐代社会不适合纵横之术的角度，论述李白政治失意的原因，从而得出“李白生错了年代”的结论；有学生从李白自身个性的角度，论述了官场政治容不得自信狂放，从而得出李白“我独不得出”的原因。

怎么样把“透过现象看本质”的方法移植到高考写作训练中来呢？首先，可以解释“现象”存在的背景、“现象”表现出的共同特征和“现象”的特殊含义，但不要就事论事；第二，寻找“现象”的上位概念，如制度建设、文化心理等进行思考；第三，要从特殊到一般，并联系现实生活，推演出可能造成的结果或结局(正面或负面的)；第四，得出结论。如 2013 年广东高考作文试题：

有一个人白手起家，成了富翁。他为人慷慨，热心于慈善事业。一天他了解到有三个贫困家庭，生活难以为继。他同情这几个家庭的处境，决定向他们提供捐助。一家十分感激，高兴地接受了他的帮助。一家犹豫着接受了，但申明一定会偿还。一家谢谢他的好意，但认为这是一种施舍，拒绝了。(自选角度自定立意自拟题目)

如果就事论事，甚至有可能写出“不食嗟来之食”的作文来。但“透过现象看本质”，站在全社会的角度来思考，就可以联系到社会救助体制的发展问题、社会文明的导向问题、社会成员在扶危济困上的认知问题、社会人群整体心理建设问题，等等。

总之，思维品质的“打通”最为重要。这一点不仅可以借助专题学习，还可以借助教科书的学习，借助政治、历史、生物、地理等学科的学习。和专题材料的“打通”一样，在高考写作训练之前，学生应该对自己两年专题学习学到的思维方法、形成的思维能力进行一个全面的回顾、梳理，如某一个专题或某一篇文本自己印象特别深刻的思维形式、某一次专题习作自己运用特别熟练的思维方式等，以便于学以致用。

77. 高三年级怎样把专题学习的方法迁移到复习备考中来?

高三这个学年，语文复习备考学校年级是同步的。

这一学年，我会指导学生把在专题学习中储备的知识、磨练出来的能力、学到的方法，充分运用到高三的复习备考中来。换言之，我会把复习备考也纳入素质教育的轨道，纳入到专题学习的系统中来。比如要对语文高考试题进行搜集、整理、归类、统计、比较和分析，在研究、训练的过程中发现命题的特征和规律，找出应对的方法或策略等。又比如原先阅读、思考、表达的对象是经典，高三要转向阅读高考试题，思考与政治、经济、文化、伦理等相关的问题，表达自己对社会了解、人生体察和人性探索的思考等。下面，以 2011 届学生的高考复习为例来详细说明。

第一阶段是把握全局。时间大概用一个月，分三步进行。

第一步，用大约一周时间，让学生在互联网上搜集 2006 年至 2010 年的广东省语文高考试题的“文字版”(Word 文档)和“图片版”。注意，共搜集五年的语文高考试卷，不要遗漏。然后以“图片版”来对照“文字版”，进行校对、勘误工作，使“文字版”正确无误。

第二步，再用大约一周时间，让学生在互联网上搜集“2011 普通高等学校招生全国统一考试(广东卷)语文科考试大纲的说明”来进行学习。学习要点：一是命题指导思想；二是考试能力要求；三是考试内容(分“必考”和“选考”)；四是考试形式；五是试卷结构；六是古诗文背诵篇目。这里，最重要的是要求学生要搞清楚高考语文要考查的“六种能力”所表现出的“六个层级”，即 A 识记、B 理解、C 分析综合、D 鉴赏评价、E 表达应用、F 探究，以及这“六个层级”在一张语文高考试卷里的分布情况。

这第二步至关重要，如果一周的时间不够，可以延长。

第三步，还要用大约一周时间，拿校对、勘误好的五年的语文高考试卷

“文字版”来进行分类归档。如五年的“字音”题、“词语”题、“语病”题、“语序”题、“古诗词鉴赏”题、“文言文阅读理解”题……分别归档，并对照“六个层级”，明确这些题目考查学生的何种能力。

这一阶段，学生最好设置一个自己的网络学习平台，把自己整理好的“资料”上传到指定的栏目或位置上，同时，最好人手一份纸制的打印稿。这样，既便于网上学习，也便于网下传统教室或平时课后的学习。

第二阶段是“两翼”并行，“两点”穿插，“专题”推进。时间大概用四个月。

所谓“两翼”，一翼是“阅读”，另一翼是“写作”。“并行”及“专题”推进是说以“专题”的组织形式，阅读和写作同时开展训练。在时间安排上，以一个月为一个学段，四个月依次进行“古诗词鉴赏”、“文言文阅读理解”、“现代文阅读”和选考内容的“文学类文本阅读”或“实用类文本阅读”训练。同时，也进行“写作”方面的训练。“写作”训练要求一个月同一个题目反复进行两次，先写作文，后写“反思”，然后再“重写”或“修改”，再写“反思”。（写作训练在下一个问题详细说明）

所谓“两点”，一点是“古诗文背诵”，另一点是“语言文字运用”的“识记”和“表达运用”。“穿插”是说以“专题”的组织形式进行集中训练。在时间安排上，四个月依次穿插在“阅读”和“写作”的“两翼”之间，即课时安排以“两翼”为主，“两点”为副。

以选考内容“实用类文本阅读”训练为例。共分四步进行：

(1)学习实用类文本相关的基础知识；

(2)学习实用类文本的解题方法及策略相关的知识；

(这两步学习资料一般由购买的复习资料提供)

(3)做“广东卷”五年的“实用类文本阅读”题。然后对照答案，校订答题，找出规律，写出反思及应对策略；

(4)在互联网上搜集 2006 年至 2010 年全国各地高考语文试卷中的“实用类文本阅读”题，集中归档，进行训练；然后对照答案，校订答题，找出规律，再次写出反思及应对策略。

在第四步中，之所以搜集全国各地高考语文试卷中的“实用类文本阅读”题，是因为这些试题经过了出题者深思熟虑，具有典型性和权威性。可避免学生做偏题、怪题等。

在整个训练过程中着重强调两点：一是学生认真“做题”，二是学生及时“写出反思及应对策略”。如图 5-1、图 5-2 所示，学生做了自己搜集来的全国各地高考语文试卷中的“实用类文本阅读”题，写出的反思及应对策略。

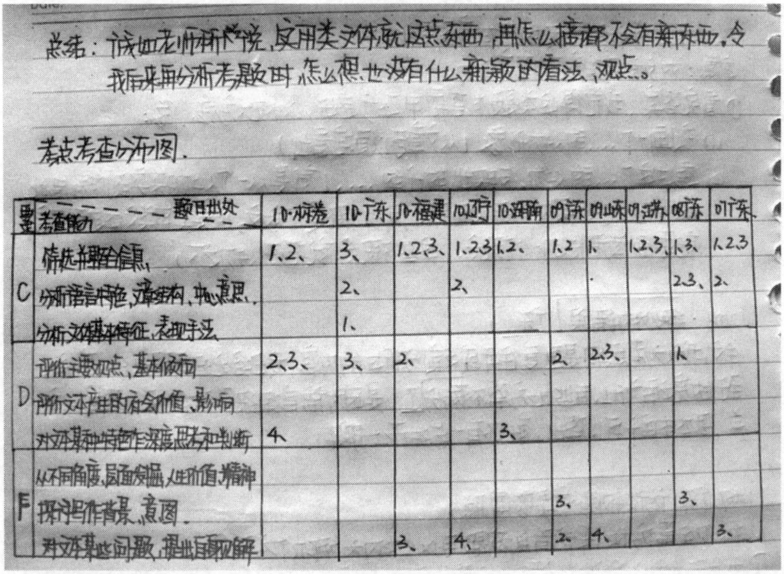

图 5-1　学生反思

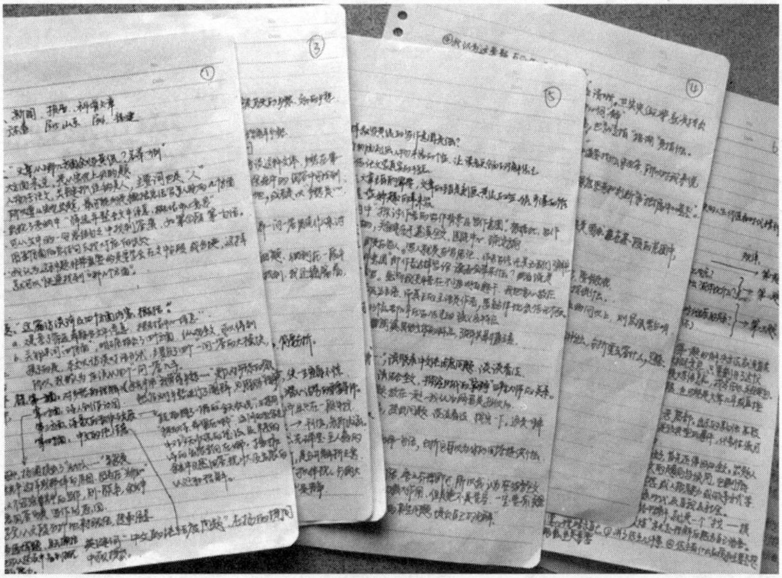

图 5-2　学生整理的应对策略

总之，我的做法与其他班级的做法并不一样：试题是学生搜集，分类是学生分类，训练是学生训练，反思是学生反思；不搞“题海战术”、“疲劳战术”；平时，教师只精讲一些共性和特殊性的规律；考前的两个月或者一个半月，教师再印发“最后几周复习备考的策略”给学生学习。因为有两年专题学习的积淀和练就的本领，有高三自主复习备考的特殊经历和经验，学生的能力和心态不一样，学习的优势就不一样。

第六辑

要"授人以渔"

文体的识别与文本的解读是至关重要的，这也是为什么一直以来我的专题学习兼顾古今中外的诗歌、小说、戏剧、电影，以及史、哲、政、经政论性作品的原因。而且，初步接触、了解并运用20世纪以来西方文艺批评方面最新的理论、方法及策略，对于即将升入高校或走向社会的高中学生来说，也是非常有必要的。

78. 古典诗歌专题学习怎么做?

在我选入的专题学习里，原作阅读完全属于古典诗歌类的有《诗经》、《楚辞》、李白和杜甫。诗文同时选入、以诗为主、以文为辅的有陶潜、苏轼，以文为主、以诗为辅的有韩愈、王安石。

在我看来，做古典诗歌专题，最为重要的是确定研究方向和学习内容。如《诗经》专题，我确定的研究方向是“回望两千多年前的爱恨情愁”、“遥想两千多年前的战火烽烟”、“再现两千多年前的劳动场景”、“品味《诗经》中语言和形式的美感”。围绕着研究方向，我选定《诗经》原作有《关雎》《桃夭》《木瓜》《静女》《子衿》《蒹葭》《溱洧》《将仲子》《氓》《君子于役》《击鼓》《伯兮》《无衣》《黍离》《采薇》《芣苢》《伐檀》《硕鼠》。选定的辅助性阅读材料有李书磊的《河边的爱情》、洪烛的《〈诗经〉里的那条河》、刘冬颖的《〈诗经〉中的上巳节》、傅道彬的《至于顿丘》等。换言之，我们是围绕着《诗经》的爱情诗、战争诗、农事诗和《诗经》的艺术形式来开展学习的。

高一下学期屈原专题时，第一次我是把屈原定位为伟大的爱国主义、浪漫主义诗人来做的，选定的学习内容是《离骚》和《九章》中《涉江》《怀沙》等，学生只能就屈原是一位伟大的爱国主义、浪漫主义诗人而写出“感悟性”的文章，至于为什么屈原会爱国、懂浪漫，找不到根源。第二次我有所改变。首先，把研究方向改为与“北方”相对应的“南方”，即屈原的世界让我们“想起南方，河流、阳光、鲜花、浓郁的香气、妩媚明亮的女子与男子、戴着狞厉华丽面具的巫鬼神灵的歌舞、如慕如怨的婉转旋律曲调……”(蒋勋语)，其次，选定的原作是屈原的神话诗歌《九歌》。《九歌》的思想内容比较复杂，要有一个提纲式的引领，我选定台湾学者蒋勋的一段话作统领：

神话是初民生存中对一切神秘力量的敬与畏，他们向往创造力，向往原始生命的永恒壮大力量，他们向着天空或初升的太阳唱出了“东皇太一”、“东君”；他们尊敬崇拜天空的云，云带来雨水，雨水丰饶大地，他们因此歌咏出了自由活泼的“云中君”；他们在河流边行走，在美丽的湘江上行船，歌唱对岸美丽的男子或女子，那歌声便流传成了“湘君”、“湘夫人”；他们走向山林，在幽暗隐蔽的角落感觉到"若有人兮"的孤独忧愁，低声叹息的声音和吟咏变成了山林水湄精灵的"山鬼"；他们也惧畏死亡，不知道何时将至的生命的结束，使他们在冥冥中探索着不可知的主宰生死的力量，他们因此悲歌出沉重的"大司命"与"少司命"；他们也惧畏战争，不可知的屠杀，不可知的肢体的分离与断裂，他们相信每一次战争之后，空中便弥漫着无家可归的飘零的魂魄，他们要引领那些魂魄回家，因此唱出了《国殇》。最后甚至以"礼魂"来召唤遍散在天地空中的诸神，山林荒原的鬼魅，以及人间无主的魂魄。

《九歌》的原始信仰里有初民的崇敬、感谢、怀念与爱恋。①

这样，就解决了屈原爱国、浪漫的根源问题——父母之邦，心灵家园。然后再以《离骚》《九章》部分作品为辅助学习，学生就能找到根基。

做古典诗歌专题，还有一个重要方面就是对诗歌原作的鉴赏和解读，这是做研究性学习的基础。换言之，做古典诗歌专题学习得首先进行"接受性"的鉴赏和解读，然后才能进行"研究性学习"。仍以屈原专题为例，选入《九歌》原作的注释、译文、鉴赏和解读的辅助性阅读材料就有徐志啸、曹明纲、王宏理、汪涌豪等专家学者的作品。只有走好这一步，才可能进行具有思维挑战性的阅读，即研读岳上铧的《浅析〈湘君〉〈湘夫人〉中的戏剧因素》、吴承明的《〈湘君〉〈湘夫人〉别解》、雅典娜(网名)的《不辞一死，何妨乐生——读〈大司命〉与〈少司命〉》、张定浩的《若有人兮山之阿》、西川的《我读屈原〈山鬼〉》等文章。

方向确定好，内容选定好，做足对原作的鉴赏和解读，是做好古典诗歌专题的重要的"前三部曲"。前面的路走好，后边才能领略到一路的"风景"。

79. 现代诗歌专题学习怎么做?

旧体诗颇受青睐，新诗备受冷落，这是不争的事实。然而，毕竟新诗还是最切近青少年学生情感世界的一种文学表现形式。在诗意、诗性日渐荒芜的今天，校园里仍然有那么多席慕容、仓央嘉措的追捧者或粉丝团。那么，有意识地、相对完整地把学生引入一个更高层面而学生又可以接受的诗歌王

① 蒋勋．九歌：诸神复活．北京：中国文联出版社，2013：29.

国，去体验社会、时代的精神脉动和自我表现的情感脉搏。在高一上学期后半段进行 1979 年至 2009 年中国当代诗歌研读以及由此引发的诗评热潮的专题学习，应当是一个不错的选择。

与穆旦、里尔克诗歌专题不同，“中国当代诗歌(1979 年至 2009 年)”专题是一个群体概念，是伴随着思想解放运动和商品经济大潮的洗礼发生、发展起来的，这就使其更具有在社会大变革中干预现实、干预生活的创新精神和批判意识，而这也为学生在高一上学期后半段，从鉴赏、评价的感悟性思维转向比较、分析的思辨性思维，提供了良好的物质(文本)条件。据此，我给学生拟定的学习目标是：

(1)思维、语言目标

基础目标：学习新诗作品，培养正确、熟练、有效地运用纯粹、精微、简洁及富于表现力的语言来反映现实、表现生活的能力。

发展目标：学习新诗的评论性文章，继续训练语序语段的组织和文章“结构赋形”的能力。进一步学习评论性文章解读方法，能够对文章进行精细化分析，深刻理解其隐含的信息，以及能够在更高的概括水平上评价所阅读文章的内容；能够在文章的不同部分之间或不同的文章之间建立起联系并确定其主要观点；能够在表达中对新诗语言及新诗现象等作细致的逻辑分析。让自己的思维进一步向“思辨性”发展。

(2)思想目标

①认识并理解诗歌从英雄、崇高转向世俗、平民，从宏大叙事转向关注个体、关注生命、关注人的生活及人的精神处境这样一个过程的复杂性和必然性。

②领悟并学习当代诗人的创新精神和批判意识。

(3)人格目标

了解当代诗人与所处时代的紧张关系，学会处理个人内心世界与外部生活、与时代的关系。

围绕群体概念，选定学习材料也颇有讲究。原作，我选择雷平阳的《亲人》《我的家乡已面目全非》，于坚的《避雨的鸟》《短篇(选十五)》，韩东的《你见过大海》《有关大雁塔》，王小妮的《爱情》《白纸的内部》，翟永明的《渴望》《独白》《生命》，食指的《相信未来》《热爱生命》，西川的《在哈尔盖仰望星空》

《把羊群赶下大海》，多多的《在英格兰》《依旧是》，顾城的《一代人》《我是一个任性的孩子》，海子的《面朝大海，春暖花开》《亚洲铜》，北岛的《回答》《一切》，舒婷的《祖国啊！我亲爱的祖国》《致橡树》等。诗歌评论文章，我选择李少君的《细节、地方性与个人——读〈雷平阳诗选〉》，刘春的《于坚：苍山之光在群峰之上》《韩东：巨著总会完成》，徐敬亚的《我的诗人妻子王小妮》，杨远宏的《水晶的诗光——王小妮诗歌创作论》，陈超的《翟永明论（节选一）（节选二）》，王家新的《海子与"幸福的闪电"》，张恒彬的《梦的轻波——解读诗人北岛（节选）》，摩罗的《海子的幸福，海子的爱》等。

对"中国当代诗歌（1979 年至 2009 年）"的系统接触，学生是比较少的。为此，教师要进行一些必要的指导，如在朗读的过程中，学生要领悟诗人所要表达的情感，就得告诉他们，诗人之所以这样创作，是要将读者带回到日常生活的感觉中来，即要把诗作放在诗歌发展的大背景下来理解诗人所要表达的思想或情感。教师还可以鼓励学生大胆尝试去创作新诗，写出自己对生活的瞬间的独特感受，即以鲜明、准确、含蓄和高度凝练的意象生动形象地展现事物或表现生活。

至于研读诗歌评论文章，目的是让学生学习这些文章的写作方法。为此，教师要做好研读指导工作，如诗评文章怎么读？怎样抓住诗评文章的特点进行写作等？简单地说，这些诗评文章的特点就是针对诗歌的某些现象或"事件"，从中发现其创作或者评价中的某些问题或者误区，进而引发评论者的思考和探究并提出自己的观点、看法，最后运用充分、有力的材料进行严密的阐述或论证，写成文章。

可以这样说，原作理解和诗评研读这两步走好了，诗歌类专题学习就成功了大半。之后的写作、修改习作，交流点评等就是件很容易的事，而最后举办一个班级诗歌朗诵会的事就交给学生自己去做就好了。

80. 小说专题学习怎么做？

第一，做小说专题，首先涉及到选择哪些作家、哪几篇小说才比较合适的问题。

根据我学生的学情，我选择学习的小说专题是：高一上学期《边城》专题，海明威专题(主要学习《老人与海》或《永别了，武器》)；高二上学期鲁迅专题(《呐喊》《彷徨》)和《红楼梦》专题；高二下学期伍尔芙专题(主要学习《到灯塔去》)，加缪专题(主要学习《鼠疫》或《局外人》)或者卡夫卡专题(主要学习《城堡》)。选入这些作家、作品主要基于这样的考虑，即中国文学的古典小说，我选入的是顶峰之作，如《红楼梦》；现代文学我选入的是最杰出的作家及作品，如鲁迅和沈从文。外国文学，我则兼顾现实主义、现代主义和后现代主义的作家、作品。也想给学生一个古今中外小说大致面貌的了解。

需要补充的是，为什么我只选入鲁迅的小说而不是他的散文或杂文？我有我的整体考虑。在我看来，鲁迅影响最大、内容最为丰富、思想最为深刻、形式最为多样的仍是小说，小说代表了鲁迅创作的最高成就。而且如此选择，文体目标集中，可用资料丰富，有利于教师的教与学生的学。

第二，做小说专题还涉及到安排在哪一个学段比较合适的问题。

在各种文学体裁中，我以为小说反映社会生活是最为全息式的。毕竟这种文学形式内容丰富，人物众多，结构、体式也较为复杂，学生学习起来要用较长的时间。为此，在我的专题学习里，小说专题的学习安排就呈现这样一种顺序：从时空来看是先现代后古典，先中国后外国；从容量上来说是由少到多，如高一上学期中国文学只选入沈从文的《边城》；到了高二上学期前半段就选入了鲁迅的《呐喊》《彷徨》；到了高二上学期后半段才选入《红楼梦》。这样一个由简单到复杂的循序渐进的过程，学生学习起来就比较容易接受。一般来说，我不会把小说专题放置在我专题学习“第一个”的位置，原因就在于无论是小说“原作”还是对小说“原作”进行解读的文本，容量都比较大，学生阅读“长文”的习惯得慢慢养成。

第三，在高中阶段，做小说专题一定要让学生学习解读“原作”的一些新理论、新方法和新策略。这就需要教师在选入这些对小说“原作”进行解读的文本时作反复的比较、斟酌和考量。

如做《边城》专题，我精选了解读“原作”的、与“多层次结构”理论相关的文章。做鲁迅专题，从学生阅读《伤逝》开始，我就引入“新批评”细读法(北京大学教授孔庆东细读《伤逝》)；学生阅读《祝福》，我引入“叙事学”分析法(段双全先生的《鲁迅小说教学“叙述学”研究》和叶继奋先生的《双重叙事与“复调”

主题》)；学生阅读《药》和《祝福》，我引入“符号学”分析法(王白云先生的《鲁迅小说中叙事符号的量化分析》)。以此来加强学生对“原作”阅读的理解，理解鲁迅小说深刻的思想内涵、丰富的艺术形式和鲁迅忧愤深广的内心世界。

第四，做小说专题，最终的成果或目的是要让学生写出带有“思辨性”或者“研究性”的论文习作。

虽然我也鼓励或者倡导学生进行小说创作的尝试，如有学生学完鲁迅小说专题就写下《阿 Q 歪传》(高二学生彭冕妮)、《阿 Q 当官》(高二学生彭文宣)、《阿 Q 新传》(高二学生刘穗生)、《狂人苦旅》(高二学生陈柯)等，但我并没有作硬性规定，因为真正的“文学语言”及其创作能力的要求是非常高的。学生在高中阶段或在完成高中学业之后，我们看到在文学上取得成绩或成就的学生非常之少，毕竟，语文不等同于文学，文学也不是语文的主要目标。

81. 外国文学作品专题学习怎么做？

在我选入的外国文学专题里，现代派的作家、作品居多，如表现主义的卡夫卡、意识流小说的伍尔夫、荒诞派戏剧的《等待戈多》、魔幻现实主义的《百年孤独》等。那么，怎么做好这些作家、作品的专题呢？以伍尔夫专题为例。

首先，要了解意识流小说与现实主义小说的不同。

以前学生读雨果的《悲惨世界》《巴黎圣母院》，读托尔斯泰的《安娜·卡列尼娜》《复活》等 19 世纪批判现实主义作品，关注的是人的外部情形，即人物与社会的冲突，人的生存状态的矛盾。但意识流小说就不一样，它是一种以表现人的意识流动、展示人的心灵世界为主的小说。伍尔夫就认为人生并非布置得很齐整的，因此她反对传统小说的精密布局。她在大众读者《评现代小说》一章里说过：“一个常人的知觉每天接受无数的印象——有些是琐碎的；有些是荒诞的；还有些是深刻的。这些印象的综合就织成一个人的日常生活。人生的真实性即在此。所以一个作家，如果他能摆脱传统的束缚，不拘泥于精密的布局和叙述故事，他就能真实地描写人生。真诚的作家们应该写他的‘所感’而不应死守成规，依样画葫芦。因此抓住人生真实性的小说不一定要有悲欢离合、慷慨激昂的情节或离奇动人的故事。小说家的使命在于写出环境对人心理上所引起的复杂反应和描摹情感的伸缩与奔放。”[①]明白她这样的主张或理念，你就找到阅读她作品的钥匙。

其次，要了解意识流小说的创作方法或技巧。

意识流小说的创作方法或技巧主要包括象征暗示、内心独白、自由联想、蒙太奇、时空跳跃、旁白等。以伍尔夫《到灯塔去》为例。

(1)让学生理清小说事件发展的脉络和小说的叙述视角。《到灯塔去》讲的是拉姆齐一家在某一年夏天和朋友们到海滨别墅去度假，拉姆齐的小儿子詹姆斯萌生了乘船去游览矗立在海中岩礁上灯塔的愿望。但由于气候原因，这个愿望没能实现。十年过后，第一次世界大战结束，夫人故去，拉姆齐先生带着子女重游故地，最终完成了到灯塔去这一夙愿。

小说的中心人物拉姆齐夫人是通过不同人物的视角显现出来的。在儿子詹姆斯看来，“她在哪方面都比他(拉姆齐先生)强一万倍”；在拉姆齐先生的眼中，“她姿容绝世”；坦斯利先生“感觉到她身上的那种韵味”，认为“她是他见过的最美丽的女人”；只有在画家莉丽的眼里才能发现拉姆齐夫人的缺点，“她看上去多么苍老，多么疲乏”，而且“她任性；她盛气凌人”。作品以拉姆齐夫人为中心，不仅联结了其他人物的意识流，而且学生可以从不同人物的角度来了解拉姆齐夫人。这样，随着叙述视角在一个又一个人物的意识之间频繁转换，被观照的人物形象的不同侧面得以全面显现而呈现出丰富可感的立体美。

(2)要学生努力追问作家写作意图以及作品象征寓意。学生就有如下追问：拉姆齐先生究竟是怎样一个人？是一个求实者还是一个暴君？拉姆齐真正想成为哪一种人？他为什么要去灯塔？还夫人之愿吗？去那儿意味着什么？如何理解“我们都死亡了，各自孤独地死亡了”这句话的含义？作品体现了悲观的情绪和思想吗？拉姆齐夫人被人们称为“女神”，但构成小说情节主线的却是詹姆斯的意愿以及在父亲的带领下这个意愿的得以实现，拉姆齐夫人则连一个姓名也没有，甚至在小说进行到一半就故去了，作者为何要这样写？

---

① 谢庆垚.《到灯塔去》译者序．见[英]伍尔夫．到灯塔去．谢庆垚译．上海：商务印书馆，1946：4.

莉丽的原型据说是作者自己，莉丽试图完成那幅以母子图为背景的油画又代表了什么？全文终结，拉姆齐夫人死了，剩下一行人去往灯塔时，莉丽才终于完成了那幅画，这又代表了什么？小说多次提到灯塔，有着怎样的象征寓意……

再次，要借助专家的评论来帮助自己思考，最后得出自己的思考或结论。

如我在网络学习平台上提供的辅助性评论文章有：李晓燕的《走进弗吉尼亚·伍尔芙的精神小屋——试析〈到灯塔去〉所诠释的女性观和生死观》、王晨的《弗吉尼亚·伍尔夫和她的名篇〈到灯塔去〉》、赵玫的《一个女人的精神生活》、李伯宏的《沃尔芙的细致》、雪候兰的《灯塔的岁月——纪念弗吉尼亚·伍尔夫》、魏家川的《那近乎天界的美》和武炳新的《流动着的伍尔夫》，等等。

高中阶段，教师如能对20世纪现代派作家作品作一次宏观的、全景式的介绍，将更有助于学生对百年文学脉络的整体把握和观照，进而领略已经过去的这个"人类有史以来最复杂的世纪"对小说家及小说形式的深层影响，领悟为什么20世纪的小说令人感到"阅读不再是一种消遣和享受；阅读已成为严肃的甚至痛苦的仪式"。[①]

82. 戏剧类作品专题学习怎么做？

戏剧类作品有传统派和现代派之分。以我选入的戏剧类作品专题为例，莎士比亚的《哈姆雷特》、曹禺的《雷雨》就属于传统派戏剧，贝克特的《等待戈多》等则属于现代派戏剧。传统派戏剧所表现的是冲突、对抗的发生、发展和解决。可以说，没有冲突、对抗就没有传统戏剧。但到了现代派戏剧里头，情节没有了，冲突没有了，人物形象塑造也没有了，有的只是无头绪的对话、荒诞不经的动作或插曲等。了解这样的特点，在做戏剧类作品专题的时候就应该有所侧重，有所不同。

---

① 吴晓东．从卡夫卡到昆德拉——20世纪的小说和小说家．北京：生活·读书·新知三联书店，2003．

一、先谈谈传统派戏剧

以传统派戏剧作品《雷雨》专题为例，我以为最主要要抓两点：

一抓冲突。(1)人与人之间的冲突。学生可以从四组人物关系入手：如侍萍、鲁贵和周朴园的关系；周萍、蘩漪和周朴园的关系；蘩漪、四凤和周萍的关系；周萍、周冲和四凤的关系。当然，还可从周鲁两家阶级对立关系入手，如周朴园、周萍与鲁大海虽有血缘关系，但更直接的是资本家的剥削和工人的被剥削的关系。(2)人与环境冲突。如由“远处的隐雷”到“雷更隆隆地响着”的有关雷雨的描写，展现出人物内心深藏的痛苦、矛盾、焦灼与抗拒。(3)人内心的冲突。如周朴园既接触西方资本主义文明，又具有浓郁的封建意识；既在社会上成就卓著，又携带着野蛮盘剥的发家历史；既有真实地怀念侍萍的情感，又在再见侍萍时软硬兼施威逼利诱；似乎能主宰一些人的命运又自己最终走向毁灭的深渊。

二抓语言。语言是戏剧的基础，无论是传统派戏剧，还是现代派戏剧，无论是说明剧情、过场连接，还是展示冲突、刻画人物或表达象征寓意，都离不开戏剧语言。为此要学生特别关注剧中人物的语言表达，即语言表达的动作性和语言表达背后的潜台词。如《雷雨》第二幕中周朴园与侍萍的对话就极富动作性。周朴园不知面前的女人就是30年前被他遗弃的侍萍，在侍萍叙述悲惨身世过程中，他四次发问：“你——你贵姓?”“你姓什么?”“你是谁?”“哦，你，你，你是——”从随便敷衍到惊惧，最后终于不得不当面承认，鲜明地展示了周朴园渐趋紧张的内心世界。

当然，要完成《雷雨》专题学习的任务，还得走完一个专题学习必须走完的全部环节或步骤。

二、再谈现代派戏剧

与传统派戏剧不同，学生从现代派戏剧的人物关系中找不到冲突。以现代派戏剧作品《等待戈多》专题为例，第一幕：流浪汉爱斯特拉冈和弗拉基米尔出现在一条乡村道路上，四周只有一棵光秃秃的树。他们自称要等待戈多，可戈多是谁？他们相约何时见面？连他们自己也不清楚。但他们仍苦苦等待着。为了解除等待的烦恼，他俩没话找话，胡乱交谈。他们一会儿谈忏悔，一会儿谈应该到死海去度蜜月，一会儿又讲《福音书》里的故事；还说这样一些话："我觉得孤独"，"我作了一个梦"，"我很快活"——且没事找事，做出许多无聊的动作，如弗拉基米尔脱下帽子，往里边看了看，伸手进去摸，然后把帽子抖了抖，吹了吹，重新戴上；爱斯特拉冈脱掉靴子往里边瞧，又伸手进去摸……戈多老是不来，却来了主仆二人——波卓和幸运儿。最后终于等来了一个男孩，他是戈多的使者，他告诉两个可怜人，戈多今晚不来了，但明天晚上准来。第二幕：仍然是他俩等待戈多，在同一时间，同一地点，场景的变化只是那棵树上长出了四五片叶子。为了打发烦躁与寂寞，他们继续说些无聊的话，做些荒唐可笑的动作。此时，波卓和幸运儿又出现了，只是前者眼睛瞎了，后者成了哑巴。最后又等来了那个男孩，他告诉他们今天戈多不会来了，但他明天准来……

这就是荒诞派戏剧的巅峰之作。传统戏剧中的"一切"在这里不见了。非逻辑的语言，非理性的结构，直喻或者象征的舞台形象和扭曲了个性的人物，使"经历过"的我们从中窥视到了人生的痛苦与荒诞。它从不同角度突显了西方人的幻灭感，表现出人的处境的单调刻板，生活的无目的，以及人生所承受的是没有尽头的煎熬。它使人们看到，人作为社会的存在已经到了无法生存下去的地步。社会的灾难，人格的丧失，个性的毁灭，以及自身的绝望无聊，已经使生存和生命黯然失色，使存在不具备任何意义。一言以蔽之，生命成了一种无望的等待，而这也正是现代派戏剧的魅力所在。

当然，做戏剧类作品专题，还可以鼓励热爱戏剧的学生进行戏剧创作。

83. 电影专题学习怎么做？

做电影专题和做别的专题有些不同：一是要学一点电影知识；二是要确定做哪位导演导的电影，一共做多少部电影才合适；三是要安排时间看电影；四是要精读或研读好的电影评论，然后自己写作电影评论。

以张艺谋电影专题为例，之所以把专题确定为"张艺谋电影欣赏及评论写作”，首先是来于自己的知识储备，如我向前几届学生推荐过“周末电影”，对张艺谋电影比较了解也比较关注；其次是张艺谋对中国发展中的电影的突出贡献以及在世界上的影响力；第三还考虑到张艺谋的电影无论是文化背景还是人物故事等为同学们所熟知。为此，我选定下面两类学习材料。

第一，与电影和电影欣赏及评论相关的基础知识。

(1)学生网上购买书籍：《影评范文点评》(中国传媒大学出版社)、《电影：50位最有影响力的世界电影大师》(浙江摄影出版社)、《世界经典影片分析与读解》(中国广播电视出版社)、《一个人的电影院——著名影评人韩浩月首部影评集》(电子工业出版社)。(前两本为每位学生必购书籍)

(2)教师上传学习材料到指定的网络学习平台，如“电影欣赏”(共七讲)：①电影的诞生与发展；②看电影和欣赏电影；③影视艺术的审美要素；④蒙太奇(montage)；⑤电影艺术的审美特征及分类；⑥“梦幻工厂”好莱坞(Hollywood)；⑦电影评论的写作。

第二，张艺谋八部电影的内容介绍、视频链接，张艺谋的生平事迹、从影经历及电影的综合性评价和单一性评价(即针对某部电影或某部电影某一方面的评价)。

(1)八部电影是《红高粱》《秋菊打官司》《活着》《我的父亲母亲》《山楂树之恋》《英雄》《满城尽带黄金甲》《金陵十三钗》。

(2)张艺谋生平事迹、从影经历、艺术成就。

(3)综合性评价和单一性评价。综合性评价如崔卫平的《张艺谋电影中的游民意识》，赵晓珊、韩薇的《张艺谋电影作品的心理学解读——用艺术填补早期心理缺失》。单一性评价如张英进的《身体的诱惑：塑造当代中国的民俗电影——解读电影〈红高粱〉》，苏壮的《张艺谋电影作品中的构图艺术》，迟锴、侯丽枚的《再论张艺谋电影的色彩张力》，刘娜、赵一娜的《张艺谋电影音乐之我见》，崔春泽的《非纯正意味的荒谬喜剧——评电影〈秋菊打官司〉的艺术性》等。当然，作为学生学习写作的借鉴类影评文章，教师还得在做专题的过程中精选。

考虑到学校安排每周三下午是传媒生的专业课——让学生看电影。那么，观看张艺谋八部电影就安排在八周时间内完成。学生确定研究方向之后再次自行观看电影的时间不计算在内。如学生确定研究《红高粱》之后，必定会再次观看一至两次这部电影。

再接下来就是，在指定的网络学习平台上，让学生阅读、思考及写作，这一点和其他的专题学习流程基本相同。这当中，如果有学生有兴趣进行电影剧本创作或者拍摄微电影，我也给予鼓励和支持。

84. 史、哲、政、经类作品的专题学习怎么做?

语文虽然被认为是“语言文字”、“语言文学”等，但这个学科与历史、哲学等有着天然的联系。过去人们常说文史哲不分家，今天也有人提到文、史、哲、政、经是相通的，专题学习就有这样的倾向，如《诗经》专题学生接触的不仅仅是文学，也是历史、思想史；王安石专题学生不仅仅是学习王安石的散文，也了解他的变法(含政治主张、经济政策等)和变法的历史背景，等等。然而，真正要拿一本史哲政经类的作品做专题学习内容还是很不一样。以高二上学期蒋廷黼《中国近代史》专题为例，就涉及到很多问题，如学生的学力状况、做专题时的选本和做法等，都要考虑周全。

第一，要考虑到学生的学力状况。

我把蒋廷黼《中国近代史》专题放在高二上学期来做，是因为学生的思辨能力、研究能力在经过高一年级一年的历练后，已日渐成熟。

第二，要考虑到选本。

我选择的是由蒋廷黼撰写、沈渭滨导读、上海古籍出版社 1999 年出版的《中国近代史》，全书共计 109000 字。

撰写者蒋廷黼，著名历史学家，先后做过南开大学历史系教授、清华大学历史系主任，是中国近代史研究的开拓者之一。写于 1938 年春夏之交的《中国近代史》一书，从外交内政的关系入手，重点论述自鸦片战争以来中国为抵御外敌入侵而改革内政的各种方案，凸显出那一代学人在思考国家前途、民族命运、社会进步时的救亡图存的使命感。全书篇幅虽短，学术含量却很高。百年历史，写得磅礴大气却又深入浅出、好读耐看。内容上没有拘泥于事件过程和细节的铺陈，方法上从总体把握演变趋势，显示了作者沉潜思辨的写作风格。

导读者沈渭滨，复旦大学历史系教授，专长中国近代史。他导读蒋廷黼的《中国近代史》，对蒋廷黼体现在这一著作中的历史观和方法论进行了评估，既指出其不足与缺憾，又肯定其对当时和以后的近代史研究产生了深远影响。

第三，要考虑做法。

历史毕竟是历史，不是语文。语文学科教学的特征如何凸显，这是语文教师应该关注的问题。我关注的是通过史论学习，让学生生成自己的思考和思想，进而生长出高质量的语言。下面是一些主要做法。

(1)师生共同确定专题学习的原则、方向及目标。

原则：观历史之流变，其事件是否有利于社会进步？评历史之人物，既要听其言，更要观其行。

方向：近代百年中国落后的根本原因是什么？我们丧失了哪些机遇？

目标：通过对重大历史事件的得与失和重要历史人物功与过的评价，培养学生正确的价值中立的历史观。价值中立是一种理想状态，重要的不是我们有没有做到“价值中立”，而是要明白我们离“价值中立”还有多远，尽可能地站在一个“中立”的立场去思考、度量历史。

(2)学生课内对照人民教育出版社出版的高级中学课本《中国近代现代史》上册(必修)中“自1840年鸦片战争起至1927年大革命失败止”的内容，精读蒋廷黼的《中国近代史》。根据精读过程中发现的疑点、迷点提出问题，进行假设，思考探究，辨别正误，阐述自己初步的感想或见解，如历史教科书上说：“领导禁烟运动的林则徐是中华民族的英雄”，“在广东主持禁烟期间，他设立译馆”，委托好友“魏源编写出《海国图志》”，“起积极作用”；而蒋廷黼《中国近代史》第一章第四节“民族丧失二十年的光阴”中却说：“林虽有这种觉悟，他怕清议的指摘，不敢公开提倡”，“他让国家日趋衰弱，而不肯牺牲自己的名誉去与时人奋斗。林文忠无疑是中国旧文化最好的产品”。这“旧文化最好的产品”与“民族的英雄”的评价相距甚远，那么，“真正的林则徐”是什么样的？我们该怎样评价？

(3)选入辅助性阅读材料。如潘旭澜的《走出梦话——太平杂说》、李乔的《也说曾国藩的可怕》、王树增的《百年前的李鸿章》、周振鹤的《当饭菜吃还是当衣服穿》、陆健东的《一八九七的遐想》，等等。这些文章阐述了当代学人对这段历史(事件或人物)的独到见解，其独立思考的批判精神和行文结构的文本体例给学生以示范作用。此外，还选入蒋梦麟的《西潮与新潮》，扩大学生视野。

(4)学生课外制作“中国近代史自强事件年表”，制表细目包括“皇帝年号”、“公元纪年”、“干支纪年”、“历史人物”、“重大事件”，共五项。在表格中，学生还可以列入与之相对应年代西方或日本所进行的一系列社会革新运动来进行对比思考。

总之，拿史哲政经类作品作为专题学习内容，最重要的是选好读本，这一点要求教师要有比较广阔的阅读面和眼光。如我曾考虑过做完《论语》专题之后，再做一个《柏拉图对话集》专题学习；做完鲁迅小说专题之后，再做一个胡适政论文的专题学习等。但由于时间不够，却没能做成，实在遗憾。

85. 文言文类作品专题学习怎么做?

文言文教学历来是个难题，自然，与文言文有关的专题学习就是难题中的难题。我做的与文言文有关的专题有“寂寞圣哲”(以《论语》为主)、《世说新语》、陶渊明、韩愈、苏轼、王安石，达6个之多。那么，文言文类专题该怎么做？与传统文言文教学相比，我们的做法有哪些不同呢？

首先，“读”的目的不一样，进一步说就是教学的价值取向不同。

别人读文言文仅仅是为了掌握文意，如记住几个虚词、实词，理解文中某一句话的意思，排除无关信息，筛选出有关信息，能“翻译”出几个疑难或者特殊的句子等。我却不是这样。如韩愈专题，除了要求学生用一两个课时熟悉韩愈生平事迹之外，更重要的是要学生深入探究韩愈具有“敢于向皇帝说声不”的精神、气质和勇气根源，要感受到中国古代士子那种虽多次被贬但仍心胸坦荡、耿介直言、爱护百姓、勤政为民的硬气和骨气。围绕着这一学习目标，我选入的原作有《祭十二郎文》《张中丞传后叙》《御史台上论天旱人饥状》《论佛骨表》《进学解》《师说》《原毁》，共七篇，韩愈诗歌还不计在内。

在文言文专题学习过程中，学生关注的如果仍然是一字一词一句意思的理解和掌握，而不是现代人与古代人生命的对望和视线的相遇，不是现代人对古代人身处变局、面临考验时所激发出的智慧与创造的感同身受，以及不能够理解“以史为鉴”、“以古鉴今”对今天的社会现实有深刻的借鉴意义和价值的话，那么，学生就无法与古人达到精神的契合与生命的沟通，就无法感受并理解古人在千百年以前对人生的思考和对生命的追问，就无法培植出“对现实有真见、对人生有透视、对历史有深知、对宇宙有参悟”的思想的深刻性、观点的独创性以及批判性思维的人格和品质，如此，高中学生怎么就没有权力拒绝这样的文言文教学呢？

其次，“读”的方法和策略不一样。

长期以来，我们的文言文教学无外乎就是“三段式”。先扫除文字障碍，接着找出课文中古今相异的实词、虚词及句式并作“翻译”，最后进行所谓的复习巩固训练。我们的文言文专题学习不是这样。以《论语》专题为例，我们读整本《论语》的目的在于，既然这是一部深刻地影响着两千多年中国历史进程的著作，我们就有必要去探究其起、落、兴、衰，以及到今天仍“昌盛不已”的奥秘。既然如此，我们就必须去读完整的《论语》原作。采用怎样的方法和策略去读呢？

第一当然是学生“自己读”，即学生人手一本《论语译注》）自读而不是老师“喂读”（教师串讲等）。采用的方法和策略是：(1)按原著顺序读（刚开始时老师可以领读、带读等）；(2)用孔子故事引读（即以某一话题为中心，教师联系前后内容引导学生读）；(3)后边章节提前读（《论语》一书一万多字，如此，可缓解长时间阅读带来的心理压力）；(4)早读课与常规课交叉读；(5)加入具有思维挑战性的阅读材料，带着思考去阅读。一句话，在“读”这一块，既搞“游击战”，又搞“阵地战”，让学生穿越时空进入到历史的现场，尽可能地、客观地、原生态地去探寻并理解两千多年前孔子和《论语》的“本真”。

一个学习时段相对较长而且与内容相关的文言文专题学习，对高一年级的学生来说是有相当的难度的，但进入高二年级就会容易很多。在这个过程中，教师要合理计划，统筹安排，并不时观察学生的学习状况，以利于及时地把握学生的学习节律和调整教师的教学策略。这样，才能保证这类专题学习的顺利进行，并保障教学质量的稳步提高。

86. 如何处理好文言文专题研究与文言文基础知识积累的关系?

从高中两年语文学习的全局去考量，在文言文类专题学习过程中进行一些基础知识的积累和基本技能的训练是必要的。那么，怎么在做好文言文专题研究的同时，又积累好文言文的一些基础知识？如何处理好这二者的关系呢?

仍以《论语》专题为例，我是这样处理的：学生在完成三个阶段，即“奠基、拓展”的第一课段，“再读、深解”的第二课段和“定向、选题、写作”的第三课段的学习任务之后，如果再开展第四课段“深度体验”的“辩论会”，那么，在第四课段结束后，就要求学生对《论语》一书中的一些成语、名句和一些常用实词、虚词的不同用法和例句做归纳整理工作。

如学生整理的《论语》中的成语、名句见下表。

表 6-1　学生整理的《论语》中的成语名句

《论语》中的成语	《论语》中的名句
·“犯上作乱” ·“巧言令色” ·“君子不器” ·“言行一致”(先行其言而后从之) ·“尽善尽美” ·“择邻而居”(子曰：“里仁为美。择不处仁，焉得知?”) ·“颠沛流离”(君子无终食之间违仁，造次必于是，颠沛必于是。) ·“无适无莫”(君子之于天下也，无适也，无莫也，义之与比。——“无适无莫”是无可无不可，没有一成不变的。天下的事，没有定形，而有定理。君子处理天下的事，没有一定要做的，也没有一定不要做的，	·“学而时习之，不亦说乎？有朋自远方来，不亦说乎?” ·“吾日三省吾身” ·“和为贵” ·“一言以蔽之——” ·“三十而立，四十而不惑，五十知天命，六十而耳顺，七十而从心所欲” ·“温故而知新” ·“学而不思则罔，思而不学则殆” ·“知之为知之，不知为不知，是知也” ·“人而无信，不知其可也” ·“是可忍，孰不可忍” ·“朝闻道，夕死可矣” ·“讷于言而敏于行”

续表

学生整理的成语	学生整理的名句
而是唯义是从，只要符合义——合情合理，合于正义，该做便做，不该做便不做，怎么干事合适就怎么干。朱熹《四书集注》) ·“见贤思齐” ·“劳而无怨” ·“半途而废” ·“文质彬彬” ·“中庸之道”(子曰：“中庸之为德也，其至矣乎！民鲜久矣。”) ·“暴虎冯河”(子曰：“暴虎冯河，死而无悔者，吾不与也。必也临事而惧，好谋而成者也。”——暴虎冯河，常用来比喻那种有勇无谋，冒险行事，而往往导致失败的人。) ·“废寝忘食” ·“威而不猛” ·“以文会友”	·“朽木不可雕也” ·“听其言，观其行” ·“敏而好学，不耻下问” ·“三思而后行” ·“知之者不如好之者，好之者不如乐之者” ·“知者乐水，仁者乐山” ·“默而识之，学而不厌，诲人不倦” ·“不愤不启，不悱不发，举一反三” ·“三月不知肉味” ·“三人行，必有我师焉。择善而从之”(择其善者而从之，其不善者而改之) ·“君子坦荡荡，小人长戚戚” ·“鸟之将死，其鸣也哀；人之将死，其言也善” ·“任重道远，死而后已” ·“民可使由之，不可使知之” ·“不在其位，不谋其政” ·“仰之弥高，钻之弥坚；循循善诱；欲罢不能” ·“何陋之有” ·“逝者如斯夫，不舍昼夜” ·“三军可夺帅也，匹夫不可夺志也” ·“岁寒，然后知松柏之后凋也” ·“食不厌精，脍不厌细” ·“己所不欲，勿施于人” ·“生死有命，富贵在天” ·“四海之内皆兄弟” ·“名不正则言不顺”……

学生积累多了就必定会“用”，学以致用，才是我们的目的。

又如《论语》中的虚词、实词的整理。虚词如“之”、“其”、“而”、“以”、“莫”、“为”等的不同用法和例句，选十个左右，每个列出三至五句例句；实词如“及”、“反”、“比”、“本”、“见”、“使”、“事”、“居”、“服”、“长”、“后”、“食”、“时”、“从”、“善”、“乱”、“过”、“道”等的不同用法和例句，选二十个左右，每个也列出三至五句例句。

之所以安排在专题学习结束之后做这项工作，主要是因为专题研究是我们学习之“主”，基础知识积累是我们学习之“宾”，不能“喧宾夺主”、“本末倒置”，影响了专题研究思考的持续性和学习的进程。语文教学由传统的积累式发展到近十几年来的分析式，而我们今天做的专题学习主要是探究式的。积累、分析、探究并不相互冲突，关键看我们怎么整合。当然，要进行这样积累式的归纳整理，教师事先要作必要的指导，如怎样制表，怎样选择主要或重要的信息等，这本身又带有探究式学习的特点。

87. 如何指导学生用“新批评”细读法解读“原作”？

首先，介绍什么是“新批评”细读法。“新批评”得名于美国约·兰塞姆所著论文集《新批评》(1941 出版)，是英美现代文学批评中最有影响的流派之一，它于 20 世纪 20 年代在英国发端，30 年代在美国形成，并于四五十年代在美国形成大势。五十年代后期，新批评渐趋衰落，但新批评提倡和实践的立足文本的语义分析仍不失为文学批评的基本方法之一，对当今的文学批评尤其是诗歌批评产生着深远的影响。

“新批评”细读法不是一种自我感兴趣的印象式批评，而是一种“细致的诠释”，是对作品作详尽分析和解释的批评方式。在这种批评中，批评家似乎是在用放大镜读每一个字，捕捉着文学词句中的言外之意、暗示和联想等，类似于中国古代文学批评最早、最常见的话语分析方法——即“言、象、意”文本分析法。其过程大致分为三个步骤：一是了解词义，二是理解语境（含语

法），三是把握修辞特点。（以上资料一般上传网络学习平台供学生学习。后几种解读法也是这样）

其次，找到一个专题作载体，让学生学习这样一种细读方法。如鲁迅专题，学生精读《伤逝》之后，我就直接把孔庆东运用“新批评”细读法解读鲁迅《伤逝》的文章——《鲁迅〈伤逝〉文本细读》（以下简称“孔评”）[①]上传到网络学习平台，让学生学有示范，如：

原文：如果我能够，我要写下我的悔恨和悲哀，为子君，为自己。

孔评：鲁迅他是非常厉害的，一句话就可以把人带入一种情调，带入一种氛围一种意境。就这么一句话，一下子就让人进入一个别样的空间。我们今天可能很多人都会模仿这种写作方式，可是在那个时代，这在中国是最新颖的写作手法。用一个“如果”开头，你看看中国传统的小说可有这样的写法？“如果我见到宋大哥，我一定跟他上梁山。”李逵说（众笑）。有这样的叙述方法吗？绝对没有。只有到了20世纪的现代，竟然有这样的小说。而且这一句话，你说它是叙述吧，其实它是诗，是诗一样的语言，它给整个作品定下了一个诗的调子。

原文：事情又这么不凑巧，我重来时，偏偏空着的又只有这一间屋。依然是这样的破窗，这样的窗外的半枯的槐树和老紫藤，这样的窗前的方桌，这样的败壁，这样的靠壁的板床。

孔评：鲁迅非常善于使用排比句，这是我们注意到的，鲁迅使用排比句使用得特别好。我们现在写作文，老师也教我们写排比句，当然那个排比句排比得特别生硬，没有达到排比应该获得的那种文学效果。我们有些排比句：“欢迎你啊新同学，欢迎你啊小张，欢迎你啊小王。”（众笑）这种排比句没有意思的。你看就“这样的”三个字给你排比得，排出这样一个婉转、一个凄婉的调子，你看他“这样的”三个字用得多好！

原文：这是真的，爱情必须时时更新，生长，创造。

孔评：请大家记住，这是《伤逝》这篇小说里的名言。爱情必须时时更新，生长，创造。我们的生活似乎越来越好，吃喝玩乐的内容越来越多，机会越来越多，但是爱情却没有越来越淡，爱情这东西跟什么国民生产总值是没有

① 本文在百度文库上的名字为《孔庆东解读〈伤逝〉》，是根据孔庆东在北大讲座的录音整理的。

关系的，跟全球化不全球化都没有关系，照样每天有那么多的人失恋，有那么多的情杀。怎么来保持爱情？是不是人家说爱你了这事就完了？就可以睡大觉了？然后就一辈子幸福了？不是这样的。鲁迅通过涓生的口告诉我们：爱情必须时时更新，生长，创造。这句话不好理解啊……是把爱情这个东西看成是一个有生命的东西，爱是有生命的，像那个花草一样，不浇水它就死了。你不要以为他说了一句“我爱你”，然后你就不用理他了，他一辈子就会爱你了，不是这样的。他说了他爱你之后是希望你每天给他浇水，继续浇灌他的灵魂，两个人必须互相浇灌，这才能更新、生长、创造。爱情才能长成一棵大树。大多人不懂得这个道理的，还是像古代的人那样，以为爱情就是结婚的一个手段，通过谈恋爱跟人家结了婚，以后就什么都不管了。那以后就会出事。这是无数人得出的惨痛的教训。得出惨痛的教训不见得能说出鲁迅那么精辟的话来。

原文：“奇怪。——子君，你怎么今天这样儿了？”我忍不住问。“什么？”她连看也不看我。“你的脸色……”“没有什么，——什么也没有。”我终于从她言动上看出，她大概已经认定我是一个忍心的人。其实，我一个人，是容易生活的，虽然因为骄傲，向来不与世交来往，迁居以后，也疏远了所有旧识的人，然而只要能远走高飞，生路还宽广得很。

孔评：这时候远走高飞就出来了，两个人现在各想各的事，开始出现重大的隔膜，叶圣陶有篇小说就叫《隔膜》，在“五四”的时候，很多敏锐的作家，他们观察到人性的一个基本的问题，是超越民族阶级的一个根本性问题，人和人其实是隔膜的。即使是爱人，即使是无论多么相爱的人，你以为两人是心有灵犀一点通，可能就同那一点，剩下九十九点都是隔膜的，就那一点儿通了，人和人真的是隔膜的。

第三，在学生学习孔庆东的“文本细读”时，我会选择恰当的时候（学生读完）对部分文字进行点评（以下简称“师评”），如：

原文：如果我能够，我要写下我的悔恨和悲哀，为子君，为自己。

师评：开头这句话是一个状语后置。把状语摆到中心语的后边，突出状语所表达的内容，强调“为子君”也“为自己”，这才是“写”的真正目的——为子君哭，为自己哭，为他们的爱情不容于这个时代哭。如果把它还原成正常语句，即“如果我能够，我要为子君，为自己写下我的悔恨和悲哀”，就失去了那种锥心的追悔和哀痛了。

原文：这是真的，爱情必须时时更新，生长，创造。

师评：为什么爱情必须时时更新，生长，创造？撇开时代、家庭的威压因素，爱就是双方的事情。它需要双方同步，需要彼此给予对方能量或一方引领另一方的智慧。当一方不能给予另一方能量或不能引领另一方的智慧时，激情过后，这另一方就有可能选择“离开”。这也许就是我们为什么谴责涓生的原因吧！所以，我认为，爱情是人类最复杂、最不稳定的一种感情，爱情的“今生”涉及到彼此相遇前的“前世”，正因为如此，爱情必须时时更新，生长，创造。

88. 如何指导学生用“叙述学”分析法解读“原作”？

跟指导学生运用“新批评”细读法解读“原作”一样，首先，我要告诉学生什么是“叙述学”分析法。“叙述学”理论的产生与俄国形式主义、索绪尔语言学、结构主义、解构主义等20世纪文学文化理论有着密切的关系。“叙述学”分析法主要以叙事作品（主要是小说）为研究对象，发掘其内在的结构规律。通俗地说，就是一个故事是通过“谁”来讲述出来的或者被组织起来的。

“叙述学”分析法主要有故事分析（包括故事序列分析、故事类型分析等）和叙述视角分析（包括叙述者的人称、角度、位置、可信度，叙述者的声音、叙述的速度等）两种。前者我们常用，后者我们比较陌生。学生要学习的主要是叙述视角分析。

接着，找一个专题为载体，让学生学习这样一种解读方法，仍以鲁迅专题为例。

先从叙述者的角度来考查，我上传了钱理群教授《〈孔乙己〉：叙述者的选择》和王涘海先生的《鲁迅小说叙述者特色》。通过学习，学生发现一些常常被自己忽略掉的深层意义。

如小说《孔乙己》是采用第一人称叙述者“我”来进行叙述的。这个“我”在小说中是成年后的“小伙计”，是他在成年后对咸亨酒店里一段往事的回忆性叙述。鲁迅为什么选择“我”作为叙述者的角度而没有选择如“孔乙己”、“掌柜”或者“酒客”呢？因为在鲁迅看来，在中国这个国度里，“人”不是充当“看客”，就是“被人看”。从这样的创作意图出发，“小伙计”就是再恰当不过的“叙述者”：一方面，他是酒店中人，“孔乙己”(被看)与“酒客、掌柜”(看客)这两类人的一言一行都“尽收眼底”；另一方面，他的地位与身份决定了他不仅与“孔乙己”，而且与“酒客、掌柜”都有一定距离，他可以以一个“旁观者”的身份，同时观察与讲述(描写)“孔乙己”的可悲与可笑和“看客”(酒客、掌柜)的麻木与残酷。还有，既然“我”(小伙计)作为小说里一个人物出现，他在发挥观察者、叙述者的功能的同时，也必然要显示出某种独立的意义。那就是，随着情节的发展，“我”(小伙计)的精神境界、地位也逐渐向麻木、冷酷的“酒客”靠拢，最终不免被“同化”，“我”的视野的转化也是“我”渐渐在这个环境中长大成为众人中一员的过程：这长大的过程本身就构成了一个精神悲剧。

与《孔乙己》采用第一人称“我”作回忆性叙述不同，《祝福》采用的则是第一人称“我”的现时性叙述。充当叙事功能的“我”并不是祥林嫂故事的见证人，但他却有自己的思想，因此成为另一条线索叙述的主人公，与祥林嫂的故事平行，相交。与《孔乙己》的故事、话语相离不一样，《祝福》这里则发生了故事和话语的重合。叙述人“我”、祥林嫂、鲁四老爷构成了故事的三向维度。如果主人公只是祥林嫂一个人，或者说没有“我”的参与，那么这篇小说就与一般的描写农村妇女悲惨命运的作品没有什么不同。加上鲁四老爷这个人物形象，在主题上也不过是一般地反映被压迫者与压迫者之间的矛盾。而当作者将叙述者自身也作为作品主要人物之一去叙述时，通过叙述者的自我拷问，我们看到，叙述人不再如以往那般自信，即以一种高高在上的姿态俯瞰中国农村土地上愚昧着生存着的人们，以为“他者”的命运可以通过启蒙者的呐喊来改变甚至救赎，而是陷入了犹豫不决的尴尬之中。同时也看出“隐含作者”(处于特定创作状态、采取特定方式来写作作品的这个人)对于启蒙的困惑(此处叙述者与作者的态度是一致的)。《祝福》借祥林嫂关于生死的问题来拷问自我，“隐含作者”从呐喊者、战斗者的热情中退却出来，回归思想者的冷静与自省。

再从叙述者的可信度来看。在鲁迅小说的第一人称叙事中，《伤逝》的叙述别具个性。将《伤逝》的第一人称叙述与《故乡》《社戏》等的第一人称叙述相比较可以发现，此处的叙述者与“隐含作者”之间距离最大，为不可靠叙述。故事在叙述者涓生的自我反省、忏悔中展开，但读者读了这个故事之后，并不会认同涓生的忏悔，原因在于“隐含作者”和叙述者之间的观点并不一致，即“隐含作者”对涓生的自我反省是持批判态度的，他努力使读者明白涓生的这种貌似真诚的自我反省是不可靠的，它与事实（或真相）存在一定的差距。明白这一点，我们就知道为什么学生读了《伤逝》后会同情子君、谴责涓生。其实，涓生也是受害者，只不过他幸存了下来。

引入“叙述学”分析法，可以为学生打开文学作品瑰丽诡异的内宇宙——那些我们自以为通晓明白的故事、情节、作者、读者、视角、评论等，都有可能有新的含义；一些我们习以为常的理解甚至会受到颠覆，而另一些新的理解会迎面而来。

89. 如何指导学生用“符号学”分析法解读“原作”？

同样，我首先要介绍什么是“符号学”分析方法。“符号”一词最早出自古希腊语 semeion，该词的词义与医学有关。据说，当时人们认为各种病症都有记号。医生诊病时，只要掌握这些记号，便可推断出病因。“符号学”就是对记号进行解释、分析，或者研究记号体系所表现出来的特征、功能和作用的。“符号学”分析方法在西方颇为流行，如格雷马斯方法、罗兰·巴特方法、托多罗夫方法等，这些方法的原理基本上一样。

接着，以《药》和《祝福》为例，我会引入王白云先生的《鲁迅小说中叙事符号的量化分析》一文。这篇文章对这两篇小说的两类叙事符号进行了简要的量化分析，给学生带来巨大的冲击。

(1)色彩符号——《药》与《祝福》中的主体色彩及比重

《药》全文有 28 处写到颜色，其中“红色”6 次、“白色”12 次、“黑色”8 次、“乌蓝”1 次、“碧绿”1 次。可见，其主要色彩是红、白、黑。

红、白、黑三色具有非常丰富、深刻的内涵。三色并举，其视觉效果也意味深长。

“黑色”在文章中每每以无可争议的分量出现，如天空是“秋天的后半夜”，街是“黑沉沉的”，二者组合成一个黑暗压抑的立体空间。刽子手浑身黑色，烤熟的馒头也是整个的黑色……从整体空间到具体物事，沉重而令人恐惧，暗示了当时社会环境的阴森恐怖和恶势力的强横暴虐。在文章中，“红色”有士兵衣服“暗红色的镶边”（这种红色让人感到压抑）；有“鲜红的人血馒头”（这种红色给人触目惊心的感觉）；有坟顶上“红白的小花”（这种红色意味着希望之光虽然微弱，但毕竟有了一点儿希望）……“红”的含义各不相同：表现出当时“社会”与“革命”包含太多复杂的内涵。至于“白色”，“灰白”的路，“惨白”的脸，焦皮馒头里的一道“白”气——它不作为“红”的代表，也不是“黑”的盟友，象征社会上的中间势力，带着浓重的凄凉而迷茫的气息。

三色的综合效应表明了当时的沉郁、复杂、洋溢着“恶气”和“鬼气”的社会环境。

《祝福》中对色彩的描述共约22次，其中白色（含月白、灰白）9次、黑色（含灰黑、黑黄、青色）7次、黄色4次。主要色彩为白、黑、黄，另偶有蓝色、红色夹杂其中。

与《药》以“黑”为主要的色彩背景不同，《祝福》以白色为其主色调：统纳一切的天空是“灰白色”的，天空下是团团飞舞的白色的雪花、屋宇上是雪白的瓦楞、屋檐下的人物是花白头发、人物穿的是月白背心。比起《药》黑色里的压抑和残酷来，《祝福》更多的是社会生活中的污浊和阴冷。在微观的色彩设计上，《祝福》中的色彩多为中间色：不仅白色多为月白和灰白，黑色中也多有灰色、黄色融入，蕴含浓郁的疑虑和迷茫气息。黄色是《祝福》中出现第三多的颜色，“黄色的灯火光”渲染了一个混浊的人间社会，黄色的脸颊勾勒了生活在苦难中的生命个体。《祝福》中的红色只有两次，一次是洗福礼时在水里泡得通红的女人的胳膊，另一次是祥林嫂第一次出现在鲁镇时的脸颊。小说以白、黑、黄构成完整的人间社会图景，也十分明显地表达了作者对这种社会的评价和挞伐。

（2）数字符号——病态社会群体的构成比例及生命的价值总和

《药》中加以具体表现的人物有：华老栓、华大妈、夏四奶奶、夏三爷、花白胡子、康大叔、华小栓、夏瑜、“二十多岁的人”、驼背五少爷、红眼睛阿义。

从年龄看，老者5人、中年1人、青年5人，而在这5名年轻人中，1人病入膏肓(小栓)、1人畸形(驼背)、1人异常(红眼睛)，如果除去死去的两个，年龄结构中老中青比例为5∶1∶3，可见社会暮气沉沉、痼疾沉重。

从身份看，封建鹰犬3人(康、三爷、阿义)、革命者1人、普通群众6人。反动与正义的力量之比为3∶1。如果把6个盲目趋奉反动势力的群众算作反动势力的精神支持者，那么1个革命者所需抗衡的对手为9个。“1∶9”，可见正义的暂时失败势所难免。结论：能否争取6个群众是革命成败的关键。

而从社会成员的生命意义实现程度的角度分析，我们可以发现，华家、夏家的人生追求都以失败而告终，整体上，他们生命意义的总值为“0”，而康大叔、阿义的生活目标基本实现，他们的人生价值即社会的负面价值约为“满分”，这样一来，整个社会的生命价值为“－100”，社会的可恶和可怕程度及其存在的否定性，当然不言而喻。详见表6-1。

表6-1 《药》中各社会成员的生命意义分析

人物	生活内容(目的)	结果	实现生活价值
华家	留住小栓	失败	0
夏瑜	拯救社会	基本失败	0
驼背	无所事事	成功即失败	0
康大叔	夺人性命	基本成功	100(个人)
阿义	劫人财物	基本成功	－100(社会)

在《祝福》中，除了也可就社会构成的角度，按照这种数据分析方法对其中的相关符号加以分析之外，还可以通过文章中的有关“经济数据”符号作比较分析。

文中出现经济数据共有7处，可供分析的有4处：

①福兴楼的清炖鱼翅，一大盘，1元

②祥林嫂初到鲁镇帮佣，每月500文，时值0.5元

③祥林嫂被婆婆卖到山里，价值80千，即80元

④捐门槛价目大钱12千，即12元

社会上层人物享用的一盘“物美价廉”的鱼翅，是当时社会下层年富力强“安分耐劳”的女工的两个月工钱。“年纪二十六七”、“模样还周正”、“安分耐劳”的妇女，身价包括人权相当于80盘鱼翅、等值于6.67个木制的门槛。勤苦能干的女工始终没能享用自己劳动所得的分文，夫权的代表婆婆从她的身上抢掠了她前半生中劳动所得的全部，她又积极主动地将她后半生中劳动所得的全部奉献给神权的象征“门槛”。鲁四老爷们对劳动者剥削之狠毒、婆婆们对儿媳欺凌之残忍、“门槛”们对世人毒害之深重，有进步倾向的“我”的首鼠两端、社会最下层的祥林嫂们的不幸和愚昧、整个社会的状态和悲哀，都可以从这些数据符号中或分析或推理而得知。

90. 如何指导学生用“精神分析理论”解读“原作”?

首先，我会介绍“精神分析理论”的发生和发展。19世纪末，由弗洛伊德创立的精神分析理论在人类文化史上矗立起了一块划时代的丰碑，它的巨大而深刻的影响不仅仅存在于心理学领域，而且波及到了人类文化的各个方面。

接着，我会介绍它对文学领域的影响。几乎在精神分析理论问世之初，文学就成为了它的最好盟友。自从有了它的介入，文学对人性以及人的本质的刻画达到了前所未有的深度。

然后，选择一个专题载体，如我会以《雷雨》专题为例，引入作者惠瑜的文章《解读〈雷雨〉中蘩漪的心理》让学生学习。作者从弗洛伊德精神分析学提出的“人格结构理论”的角度，谈到自己怎样运用这种理论来解读蘩漪这个人物形象的性格特征。

弗洛伊德精神分析学提出的“人格结构理论”将人格划分为三个层次，即：本我、自我和超我。本我处于人格结构的最低层，是一种与生俱来的动物性的本能冲动，特别是性冲动。它是混乱的、毫无理性的，按照“快乐原则”行事，盲目追求满足的。超我处于人格结构的最上层，即能进行自我批判和道德控制的理想化了的自我，它主要包括两个方面：一方面是良心，代表着社会道德对个人的惩罚和规范作用；另一方面是理想自我，确定道德行为的标准。超我的主要职责是指导自我以道德良心自居，去限制、压抑本我的本能冲动，而按“至善原则”活动。中间层是自我，它是从本我中分化出来、受现实影响而渐识时务的一部分。自我充当本我与外部世界的联络者与仲裁者，并且在超我的指导下监管本我的活动，它是一种能根据周围环境的实际条件来调节本我和超我的矛盾、决定自己行为方式的意识，代表的就是通常所说的理性或正确的判断。它按照“现实原则”行动，既要获得满足，又要避免痛苦。《雷雨》中蘩漪这个人物形象就具有本我压倒了自我这样一种人格结构主流特征。

正如我们所看到的，作为一个出身有一定地位的女子，蘩漪必须保持女人的矜持，做出端庄的仪态。表面上是一个贤淑的女子，富有一切传统女人应有的道德。这是她的“自我”。然而，尽管有华美端庄的外表装饰着她的“自我”，但这毕竟不是她人格结构的主流，在本我、自我、超我三者之中，占绝大比重的还是本我，她的整个思想意识都是由它来控制的。如剧中她和周萍有这样一段对话：

蘩漪　（急迫地）萍，我没有亲戚，没有朋友，没有一个可信的人，我现在求你，你先不要走——

周萍　（躲闪地）不，不成。

蘩漪　（恳求地）即使你要走，你带我也离开这——

周萍　（恐惧地）什么。你简直是胡说！

蘩漪　（恳求地）不，不，你带我走，——带我离开这儿，（不顾一切地）日后，甚至于你要把四凤接来——一块儿住，我都可以，只要，只要（热烈地）只要你不离开我。

……

周萍　（痛苦地）你难道不知道这种关系谁听着都厌恶么？你明白我每天喝酒胡闹就因为自己恨——恨我自己么？

蘩漪　（冷冷地）我跟你说过多少遍，我不这样看，我的良心不是这样做的。（郑重地）萍，今天我做错了，如果你现在听我的话，不离开家，我可以再叫四凤回来。

为了满足本我的要求，蘩漪可以不择手段地乞求、妥协，甚至愿意委曲求全地和情敌共处，如此高傲的一个女子竟然走到这一地步，全是无意识中的本我意识“指使”她的，作为自身的道德规范“自我”，外在的道德规范“超我”都已不能约束她了，因为这些在她的人格结构中已经没有丝毫地位可言。

所以，蘩漪的良心可以认为那条“母亲不是母亲，情妇不是情妇的路”是她必须要走下去的，如果中断了，她也就没有几天可以活了。正如弗洛伊德在《精神分析引论》一书中所说：“本我当然不懂得价值判断：它没有善恶，无所谓道德性。如果你们喜欢，也可以说节制的或数量(quantity)的因素——它密切地和快乐原则相联系——统治着本我的所有过程。寻求释放的本能的精神专注——在我们看来，这就是本我中存在的一切。”这就是为什么蘩漪会歇斯底里地追求那种不可能的“爱”，因为当本我盲目地追求本能的满足时，它就会无视最强大的外部力量，从而不可避免地导致自身的毁灭。相对来说，周萍则时刻受到良心的谴责，在欲望与道德之间摇摆。在蘩漪最需要他的时候，最无助失落的时候，他突然把自己的位置偏向了道德，把辈分放到了蘩漪的下面。周萍越是在良心上谴责自己，对蘩漪来说越不愿舍弃，她也就越找不到自我，迷失在她的无意识创造的理想境界中。

91. 如何指导学生用“女性主义批评理论”解读“原作”?

首先，我还是要介绍一下“女性主义批评理论”的源流。女性主义批评理论的真正源头可以上溯到20世纪20年代。英国著名女作家弗吉尼亚·伍尔夫在《一间自己的屋子》(1929)中提出了许多有关妇女和文学的严肃问题，使女性主义文学理论得以初见端倪。法国著名女作家西蒙·波伏娃影响巨大的著作《第二性》(1949)使之得到进一步发展。1970年凯特·米利特的《性的政治》出版标志女性主义批评理论成熟。

接着，我要向学生简要介绍“女性主义批评理论”介入文学所带来的作用及影响。女性主义文学批评的出现，为西方文学批评带来了新的生机和活力，它不但将性别、社会性别、身体、欲望等以往被遮蔽的领域引入了文学批评的范畴，更重要的是打破了陈旧的文学批评模式，给处于困境中的西方当代思潮和文学批评提供了巨大的思考空间。

第三，我会专门选入伍尔夫这样一位作家来做专题学习。如学生精读《到灯塔去》，我会选刘宇驰先生的《〈到灯塔去〉中莉丽·布里斯科的女性主义解读》一文让学生学习。学生从女性主义文学批评的视角来关照小说中的人物时，就会发现男女性别的二元对立状态。

小说中的"典型人物"拉姆齐夫人，作者赋予了她"屋中天使"的形象。她是拉姆齐教授的妻子，也是8个孩子的母亲、有着惊人又高贵的容颜和气质：希腊古典式的美，高高的鼻梁，蓝蓝的眼睛，优雅如水仙花般的脸庞。拉姆齐夫人不但美如天使，而且像灯塔一样慷慨仁慈。拉姆齐先生也常常以妻子的美丽为自豪。但她平日的生活却是枯燥乏味：先去镇上买一些东西、去看一位病妇；然后为守护灯塔的人的小孩织毛袜；给小儿子读童话故事；准备晚饭；读书、陪丈夫散步，对丈夫态度谦恭，百依百顺等。同时她成功地举办晚宴，并且用自己的勤劳将那些深陷痛苦烦恼的人聚集起来，使他们相互友好，相互理解。然而就是这样一位"完美女人"，在男权的制度下，不但没有自己的事业，也没有高深的学问，不管周围有多少人羡慕她的美貌，她的生活，她都不愿意感觉自己比丈夫优秀，哪怕是一秒，甚至觉得还不配给他系鞋带。她有的只是顺从，没有意识到自己生活的悲哀。甚至，认为把自己的一生奉献给丈夫，是自己的幸运。她把婚姻看成是唯一重要的事，在她的世界里，女人天生就是要结婚的，女人无论有多高的成就和荣誉，如果不结婚都不是美丽的。因此她极力撮合莉丽和班克斯结婚，并把她这种人生观强加于别人。可以说，拉姆齐夫人是一位典型的男权制度的维护者。

伍尔夫认为，一个女人，第一需要的就是独立。伍尔夫清楚地认识到这个被传统性别观念束缚着手脚的社会，虽然女性有了平等的选举权、就业权，但她们更多的还是停留在拉姆齐夫人那种没有自我，只为他人而活的状态中。因此，她在小说中塑造了一个追求独立自由的新女性形象——莉丽。

莉丽这一角色，在小说的刚开始，貌似次要的角色，话语较少，但实质上却是作品中内心活动最多的核心人物，同时也是新时代自由主义女性的代言人。面对强大的父权社会，莉丽经历了太多艰辛的心理历程。她是一位画家，在这个男权社会中，并不被大家"当回事"。她一出场，在为拉姆齐夫人画像，但并没人真正关心她的画，正如班克斯站在她身边同她聊天也只是注意到她漂亮的鞋子，甚至拉姆齐夫人让她在那儿画像时，却想着"没人会把她的画当回事的”。与拉姆齐夫人比较，她扮演的则是生活在男权压制下竭尽全力反抗的新女性角色。莉丽没有妖娆美丽的容貌，人到中年也还孑然一身。莉丽不看重自己的相貌，但渴望独立，渴望能有与男性一样的绘画事业及社会地位。还自我嘲讽道：“我不是一个真正的女人，是一个古怪的老处女。”莉丽就是想通过抛弃女性的气质，来达到反抗的目的。

正如小说中坦斯利所言：“女人不会绘画，也不会写作。”她们的工作仅限于家庭这个小圈中，不能涉足家庭以外的领域。社会强加给女性的各种规范、压迫使得她们不自觉地产生自卑、胆怯。因此，莉丽要作画，首先就是要顶住男性势力下这种无形的歧视带来的压力。每当她要作画，就要警惕周围发生的一切，生怕有人要来偷窥她的画作，但同时她又为自己因创作而打破的家庭禁锢而兴奋。虽然莉丽也曾为拉姆齐夫人着迷，但她一直在努力保持自己的独立精神。正如拉姆齐夫人那个“婚姻法则”，一直想让莉丽接受，并给她牵红线，力图让莉丽赶紧嫁出去，但莉丽喜欢独身生活，喜欢保持独有的个性，竭力主张排除男权法则，因此她一直追求与拉姆齐夫人完全不同的生活方式。就算拉姆齐夫人一直说：结婚吧，结婚吧……但作为具有独立精神的女艺术家仍是毅然决然地抗拒了婚姻。莉丽的独立观，跟对立观不同，自主并不是“不合作”。作者不主张女性为了反对男权，而成了男性的对立面，同时更不主张凌驾于男性之上。如果凌驾于男性之上，又跟男权有什么区别呢？她心中的独立观，是建立在“双性同体”之上的，即“每个人心灵里，男性因素、女性因素共同存在；两性因素融为一体时，才能达到和谐相处以及精神的融洽”。

总之，我认为，在高中阶段，一定要让学生初步了解中国文学和20世纪西方文学发展的大致脉络，初步接触20世纪西方文艺批评方面最新的理论、方法及策略，以全面提高学生的文学素养和思维水平。

第七辑

温暖而百感交集的旅程

生成思想，培育思维，经典阅读，专题研究，读写一体，网络平台——这是我们语文学习的主题词。因为在我看来，传统的语文学习只是学生“在上学路上”，而专题学习则是带上学生“去远方旅行”。“在上学路上”，景致实在乏善可陈；“去远方旅行”，那些神秘的、未知的、不可测的“事物”却永远令人心驰神往。

92. 怎样开发和建设网络学习平台？

一、网站的开发和建设

以“家园——高中语文专题学习网站”为例(以下简称“家园网”)。

2003 年 4 月，中央电教馆批准我校申报《家园——高中语文专题研究性学习网站建设及应用》的子课题立项。与此同时，我们购买了一个网络学习平台，开始了专题学习网站的开发和建设(网址：http：//www. szjiayuan. net：8000/ ，现已转为内部网使用)。那么，网站的开发和建设要注意哪些方面呢？

1. 网站的取名

“家园”取名于 2001 年首届学生做专题学习时所办的班刊名《家园》，意在构建学生的精神家园。“构建精神家园”、“精神和言语共生”成了我们网站的主题词，也是我们追求的目标。设计时，放置于网站首页的网站名和主题词应该醒目，与 logo 及背景画面主次协调，相互呼应。

2. 网站的开发和建设

这包括课程开发和栏目设计。课程开发属于“软件”系统，这里暂且不谈。栏目设计属于“硬件”系统，这里着重谈。

栏目设计相当重要，但又最费周折，它涉及到专题学习资源的搜集、分类、储存、检索和使用等，就像是中药店里的中药柜，你必须先去找药(找资源)，找到后再“淘洗”(精选)，淘洗后再分类，分好类再按一定序列去储存(上传网站)，储存好后再贴上标签(分类)，这样你才便于检索，才能找得到，拿得出，用得上。“家园网”的栏目设计主要有：专题概述泛读、专题原作精读、专题挑战研读、师生讨论社区、学生习作展评。

“概述”、“原作”、“挑战”三个核心词把我们专题的三类学习材料表示得清清楚楚，“泛读”、“精读”、“研读”也把我们专题学习的推进顺序表达得明了清晰。

二、博客的开发和建设

应该说，网站具备的功能，博客基本上也具备。但从管理的角度考虑，博客有专门的部门或机构管理，如“新浪博客”就由“新浪网”负责管理。这样，在资源的安全上显得更有保障，同时也免去教师管理平台的麻烦。那么，博客的开发和建设要注意哪些方面呢？

1. 博客取名

博客取名最好是与教师的教育教学实验相关的。从 2001 年起，我做“读整本书”的专题研究性学习的实验研究。2005 年，深圳市教育局成立宝安区教育专家工作站“吴泓工作室”，于是，我就在“新浪网”建了一个取名“吴泓工作室”的博客(网址：http：//blog. sina. com. cn/szbawuhong)。

2. 栏目设置

博客上的栏目设置是有限定的。据我了解，“新浪博客”上的栏目就限定为十五个，其他网站博客的栏目设置也不会更多。语文专题学习博客的栏目设置至少应该包括这样几个：①课程资源开发，②学习任务驱动，③学生习作展示，④教师实践反思。

这里，我重点说说课程资源开发和学习任务驱动两个栏目的设置。

课程资源开发，就是教师将从互联网上搜索来的课程资源，按照专题的“泛读概述”、“精读原作”、“上网研读”进行分类，然后依次上传到此栏目上。因为选定的专题不是一两个或者三四个，而是很多个，如我选定的就有 28 个专题，将来还会有所增加，所以，我们有必要在每一个专题学习材料的“标题”前面标出“关键字”或“主题词”，并且用“【　】”号括住。如我搜索到李零、钱穆的《孔子生平简介及年表》、周桂钿的《今天，我们如何读〈论语〉》、钱逊的《〈论语〉的治国思想和为人之道》、汤一介的《孔子儒家思想——中华文化的宝贵遗产》四篇文章，传到博客上时就应该在每篇文章的“标题”前面加上“【论语】”或“【孔子】”的标识，如“【论语】李零、钱穆：孔子生平简介及年表”“【论语】周桂钿：今天，我们如何读《论语》”，这样，标识明显，就便于查找。

当一个专题的学习材料基本找齐，教师就要在学习任务驱动栏目上设置学习过程，如我博客中的“和学生一起读某某(1)”、“和学生一起读某某(2)”

或“《诗经》专题学习课程指南”等(这类似于传统教学中的“教案(1)”、“教案(2)”，或今天流行的“学案(1)”、“学案(2)”)。具体的学习过程设计应该按照专题学习的流程，即“泛读概述”、“精读原作”、“上网研读”的顺序，在其下方依次链接相关的阅读文章。这样，学生点击进入“读某某”或“课程指南”时就可以循序渐进地学习了。

很多老师把开发和建设网络学习平台想象成一件很困难的事，其实并非如此。网络学习最困难的还不是网络学习平台的开发和建设，而是开发建设之后的应用。实践出真知，你只要勇敢地走进网络世界，不断地实践，就会领略其中的奥妙。

93. 用网络平台进行专题学习，学生怎样自我管理?

从学习的角度考虑，利用网络平台进行专题学习，学生最重要的就是要注意自己学习行为的管理。

我们知道，网络学习依靠网络强大的共享性、交互性、时效性和开放性等特点，使其具有特有的优势。但和其他任何事物一样，网络学习也有其自身“先天”的弱点和消极面，主要表现在教师角色淡化和教学管理弱化，由此带来的学生学习行为管理的不足和缺失。

那么，利用网络平台进行专题学习，学生怎样管理好自己的学习行为呢?

以学生进入网络教室做第一次专题学习为例，我会给学生作一节课的“专题”讲座——“自主学习行为管理”。

首先，我会介绍网络学习的几个特点。

(1)主体性。在网络学习中，学生是学习的真正主人，对学习情况实行自我反馈和自我评价，并能及时调整自己的学习策略。

(2)独立性。学生要自主去阅读和思考，要积极主动地去探究，要作个性化的表达。这就需要增强自身的独立意识，改变原先的依赖性(教师“喂”学生“吃”)。

(3)开放性。网络是开放的，虽然教师有预先设定的学习目标和预先设置的学习内容，但学生仍然需要根据自己的兴趣和特点，根据自己的知识结构，自由选择适合自己学习目标的学习资源，确定自己的学习策略，自我调控整个学习过程。

(4)多元性。从学习的实际情况考虑，网络学习是不统一学习内容和学习进度的，也没有统一的学习方法；学习的内容和进度，以及学生相互交流协作的方式都呈现出多元化。如学生读不懂教师设置的学习内容，可以不读或者“跳读”；学习进度不以课时为单位，而以课段为单位等。

其次，我会围绕上述特点进行概括，告诉学生必须学会学习内容的管理、学习时间的管理和学习行为的管理。

在这三项管理中，我会特别强调学习行为管理的重要性。内容再怎么“开放”、“多元”，它还是有一个“专题”范围的限定；时间再怎么自由、自主，也还有个学习时段(课时、课段)的限制；但学习行为却有太多的“可能性”——学生容易在超文本、超媒体的网络学习中迷失自己，如有的学生就控制不住要网上聊天、看与专题学习内容无关的视频等。为此，我还得摆事实，讲道理。我会告诉学生“每一种行为都会产生一定的结果”，“不同行为会有不同结果”，然后举例说明，如前文提到的马勤悦同学写下的《千年的灵魂——关于“李白专题”的反思》。正是有了对自己学习行为的恰当管理，专题学习的最后她写下了一篇非常优秀的习作，题目是《剑气何止三分——探究李白的“行凶工具”》。

人很多时候是这样的——“不见棺材不掉泪”，“不到黄河心不死”。在结果没出来之前，你跟他说什么都没有用处，那就让他品尝一下自己学习行为带来的结果的滋味。你把部分或全体学生学习的成果呈现出来，让他看看，并轻声问一句：这样的结果是你想要的？

我不太主张用网络监控器来监控学生。我只告诉学生，我可以用这样的软件，但基本不用；我也不会时时走到学生的身边去监督学生的学习情况，因为很多时候学生是需要安静、安全的阅读和思考的。但我会“远观”，会“温情地理解、真挚地同情、诚意地鼓励、恰当地提醒……”，我很相信这样的话：

真正好的教学不能降低到技术层面，真正好的教学来自于教师的自身认同与自身完整。

外部强制力量的工具偶尔可以在教学中发挥作用，但是并不能取代威信。一旦教师靠法律或技术的强制力量过活，他们就无权威、威信可言了。①

94. 没有网络条件，怎样进行专题学习?

从专题为的是“集中”、研究为的是“深入”这个角度来说，没有网络平台，并不会影响专题学习的进行。2001 年至 2003 年我第一次做专题学习(蒋廷黼《中国近代史》、走进鲁迅世界、阅读苏轼、阅读爱因斯坦)时，就是在没有网络的条件下完成的——当时，我借助购买书籍、纸质印刷品做完了这四个专题学习。

这里，我再举一个没有网络平台，照样做专题学习的例子。

2011 年，我们学校高中部建成，作为高一年级教师，我和我的学生要到新校区去上课。当时，新校区的“网络教室”还没开通，即便是传统教室里，教师讲台上的电脑也没有接通网络。一时间，我只能用传统的办法，即用购买书籍和纸质印刷品来进行教学。

在我的专题学习的“奠基、拓展阶段”的第一课段共有三个教学环节，即泛读概述、精读原作和研读具有思维挑战性文章。其中泛读概述、精读原作两个环节是可以采取购书学习的形式的，也就是说，可以采用传统的纸制印刷品的形式来进行教学。

当时我带的是实验班，第一个专题就是读《诗经》。于是，开学的第一节课我作了学习总动员，并布置了学生网上购书。到了第四节课授课的时候，学生的网络购书大多都已收到。走进教室，我巡视同学们的桌面，都是与《诗经》相关的书籍。其中每位同学都购买了中华书局出版的王秀梅的《诗经》或周振甫的《诗经译注》。这样，就解决了泛读概述、精读原作的问题。

接下来，首先是泛读《诗经》作品集里的“前言”或“导言”，并提取属于知识性的重要信息，以了解《诗经》的全貌。接着，就是选定需要精读的原作，

---

① [美]帕克·帕尔默. 教学勇气——漫步教师心灵. 吴国珍，余巍等译. 上海：华东师范大学出版社，2005：10，34.

如爱情诗《关雎》《汉广》《摽有梅》《野有死麕》《静女》《柏舟》《桃夭》《木瓜》《采葛》《静女》《子衿》《蒹葭》《将仲子》《氓》《溱洧》；战争诗《君子于役》《击鼓》《伯兮》《无衣》《黍离》《采薇》《东山》；农事诗《芣苢》《伐檀》《硕鼠》《七月》。最后，提出精读原作的要求：反复诵读、朗读或默读，一首诗至少要读上十遍，并认真读“注释”，读准字音，理解文义。

没有网络，要研读具有思维挑战性的文章怎么办？

(1)我用学生从网上购买来的《诗经》的“辅助性读物”，如李颜垒的《最美不过诗经》(石油工业出版社出版)、刘冬颖的《执子之手：〈诗经〉爱情往事》《相遇诗经》(中华书局)、雷抒雁的《还原诗经——远古的回声》(昆仑出版社)等。

(2)我还印了一些纸制品的资料给学生作辅助性的研读。如梁志军的《两千年前的爱情轻喜剧》、文金的《流动在〈诗经〉里的河》、傅道彬的《至于顿丘》、李书磊的《河边的爱情》等。

没有网络，我就采取一买二印的方法，照样可以帮助学生“识记”、“感悟”和“探究”。即将相同作品的内容进行比较阅读，寻找异同，提出质疑，进行探究，并提出“自己的看法”，或“完整地表达自己的独特感受和独立见解”，逐渐达到“质疑和探究”的能力目标。

总之，没有网络，照样能进行这样的专题学习。只不过，那就要慢很多很多——缺少了网络平台这样一位你“‘百度一下’就有”的“大老师”，本来一个月或两个月可以完成的专题学习，就要延长到两个半月甚至三个月。

95. 如何突破专题学习的“高原现象”？

“高原现象”是教育心理学中的一个概念，指在学习或技能的形成过程中，出现的暂时停顿或者下降的现象。在成长曲线上表现为保持一定水平而不上升，或者有所下降。但在突破“高原现象”之后，又可以看到曲线继续上升。这种“高原现象”表现在专题学习上，一是指学习内容的理解，团体表现出暂时的停顿或者下降；二是指学习内容的理解或表现方式的运用，个别表现出暂时的停顿或者下降。

团体表现出的“高原现象”主要出现在“再读、深解”的第二课段；个别表现出的“高原现象”主要出现在“定向、选题、写作”的第三课段。个别表现出“高原现象”的突破解决办法，在前文多有回答。这里，主要说说团体表现出“高原现象”的突破解决办法。如伍尔夫专题，学生读完《到灯塔去》，在指定网络学习平台上阅读相关的评述性文章时，就会遇到一个不可回避的问题：众多评论者在评论伍尔夫或者评论《到灯塔去》的人物时，都会用到这样一些专业术语，即女性意识、女性主义、女权主义。

那么，什么是女性意识、女性主义、女权主义呢？从作家伍尔夫的人生观、创作思想及作品来考察，到底是女性意识觉醒？还是女性主义观念？还是女权主义思想呢？全班大多数学生的学习出现了暂时的停顿现象。此时，教师就应该帮助学生突破这样一个“高原现象”。

首先，查阅什么是女性意识、女性主义、女权主义，弄清楚概念术语。其次，搞清楚这些观念、思想或思潮所产生的时代或年代，了解其发生、发展的脉络。下面是教师和学生一起网上查寻到的：

女性意识是指女性能够自觉地意识并履行自己的历史使命、社会责任、人生义务，又清醒地知道自身的特点，并以独特的方式参与社会生活，肯定和实现自己的社会价值和人生需求。女性意识表现在女性文学上，是指文学作品以人的解放为内核，以争取女性独立地位为标志，并在创作上表现出明显的性别特征和写作姿态。

女性主义（女权运动、女权主义）是指一个主要以女性经验为来源与动机的社会理论与政治运动。在对社会关系进行批判之外，许多女性主义的支持者也着重于性别不平等的分析以及推动妇女的权利、利益与议题。早期的女性主义者与最初的女性主义运动通常被称为“第一波女性主义”（the first－wave），而1960年之后的女性主义被称为“第二波女性主义”（the second－wave）。也有所谓的第三波女性主义，但是女性主义者之间对于其存在必要性、贡献与概念意见不一。

女权主义与女性主义是同一个英语单词（feminism），在国内有两种译法。女权主义主要跟男女分工等值、妇女权益等相联系。

可见，“意识”是思想、思考或思绪；“主义”是理论，是运动。“意识”表现在文学作品人物中可以是有意识的，也可以是无意识或潜意识的，如古代表现妇女生活的作品，一些女主人公就有女性意识。理论、运动则不同，是有计划、有组织、有目的的群体性的思潮或者活动。

然后，对照作家伍尔夫的生平、事迹，推断、确定伍尔夫的人生观、创作思想到底是属于或者"发生"在哪个时期的哪个阶段，或者说是受哪一个阶段思想或者思潮影响。

如此，才能够更好地把握作者的人生观，更好地理解作品所表现出来的思想内涵。

或许有人会说，作为高中生，理解不了这么深奥的概念术语，而我的看法却相反。在我们的专题学习过程中，遭遇这样的情况已不是第一次。如"中国当代诗歌"专题，学生就遇到过"朦胧诗"、"第三代诗歌"、"诗歌个人化写作"、"70后诗人群"、"女性主义诗歌"、"先锋诗歌"等概念。怎么理解这些概念？我的做法是：先把这些概念放一放，学生在阅读并理解了这些诗人的作品之后，再查寻这些概念的相关知识，这样，能更准确而深入地把握住这些概念，进而把握住诗人的创作态度、理解作品的思想内涵。

专题学习的"高原现象"更多源自于学生学习过程中遇到的专有名词或专属概念，只有弄清楚"他是谁"，"他从'何'而来"，才有可能理解"他"为什么会"这样写"或者"那样写"。

96. 怎样检测专题学习平时的能力水平？

专题学习与传统的语文教科书学习有很大的不同，这一点也反映在语文能力水平的检测上。专题学习除了把最后一篇专题习作作为"总检测"之外，在平时学习的过程中，教师应经常性地、适时地进行一些局部性的阅读或写作方面的能力水平检测，如可以检测学生的阅读广度、阅读深度、阅读积累、阅读运用（能对材料进行复述，能情景再现再造想象，能提取信息、整理归纳、概括提升等）、阅读新发现和阅读期待（一句话推荐）等。下面，举几个"阅读运用"的例子。

如《诗经》专题。学完《静女》后，让学生情景再现再造想象，写一段300字左右解读《静女》诗意的文字。有学生这样写道：

春风，像丝一般温柔地吹拂着我的脸。今天心情好极了，连放牧这样枯燥的事儿，我都感觉格外新鲜。

快要与他相会了，我既兴奋又紧张，所以我便早早地回家，见路边的茅草鲜红似火，我便采之，准备送给那傻瓜蛋……

到了城角，却不见其人，我既生气又担心。于是，便四处张望……

是他！那傻瓜正在找我呢！我本想奔过去与他相见，但脑中突生一种怪念头——躲起来！哈哈！看他那摸不着头脑的样子，可爱极了！糟了，他像是要走了。我连忙跑到他面前，深情地送他一根茅草。他感动极了，还说我美呢！

我们相邀到了郊外，我又送了一束荑草给他。这束荑草荷载着我对他无尽的爱与相思。①

又如李白专题。李白诗歌中出现明月的诗句有“举头望明月，低头思故乡”（《静夜思》）；“晓吹员管随落花，夜捣戎衣向明月”（《捣衣篇》）；“我在巴东三峡时，西看明月忆峨眉”（《峨眉山月歌送蜀僧晏入中京》）；“谁怜明月夜，肠断听秋砧”（《赠崔侍御》）；“明月出天山，苍茫云海间”（《关山月》）；“举杯邀明月，对影成三人”（《月下独酌》）；“我寄愁心与明月，随风直到夜郎西”（《寄王昌龄》）；“俱怀逸兴壮思飞，欲上青天览明月”（《宣州谢朓楼饯别校书叔云》）等四十多处。让学生收集这些诗句，根据诗意进行分类归纳，写一段300字左右阐述性的文字。如有学生就从寄托思念、象征理想、亲密伙伴等几个方面写出较为精彩的文段。不仅如此，学生还可以迁移到其他方面的内容，如高一学生荣文亿就把李白对儒家思想崇敬的诗句整理出来，并得出结论。

李白对孔丘可以说是相当崇拜的。他常将自己与之相比或自喻：“君看我才能，何似鲁仲尼？大圣犹不遇，小儒安足悲”（《书赠南陵常府赞》）；“我志在删述，垂辉映千春。希圣如有立，绝笔于获麟。”（《古风》其一）意谓自己有鲁仲尼之才，有志于效法孔子从事“删述”经典之业，要为一代文化作出贡献。“仲尼七十说，历聘莫见收”（《赠崔郎中宗之》）；“时命或大谬，仲尼将奈何”（《纪南陵题五松山》）；“仲尼欲浮海，吾祖之流沙”（《古风》其二十九）；“西过获麟台，为我吊孔丘”（《送方士赵叟之东平》）。以上诗中，李白对孔子一生不

① 这段文字选自高一学生郭巧婕《我的约会》。

得志，予以极大同情，感愤自己与孔子一样，生不逢时。直到在他的《临路歌》中还无限感慨道："后人得之传此，仲尼亡兮谁为出涕？"

再如王安石专题。学生研读完一组具有思维挑战性的文章（林语堂的《王安石变法》、黄仁宇的《王安石变法》、刘小川的《〈品中国文人〉之王安石》、王中宇的《毁誉千年王安石》、朱国华的《王安石小人化过程之推考》、王晓如的《闲话王安石的人品》、罗强烈的《王安石的反对派》、岳晓东的《王安石偏执误政》）之后，让其回答以下问题：

(1)想想这 8 位学者或作者所表达的主要看法，你最认同哪一位学者的？

(2)试用 300 字左右的文字，以你自己和这位学者的主要观点来解释你为什么这样选择。

高二学生黄梦诗的《性格缺陷造成人生悲剧——读王安石》是这样写的：

自古以来，对王安石的评价就有很多争议，大多数人不但把他骂成奸邪小人，甚至将他说成是北宋灭亡的罪魁祸首。虽然王安石变法使国家的收入增加，北宋积贫积弱的局面得以缓解，但是变法最终还是失败了。不仅变法失败，连王安石本人的人生也从此一跌不起。为什么会失败？性格。性格决定一切。

偏执。偏执类型的人，一般都具有强烈的自尊心，并十分敏感，固执己见，自命不凡。此外，人格偏执的人，还十分缺乏同理心，不能站在他人角度考虑问题，易将错误推诿他人或种种客观原因。凡此种种，都会使当事人在待人处事中表现出种种的偏向、偏见、偏信、偏好、偏激行为，并给其人际沟通及合作共事带来极大的阻碍。

王安石性格偏执，表现出种种的偏激行为，给其人际沟通及合作带来极大的阻碍。

专题学习能力水平检测与专题学习过程中学生所做的作业有点相似，它强调的不是用死记硬背的方法去束缚学生，如背诵古诗文不仅仅是背诵，而是学以致用，促进其语言、思维不断地向严密、严谨方向发展。

97. 专题学习在普通班或者后进班怎么进行?

一位在师范大学搞语文教学法的老师曾对我说起:“吴老师,记得上次你在博客里谈到想带一届普通班学生做专题学习,很受感动。不知是否如愿?很想知道你的专题学习在普通班或者后进班是怎么带的。因为只有跨过这道门槛,才可以说你的专题教学具有普遍的适应性。”

确实如此,专题学习在重点班和普通班差别很大,只有把普通班或者后进班带好,专题学习才有广阔的前途。一位青年教师谈到自己在普通班做专题学习时的感受这样说:“很多老师都是和我一样,想改变目前学生成绩差、注意力不集中、不重视语文等情况选择进行专题学习的,在这过程中会倾注大量的心血和努力,当然想看到不一样的、更好的情况出现,但是这个期盼中的情形并不是能一时两刻就出现的,会出现网络课堂纪律涣散、教科书内容忽略、成绩进一步下滑等情况,或者就是最小的问题,如没有学生感兴趣,也没有学生写文章。各种情况都有可能出现。怎么办?”

那么,专题学习在普通班或者后进班怎么进行呢?

首先,从学生感兴趣的问题入手。

2005 年,因为学校一位老师请长病假,我带了一个学期这个班的语文课。由于基础和能力都比较弱,又从来没做过专题学习,一开始,学生对进行这样的专题学习既没有信心也没有兴趣。但人都是有好奇心、喜欢尝试新鲜的事物的,更何况这个“新事物”是他们这个年龄感兴趣的爱情。于是,在我鼓动下,他们做了鲁迅专题中的《伤逝》爱情专题。从最终的结果来看,超出了我的意料,全班 48 名学生,优秀习作达 20 多篇,合格 19 篇。

其次,对学习的阅读量、写作量加以适当的控制。

如阅读量不能像重点班那样原作阅读和辅助性阅读共十几万字,可以三四万字后逐渐增加,最好控制在六万字以内。写作量也是如此,不以两千字以上作为要求,一千字以上即可。

然后,思考的深度和广度也不作过高的要求。

学生阅读《伤逝》,思考爱情,不必思考过深的问题,如妇女解放方面的问题等。可以思考爱情涉及的激情、勇气、责任、担当等问题。写作有新感受、新发现、新思考，达到“感悟性”思维的程度即可。注意尊重学生阅读和写作所表现出的差异性。

最后，学习的时间可以延长。

如原先在重点班两个月可以完成一个专题的学习，在普通班或者后进班可以一个学期做一个专题的学习。处理好专题学习与教科书学习的关系，这样，既保证学生教科书的语文学习，又能较好地完成引入的专题学习。

2012 年春季，我带的传媒艺术班就是这样的一种班级。全班 40 多名学生。一开始我们就做电影专题介绍，接着就进入第一个专题——张艺谋电影专题。从学生上交的习作来看，不能说达到原先重点班的水平，但可以肯定地说是大大超出了学生和我的预料，收到了很好的效果。

2013 年春季，我带的仍是普通班的学生，做的第一个专题——李白专题。从学生上交的习作来看，达到优秀水平的 20 多篇，如《试论李白诗歌中跳跃性思维的表现及由来》(高一学生谢雅淇)、《剑气何止三分——探究李白的“行凶工具”》(高一学生马勤悦)、《孔子在李白思想中的地位是至高无上的吗?》(高一学生荣文亿)等。达到合格水平的 16 篇之多，如《李白捕月——浅论李白诗歌中的“月”意象》(高一学生蓝欣宜)、《月在李白诗中所扮演的不同角色及其原因》(高一学生赵家威)等。只达到合格水平的，细查原因则主要还是学生写作时的定向、选题出了问题，如该论题他人写得太多、缺乏新意等。

总之，给普通班或者后进班的学生做专题学习，一是教师要有耐心；二是要讲究方式方法，如从学生兴趣入手；三是教师要给学生以信心并助学生有成就感，也就是每一阶段的学习让学生思考或片段写作有所收获，最后要帮助每位学生把专题学习的习作完成，让他们感觉到，我也能做成这样的事。

还想再说一句，普通班或者后进班的学生最想得到的是尊重。教师不要把他们界定为“差生”。他们从来不认为自己是“差生”。

98. 怎样处理好教科书学习与专题学习的关系？

这个问题是老师刚开始专题教学时感到困惑的。在目前情况下，进行专题学习并不能完全抛开教科书。简单地说，专题学习是教科书学习在内容上的一种扩大或者扩充。教科书上是一位作者或一位作家的一篇作品，甚至是作品节选；专题学习学的却是一部完整作品，或者一位作家多篇作品，甚至是一群作家不同作品的“聚合”。所以要处理好二者的关系。

首先是时间上的处理。

这有两种方式。第一种是先用较少的时间处理完语文教科书的学习，然后再进行经典阅读或专题学习。如山东省潍坊市潍城区青年路小学语文教师韩兴娥只用两个星期，就将一册语文教材教授完毕，而且不再布置任何与课文相关的作业，剩下的时间就将教学重点转移到课本以外作品的大量阅读上。北京清华大学附属中学语文教师赵谦翔先用一个多月上完语文教科书上的内容，剩下的时间也是做经典阅读，如和学生读苏轼等。

第二种是教科书学习与专题学习交叉进行，这又分两种形式：第一种是一周有六节语文课，四节课安排专题学习，两节课安排教科书学习；第二种是早读课安排教科书学习，语文课上安排专题学习。近年来，我常采用第二种形式。

其次是内容上的处理。

这也有两种方式。第一种是与专题相关的教科书内容。在做专题学习时把教科书内容纳入专题学习当中，如基于书籍的《诗经》专题的《静女》《氓》，《论语》专题的《季氏将伐颛臾》等，《雷雨》专题的《雷雨》(节选)，《边城》专题的《边城》(节选)等；基于作者的李白杜甫专题的《蜀道难》《登高》等，屈原专题的《离骚》(节选)，韩愈专题的《师说》等，苏轼专题的《念奴娇·赤壁怀古》《前赤壁赋》等，莎士比亚专题的《哈姆雷特》(节选)等，鲁迅专题的《祝福》、《阿Q正传》(节选)等，王安石专题的《游褒禅山记》等。这些基于书籍或作者的课文就可以用专题学习的“精读原作”的方法来进行学习。

第二种是与专题无关的教科书内容。如粤教版高一年级语文教科书，很多课文没办法纳入专题学习当中，但阶段性考试、段考、期考都要考到，怎么办？我就把这些课文的分析评论文章上传到指定的网络学习平台，采用的仍然是专题自主学习的策略。表 7-1 是我上传的课文篇目和分析评论。

表 7-1　高一(16)班期末语文考试必读文章

课文作者	文章	篇数	鉴赏文章作者
朱自清	《荷塘月色》鉴赏文章	三篇	刘泰隆等
史铁生	《我与地坛》(节选)赏析	四篇	朱七春等
余光中	《沙田山居》赏析	两篇	钱爱晟等
钱锺书	《窗》赏析	三篇	万树相等
莫　利	《门》赏析及比较	三篇	万树相等
丰子恺	《渐》赏读	两篇	张晓红等
杜　牧	《阿房宫赋》赏读	三篇	罗孝平等
苏　轼	《前赤壁赋》赏读	两篇	赵齐平等
王羲之	《兰亭集序》赏析	四篇	于海生等
归有光	《项脊轩志》赏析	三篇	蒋中良等

其实，这些课文的分析评论文章，与专题学习精读原作的辅助性阅读和具有思维挑战性阅读的文章很相似，读的方法策略也一样。教师尽可能不要放大两种学习的差异，而要尽最大可能寻找到它们的相似性和一致性，以有助于学生的顺利学习。

99. 怎样把教师阅读与专题教学结合起来？

教书是要读书的。做专题学习更是逼着教师要去读书。为了做好专题学习，我平时或者假期主要阅读两类书籍。

一、与专题学习内容相关的书籍

这类书籍大概会在做专题前的一个月阅读，有些会与专题学习同步阅读。

以《楚辞》专题为例，我先翻阅原先购买的刘让言编注的《屈原楚辞注》(新疆人民出版社 1982 年出版)，陈子展撰述，杜月村、范祥雍校的《楚辞直解》(江苏古籍出版社 1988 年出版)。这两本书是我早年读《楚辞》时常读的书。接下来，我会阅读新近购买的如褚斌杰主编的《〈诗经〉与楚辞》和褚斌杰著的《楚辞要论》；翻阅金开诚著的《屈原楚辞研究》《楚辞讲话》和汤炳正讲述、汤序波整理的《楚辞讲座》以及郝志达、王锡三主编的《东方诗魂》等书。

当然，仅阅读书籍是不够的。在今天这样一个互联网发达的时代，网络上有关《楚辞》研究的最新成果也会成为我关注的对象。如我在网络上就搜索到如下资料来学习：

(1)张玉春、唐英的《论〈九歌〉的直接源头》；

(2)蒋勋的《九歌原型》；

(3)许艳文、肖燕芳的《从屈原〈九歌〉看戏曲与仪式的关系》；

(4)谢柏梁的《〈九歌〉问世，组曲缠绵》；

(5)赵沛霖的《〈九歌〉同是对自然和人的赞歌》；

(6)郭常斐的《出土文献与〈楚辞·九歌〉研究》；

(7)王泽强的《〈诗经〉中楚国歌谣缺失的原因》；

(8)王廷信的《〈九歌〉中的戏剧扮演》……

这么多年，围绕着学生的专题学习来推进自己的阅读计划，我认为最大的好处是教师可以和学生共同成长。

二、与“为什么要做专题学习”有关的书籍或者资料

这一类阅读主要放在假期，阅读内容涉及到教育学、语言学、思维学、心理学等方面，如 2003 年暑假，我集中阅读了徐友渔的《精神生成语言》、刘焕辉的《言与意之谜——探索话语的语义迷宫》、王占馥的《思维与语言运用》、申小龙的《语言学纲要》、王坤庆的《精神与教育》和李海林的《言语教学论》等。

2006年暑假，我集中阅读了罗素的《西方哲学史》、梯利的《西方哲学史》、余虹的《思与诗的对话——海德格尔诗学引论》、陈嘉映的《海德格尔哲学概论》、叶秀山的《思·史·诗——现象学和存在主义哲学观研究》和石中英的《教育哲学导论》等。

2008年暑假，我集中阅读了洪堡特的《论人类语言结构的差异及其对人类精神发展的影响》、索绪尔的《普通语言学教程》、萨丕尔的《语言论》、海德格尔的《在通向语言的途中》、罗伯特·费尔德曼的《发展心理学》、英格丽德·约翰斯顿的《重构语文世界》和帕特里克·斯莱特里的《后现代时期的课程发展》等。

2010年暑假，我集中阅读了陈嘉映的《语言哲学》、A. P. 马蒂尼奇的《语言哲学》、谢弗的《发展心理学的关键概念》，以及M. W. 艾森克和M. T. 基恩的《认知心理学》等。

2012年暑假，我集中阅读了杨武金的《逻辑和批判性思维》、谷振诣和刘壮虎的《批判性思维教程》、文森特·鲁古罗的《批判性思考指南》等。

此外，有时候思考到某一个问题，我也会到网上查阅这方面的相关资料，如饶杰腾教授的《参读梅耶荷德，反思语文教学》、顾黄初教授的《试论叶圣陶的语文教育观》、邹贤敏教授的《科学精神，人文情怀——重读叶圣陶》等。

通过这些阅读和思考，结合自身的教学实践，我发现，阅读经典可以生成思想，生成思想就能够生长出高质量的语言；高中阶段的语文学习就应该走一条由"感悟"到"思辨"、由"思辨"到"研究"的思维发展主线，语文教育观应该是"言意互转"、"言语和精神共生"。而教师把阅读与教学结合起来，这是教师扩大视野，提高自己的教学水平的最直接、也最见成效的途径和方法。

100. 专题学习给教师带来哪些改变？

十多年来的专题学习，我和学生一起成长——这是我常说起的一句话。如果一定要说给我带来哪些改变，我想说这个改变是巨大的，它有主动的，也有被逼的。主动的是我有求新求变的心理渴望；被逼的是，当我和我的学生一起进入专题学习的时候，就逼着我去思考，逼着我从学生的角度想问题，逼着我从教材观、教学观，到教育观、学生观，一点一点地，最后是全部改变。

比如说教材观。我不再迷信学术权威，我会走出现行的教材，突破一学期一本语文“教科书”、“一本书主义”的藩篱，选入并整合大量的与专题学习相关的、观点不同、见解各异的阅读材料，组合成专题学习课程。在完成语文学习基本任务的基础上，重点培育学生独立思考、敢于质疑并发表自己独到见解的学习能力和思维品质，让学生既见“林”，又识“木”，树木、森林，形成“气候”。

又比如说教学观。在教学的方式方法上，我认定阅读是学生在阅读，思考是学生在思考，表达是学生在表达。教师是不“喂”学生的，而是让学生不断地熟悉并熟练使用捕鱼的工具或打猎的猎枪，让学生不断地掌握并反复实践捕鱼或狩猎的方法。一句话，是学生的“读字当头”、“问字当先”、“读思并重”、“自读自悟”，让学生真正树立起了“问题意识”、“研究意识”、“批判意识”和“结构意识”(认知结构)。

这里，我特别要说到的是学生专题学习后的习作所呈现出来的高度、深度和广度。每一次专题习作上交的那段日子，也是我无比兴奋、惊喜的日子。因为上交的习作不会只是原先那些好学生的“好作文”；我原先或许并不看好，或者说原先并不起眼的那部分学生，在“这一次”专题学习之后，他会给你带来想象不到的意外——专题学习就是那么公平，你只要用心研究，就会有收获有回报。那是多么让人期待、让人不可预知的事情。意外、惊喜……是我那段日子常常想到的词语，而我也时常“生活”在期待中。那种时候，读到那么多有着不一样感受、体验、思考的文字，那种不可预知、又让人惊喜不断的幸福感无法用语言来表达。《中学语文》杂志社记者蓝枫这样评价：“十年间，吴泓共带过四届学生，除第一届做了四个专题学习外，后三届做这样的专题学习平均都在十二个以上，这当中还不包括学生自选学习的专题，也不包括学生为准备自行组织的辩论会、朗诵会、课本剧表演所进行的阅读与写作。每一个专题学习学生阅读的文字都在十万字以上，两年下来，每一位学生阅读不少于一百五十万字。每一次专题学习之后学生上交的习作，少则两千多字，多则五六千字。两年下来，每一位学生写作平均不少于两万五千字，一些学生一次专题学习就上交两篇习作，多达三万字。据‘家园网’统计（没上传的习作不计算在内），四届学生习作总字数超过五百万字。学生阅读量、写作量的增加固然十分可观，他们整体语文素质的提升更令人刮目相看……

“就拿摆在我们面前的12本《家园》来说，不同于那些为应试而编的《优秀作文选》，它不是少数尖子生、而是全体学生展示自己习作的园地，它没经过老师、专家的捉刀加工而全部是学生们自己反复修改过的原创。面对这些习作，我们一篇篇地欣赏，便有一阵阵的惊讶，一次次的喜悦。你可以说他们的思想还不很成熟，文字亦欠老练，但你绝对找不到一丝应试八股的痕迹。有的只是自由心灵的飞翔，批判意识、创新意识的萌动，共生的思想和言语在生命中的流淌。平心而论，《家园》的整体水平比我们见到的一些名校的学生习作并不逊色，而在思想的开放与思维的活跃上甚或还有过之……”①

这样的评价我非常认可。专题学习就是这样——它让教师从单调、重复、琐碎、机械的劳作中解放出来，更好地做回自己，做好自己，避免了职业倦怠，形成了自己语文教学的大格局、大气象，从中感受到读书的快乐、教书育人的快乐。

专题学习就是这样——它于师于生都是一段充满了挑战、包含着惊喜、令人百感交集、让人难以忘怀的人生旅程！

101. 专题学习给学生带来哪些改变？

我曾经说过：“我的课改实验既有知识的积累，又有思维、语言的训练，更有思想、精神的培育，素养和人格的培养，可以说我的课改是全方位的。”②然而，我所说的毕竟没有我学生说的有说服力，下面，还是摘录学生的一些

① 蓝枫．不怕考试　超越考试——吴泓“高中语文专题研究性学习”实验探访(一)．中学语文，2010，(7—8)．

② 蓝枫．精神和言语共生——吴泓“高中语文专题研究性学习”实验探访(三)．中学语文，2010，(10)．

留言来见证学生的改变吧。[1]

汤玉婷　在有幸受教于老师您的两年时间里，那是我学生时代的嘉年华，就是到了几年之后的今天，我还是忘不了您给我们上课时的情景，忘不了您讲的许多话。感谢老师您让我喜欢上了文学，给我们留下了美好的青春记忆，更让我铭记做人要有人格和良知，这应该就是老师您几年前说过的，您教学的宗旨在于立人的意思吧。

陈培鑫　本人不热衷于说谎，从小到大真真实实没读过一本文学作品，语文基础尤其是作文功底是烂之又烂，但自从我认真付之于研究性学习后，自以为进步很大，得益既广又深。我只能说真诚地感激“家园网”对我的影响和吴泓老师的指导，因为带给我的不止是能力的提高，也赋予了我思想，教会了我认真对待每件事的态度，从中也萌发爱好写作的念头，通过阅读写作我看到自己从幼稚走向成熟的精神发育成长的历史。

蔡彩珊　两年来，我学的、想的、写的几乎比我以前3年来都要多，假若不是，恐怕我早已就陷入题海战术答题技巧了。通过这么多个大大小小的专题学习，我发现自己真的进步很多。每一次专题学习中的不断思考，把自己所想的写成习作，再不断地修改，逐渐地，我发现我的写作成熟了，思想深邃了，更重要的是我喜欢上了阅读和写作，这与我以前随便乱写一篇应付老师是截然不同的。

肖桂燕　我的知识体系是通过这两年专题研究性学习构建起来的，这可以从三个方面加以说明：1. 思考问题的方式。学会从多方面延伸，多角度扩展。2. 写作方式。真正地懂得了主题深化的重要性，可以说，每一次写作就是我的思想的进一步升华。3. 语言表达。学会了语言运用的严密性和个人化，而不是措词的华丽和照搬。

眨眼间，我已经高中毕业三年了，吴泓老师的教育模式仍然记忆犹新。高中三年的语文课，有两年是在吴泓老师的课堂上度过的。记得那两年当中，我们搞或大或小的研究专题，为了给每一个专题写出一篇有自我思想的文章，

---

① 更多内容见新浪博客吴泓工作室“评价：媒体—专家—同学”栏目[EL/OB]. http://blog.sina.com.cn/s/articlelist_1315631294_10_1.html.

在繁忙的功课过后就是贪婪读书，虽然很累但我很充实，很自在，很享受。说实话，虽然当时的我并没有学到什么考试技巧，但吴泓老师授予的阅读和写作技能确实使我终生受益，我也可以算是老师您的“产物”吧。记得吴泓老师常引用法国哲学家笛卡儿的话：我思故我在。大家一起享受每一次阅读带来的思想冲击吧！

千军万马过独木桥　我给你教了一年。比起那些从未听过你的课的人，我已是万幸。因为这一年，我更加坚信不移：高考这个制度乃至其他语文老师那样的教学方式是一种罪。你带着我们读海明威，读曹禺，读鲁迅，我们开始认真地思考自己到底要的是什么样的人生。我想，给吴老师教过的学生，在他们的内心深处或许都隐藏着一个精神情人。他们的精神情人，是顾城或者是波德莱尔，是惠特曼或者是海明威，是萨特或者是波伏娃。

到现在，那些同班过的同学们，我们再也找不出可以相聚的理由，且，真正聚在一起的时候，我们的话题却太少太少，然而，一讲到吴老师带着我们重温经典的日子，还是有共同的想念和感激并存。

余惠惠　唯有自由的精神，才是真正的家园。而终有一天，我们会对着高中课堂上还给我们讲拼音的老师们冷笑若干声。只是这一天，我们因为走进老吴的家园学习，而早早就来到。当然不能说老吴的专题研究是剑走偏峰，但，勇于剑走偏锋的高中课堂才最值得你去听。

现在高中孩子汉语的写作能力，已经比民国后期的同龄人差得太远太远，难道，高中的课堂还要继续填拼音，修改病句吗？这种事情不是小学、最多是初一的学生才做的事情么？汉语写作能力的退化只会让继续修改病句、继续填拼音的高中孩子们更加弱智和麻木。所以，老吴带给学生的是不一样的视野。不仅能够在课堂上给学生相对的自由，并且这种视野鞭醒了还在高中语文课堂上修改病句的学生。如果要问我什么最不幸？那我说，生活在修改病句的高中课堂这样的时代最不幸。

回归文本阅读，去读一读《悲惨世界》，读一读《追忆似水年华》，读一读中国戏剧大师曹禺的《雷雨》，就会觉得：郭敬明，你是何方的小妖！

这样的留言还有很多很多，专题学习给学生带来的改变也不是摘录一两句学生的留言可以道尽的，最后，请允许我引用2008届学生李友林的话作结：在专题阅读与思考中探索、体验教育的真正意义，我想我们会坚定地跟着吴老师走下去，选择了走下去，就不再畏惧暴风雨！

后记

陆陆续续，终于把自己这十多年来专题教学的思考和实践整理出来了，我如释重负。

在这里，首先我想和大家分享一下我的感受。

就像一部意大利电影里一位献身电影事业的老人对一位热爱电影的孩子说："人生不是电影。人生比电影苦多了！"同样，整理出来的这些专题教学的思考和实践，如果与具体的一个个专题教学实践相比，那要简单和容易很多。它只不过是这一个个专题教学实践的十分之一，最多也是十分之二之三。真正要落实到一个个具体的专题教学中，教师要做大量的细致的辛苦的工作。

我已经不记得我在哪篇博文里说过这样一句话了：一个专题学习的实施和达成，教师既要注重客观外在目标的预设和客观计划的制订，更要注重学生个体内心的体验和主观意义的生成。而学生的这些体验和生成又是那么艰难而缓慢，比如说这些天，鲁迅专题学习进入到了最关键、最困难的阶段——习作批改。我要找很多学生"面谈"，让他们每一位"过关"，都得到"成长"，那真是一个难也是一个累的事情。但看到学生苦尽甘来，习作上传的开心表情，我还是觉得幸福。不然，我怎么会坚持十多年做这样一件事情呢？

也正因为这样，我变成了一个不相信那些"多快好省"、"大干快上"传说的人，或者说，我不相信那些喊几句"高效课堂"的口号就能够创造出"万物皆备于我"的神话的人。有时候想想，我这样做，其实就是一个"懒人"。我所做的一切，只不过是让语文学习回归常识，回到常态而已。

其次，我想我要感谢很多人，他们有我的学生、领导和老师，还有那些未曾谋面的专家或学者。

我没有很高的学历，没有学过深刻的理论，甚至也没有接受过严格的学术训练。能够在专题的路上走那么久走那么远，都是因为“一路有你”。

一是我的学生。不要以为他们少不更事。他们更敏感，更直觉；他们明是非，辨善恶，知道什么对他们的发展是好的。如果没有他们的肯定和支持，十几年来，这么长的时间我一定走不到今天。

二是我的领导。2005 年，宝安区教育局给我颁发了“宝安区教育专家工作站‘吴泓工作室’”的牌匾；2011 年，深圳市教育局给我颁发了“深圳市首批教育科研专家工作室‘吴泓工作室’”的牌匾。特别应该提到的是学校的两任校长，陈运桂校长和高妙添校长，即便是在应试教育的压力下，十多年来在物质和精神上，他们一直支持着这项实验时间长、见效慢的教改实验。他们的包容和耐心，让我既感激又感动。

三是我的老师。他们是湖北大学的邹贤敏教授、北京教育学院的苏立康教授、北京师范大学的郑国民教授、深圳市南山区教研室的唐建新老师、北京师范大学的张秋玲博士、湖北大学的潘纪平教授、山西师范大学的桑建中教授。他们的悉心指导，鼎力推荐，让我一步一步地成长。

四是那些未曾谋面的专家学者。在专题路上，我认真阅读他们的成果，然后运用到我的专题学习中，让他们也成为我和我学生的老师。如果说我们的专题学习能做成今天这个样子，他们，这些未曾谋面的老师们，也有一份很大的功劳。

在本书成稿的最后阶段，张秋玲博士和孟素琴老师不断提出修改意见或建议。苏立康教授更在百忙之中为我这本小书作序！北京师范大学出版社张洪玲编辑给出最后的修订意见和建议……可以说，正是大家的鞭策和鼓励，才使得这样一本小书得以面世。

这些日子，很多时候我会想，人，一个进入知天命的人，原来还可以这样进步，成长！

还是以一首小诗作收束吧：

做老师最大的善

是让学生以各自的自我

学各自的习

发各自的声音

并帮助他们找到真正的自我

教给的是方法而非纯知识

视她们每个人

为一朵奇幻的花[①]

作者是现代诗人巫昂。

2014 年 8 月 28 日于深圳前海

① 巫昂．教师．见王凤瑜．老师要常常自问："每一个学生学得怎么样？"．人民教育，2015，(1)．